躁动的帝国❷
太平洋上的大国争霸

[美] 迈克尔·亨特 (Michael Hunt)
　　 史蒂文·莱文 (Steven Levine) ◎著
　　　宗端华 ◎译

重庆出版集团 重庆出版社

Arc of Empire: America's Wars in Asia from the Philippines to Vietnam by Michael H. Hunt and Steven I. Levine
Copyright © 2012 by the University of North Carolina Press
Simplified Chinese edition by arrangement with the University of North Carolina Press, Chapel Hill, North Carolina, 27514, USA, www.uncpress.unc.edu, through Big Apple Agency, Inc., Labuan, Malaysia.
Simplified Chinese edition copyright © 2015 by Grand China Publishing House
All rights reserved.

No part of this book may be used or reproduced in any manner whatever without written permission except in the case of brief quotations embodied in critical articles or reviews.

版贸核渝字 （2013） 第211号

图书在版编目（CIP）数据

躁动的帝国2，太平洋上的大国争霸 /（美）亨特，（美）莱文著；宗端华译. — 重庆：重庆出版社，2015.2
ISBN 978-7-229-09308-2

Ⅰ.①躁… Ⅱ.①亨… ②莱… ③宗… Ⅲ.①美国－历史－研究 Ⅳ.①K712

中国版本图书馆CIP数据核字（2014）第306850号

躁动的帝国2：太平洋上的大国争霸
ZAODONG DE DIGUO 2: TAIPINGYANG SHANG DE DAGUO ZHENGBA
〔美〕迈克尔·亨特　史蒂文·莱文　著
宗端华　译

出 版 人：罗小卫
策　　划：中资海派·重庆出版集团科韵文化传播有限公司
执行策划：黄　河　桂　林
责任编辑：吴向阳　朱小玉　陈　婷
特约编辑：梁桂芳　李秀文
装帧设计：张　英

重庆出版集团
重庆出版社　出版
（重庆市南岸区南滨路162号1幢）

深圳市彩美印刷有限公司印刷
重庆出版集团图书发行有限公司发行
邮购电话：023-61520646
E-mail：fxchu@cqph.com

重庆出版社天猫旗舰店
cqcbs.tmall.com
全国新华书店经销

开本：787mm×1092mm　1/16　印张：23.5　字数：294千
2015年2月第1版　2015年2月第1次印刷
定价：49.80元

如有印装质量问题，请致电：023-61520678

本书中文简体字版通过Grand China Publishing House（中资出版社）授权重庆出版社在中国大陆地区出版并独家发行。未经出版者书面许可，本书的任何部分不得以任何方式抄袭、节录或翻印。

版权所有，侵权必究

致中国读者的信

To our readers in China —

With hopes that this volume's treatment of past difficulties between China and the United States can serve as a source of instruction in meeting trans-Pacific challenges in the years ahead.

— Michael Hunt
Steven I. Levine

亲爱的中国读者:

　　这本书对中美两国关系过去遇到的困难进行了描述,我们希望这一点能为将来应对太平洋两岸挑战提供启示。

迈克尔·亨特
史蒂文·莱文

专家推荐

张 洁 博士
中国社会科学院亚太与全球战略研究院
亚太安全外交研究室主任

美国霸权，在亚洲还能走多远？

今天的亚洲，已经习惯了美国在本地区存在。而这种感觉的建立，耗时超过百年。

1852年，美国以4艘军舰迫使日本开放口岸，并开始在亚洲建立影响。此后关于美国在亚洲担任哪种角色，在叙事上存在不同的版本：有强调美国奉行事不关己的孤立主义的，也有指受威尔逊自由主义世界政治观影响的。《躁动的帝国2：太平洋上的大国争霸》一书则提供了一种不同的解读：在亚洲建立帝国版图是美国的既定战略，为此，美国不惜以武力实施这一战略。

在本书的两位作者眼中，美国对亚洲四国先后发起的美菲战争、日本本土战、朝鲜战争、越南战争绝非孤立事件，而是美国在执行一种不断展开的、加强在亚洲存在的帝国征服战略。

1898年的美西战争，美国从西班牙手中夺取了菲律宾，在美国前国务卿布热津斯基眼中，这是美国第一次征服一个国家，也是美国走向一个全球性大国的开始。而在《躁动的帝国2：太平洋上的大国争霸》的作者看来，这是美国在亚洲实施帝国战略的第一步。如果对国际关系史或军事史有了解的读者会注意到，这个时间段恰好也是以马汉为首的一批现实主义战略大师崛起的时期，地缘政治、欧亚大陆心脏地带等概念开始进入美国决策层的视野。

在美国外交决策中，国内各种政治力量秉持的不同理念一直在争夺着制定政策的主导权，但对于美国在亚洲进行的这四场战争，不管具体决策时是何种政治力量在掌权，战争都将成为最后的主动选择。结果是，战争塑造了延续至今的东亚格局，也给相关国家造成了深深的创伤，并在很大程度上影响了被卷入冲突的周边国家。

即便是今天，被统治、被占领的经历不时在这些国家激化成反美情绪。尽管时过境迁，亚洲各国已经习惯了美国目前在亚洲的存在，但各国其实对此仍有着复杂的情感，战争经历也可能成为它们之间达成某种共识的基础。

在《躁动的帝国2：太平洋上的大国争霸》两位作者看来，在亚洲推行帝国战略的最后一次努力——越南战争使美国在政治和军事上陷入双重失败：

对内，美国政府信用透支、社会分裂；
对外，越南战争让美国陷入了近代史上外交关系最为孤立无援的地步。

但在控制亚洲的帝国战略思想的支配下，美国并没有从战争中吸取教训。越战后不断强化的总统权力、回避战败事实的举动以及战争偏好阵营对媒体威逼利诱的引导都表明，美国并没有打算就此罢手。作者这种旁敲侧击的提示，也提供了对当前美国重返亚太战略的一种新的解释；在这种逻辑下，美国选择以战争方式介入当前东亚地区的热点问题也存在着可能性。

总之，对于理解美国在亚洲的存在，对于了解当前亚太地区一些热点问题的历史成因甚至未来走向，《躁动的帝国2：太平洋上的大国争霸》一书将会给予读者清晰的解答，相信读者能够从中受益匪浅。

权威推荐

马鼎盛　著名军事评论员、凤凰卫视主播

《躁动的帝国2》把美国20世纪在亚洲进行的四场战争——美菲战争、太平洋战争、朝鲜战争、越南战争作为整体，论述美国在亚洲追逐霸权的整个过程。面对重返亚太的美国，中国如果想避免沦为其霸权主义的牺牲品，就必须时刻保持危机感。习近平同奥巴马建立新型大国关系，争取双赢则是乐观的思维。

宋忠平　著名军事评论员、《美国来了》《强国利器》作者

《躁动的帝国2》展现给大家的四场发生在亚太的战争，美菲战争、太平洋战争、朝鲜战争、越南战争，恰恰反映了美国全球战略之高瞻远瞩和深谋远虑。如今之"重返亚太"战略只是其遏制任何挑战对手的战略布局。在21世纪，维持"一超独霸"是美国矢志不渝的目标，只要打压"崛起中的中国"，美国老大地位就能"恒久远"。

岳　刚　著名军事评论员、前总参谋部上校、反恐专家

美国要从伪战争中醒来！40年前，美国在亚洲打了四场战争，军事履历如坐过山车，既登顶高峰也曾跌入深谷，战争滋味百感交集，反思剖析不谓不深，但美国有快速遗忘的禀性。近20年，军事重锤起落如砸豆腐，大棒再登祭坛，但心有余而力不足，其军事成就并不真实，着实需要对其行为进行再反思。

陈　坚　康奈尔大学教授

当今世界研究美国与东亚关系史的两位最杰出学者，为我们撰写了《躁动的帝国2》这部精华之作。这是一本独立原创的、深思熟虑的、史料翔实的、值得一读的书，它用宏大叙事的方式记录了美国在东亚地区版图扩张的帝国野心驱动下，是如何成为菲律宾、日本、朝鲜及越南战争始作俑者。在美国的世界领导地位备受挑战的今日，无论是专家学者还是普通大众都不应该错过此书。

约翰·W. 道尔　东亚问题专家、麻省理工学院教授

这是一本脉络清晰、令人信服，且颇具开拓性的研究著作……20世纪初到20世纪70年代，美国在亚洲进行了四场极具破坏力的战争，两位作者迈克尔·亨特与史蒂文·莱文将它们置于殖民扩张与帝国建立的背景之下重新审视……从早年的"帝国的弧线"到今日在中东发动的战争，美国一直如此傲慢自大，它制造了如此多的战争，也制造了如此多的谎言。作者用他们敏锐的洞察力与犀利的言辞为我们揭示这一切……全书充满了挑衅和刺激的意味，从头至尾都如此吸引人。

罗伯特·J. 麦克马洪　俄亥俄州立大学教授

这本书不同凡响、让人惊叹，内容深入浅出、扣人心弦，是一部值得细细回味的研究力作。

《美国历史评论》

《躁动的帝国2》用最生动而简洁有力的语言描述了美国近代的四

场东亚战争，不仅适合历史领域专业人士作研究，亦十分适合普通大众的历史爱好者阅读。

《外交事务杂志》

《躁动的帝国2》对美国于20世纪在东亚进行的四场战争作了详细研究，并提供了一个权威而深刻的研究结果。

美国《图书馆杂志》

如果你对20世纪绵延至今的时事感兴趣，特别是对美国军事历史，美国与亚洲之间错综复杂的关系感兴趣的话，请阅读这本书，它能带给你独特的见解。

美国《密苏拉人》日报

《躁动的帝国2》提出的独特性观点，不管你是同意与否，都可以从中得到不少启发，这是一本值得阅读与收藏的好书。

目 录

专家推荐　美国霸权，在亚洲还能走多远？　1
权威推荐　1
序　言　从四场战争的角度，解读美国霸权在东亚的兴衰　1

第一部分　释放帝国欲望　美菲战争（1899～1902年）

> 19世纪末，打着"帮扶弱小"的旗帜，美国一路挺进，疯狂吞并夏威夷、古巴、菲律宾。曾经的"美丽之国"如今已成"帝国怪物"！梁启超等有识之士发觉，美利坚的扩张魔爪已伸进东亚，而中国正是这只魔爪的终极目标……

第1章　帝国起源　美国，最有资格成为世界领袖　16
　　天命之国　16
　　终极目标——中国　20
　　将星条旗插到亚洲去　23

第2章　抵抗根基　命途多舛的菲律宾独立运动　28
　　菲律宾梦　28
　　横空而出的美国接管者　32
　　独立梦的四道紧箍咒　39

第 3 章　武装考验　血染椰国　44
　　蹩脚对手　45
　　弱者的战术　50
　　"战争就是地狱"　52

第 4 章　殖民有道　胡萝卜加大棒政策　57
　　"仁慈地同化"　58
　　反战浪潮　60
　　菲律宾梦破碎　62
　　美式帝国扩张路线　69

第 5 章　遗忘与铭记　"美丽之国"的堕落　73
　　被遗忘的战争　73
　　从"圣君"到"帝国怪物"　76

第二部分　问鼎东亚霸主　美日之战（1941～1945年）

> 日本要吞并中国来确保其生命线，美国也想拥有辽阔的中国市场，两个同样意欲成为中国霸主的帝国在太平洋相遇了。一山不容二虎，战争成了解决问题的唯一手段。最终，这场战争竟意外地将美国扶上东亚霸主宝座。

第 6 章　利益之争　谁才是东亚的霸主　88
　　帝国新对手　88
　　当鹰派美国遇上右倾日本　91
　　抢夺中国　95
　　滑向轴心国　97

第 7 章　恶　斗　一场实力悬殊的较量　102
　　工业巨人 vs 二流工业国　103
　　相扑策略 PK 美式足球策略　106
　　血腥岛屿战　108
　　"一亿人玉碎"　111

第8章 ｜ 赌局背后　活地狱与社会大变革　117
　　　　　"亚洲圣战"的巨大代价　117
　　　　　兔八哥遭遇日本异形　122
　　　　　"黑人大迁徙"　125
　　　　　"日裔美国人都是间谍！"　127

第9章 ｜ 日本投降　原子弹轰炸事件　132
　　　　　战斗到底还是无条件投降？　133
　　　　　"世界上最可怕的武器"　136
　　　　　日本浩劫　138

第10章 ｜ 帝国成形　谁敢再争锋？　141
　　　　　魔鬼罪犯改造　141
　　　　　不完整的东京审判　144
　　　　　下一个挑战者　151

第三部分　帝国转折点　朝鲜战争（1950～1953年）

> 拥有航母、轰炸机编队、地面机动部队等强大武力的十六国联军居然输给了只有"小米加步枪"的中国？！这仿佛扇了东亚霸主一记狠狠的耳光，它开始意识到，中国，在历经了百年衰弱之后，已在一步步重新崛起。

第11章 ｜ 动乱地带　躁动的亚洲，热战的前兆　156
　　　　　构筑反共阵营　157
　　　　　中国，帝国的老对手　160
　　　　　被撕裂的朝鲜　164

第12章 ｜ 胜利幻象　一场没有赢家的拉锯战　170
　　　　　金日成的筹码　170
　　　　　漂亮的仁川登陆战　175

中国出兵　179
最寒冷的冬天　182

第13章 | 僵　局　傲慢的代价　187
联军是"纸老虎"？　188
中国的优势　192
反战浪潮 vs 全民皆"兵"　196

第14章 | 停　战　谈判桌上的明争暗斗　207
停战谈判：看谁耗得起时间　207
"自愿遣返"骗局　210
破冰——斯大林之死　212

第15章 | 转折点　东亚霸权的阴影　215
哭泣的高丽　215
中国重新站起来了　219
帝国的丧钟响起？　220
扼杀中苏　227

第四部分　霸权终结　越南战争（1965～1973年）

> 对付小小的越南，美国出动数十万雄兵，却是惨败收场。联手抗美期间，越南成功离间中苏联盟。饱经战乱的越南，却在美国走后走上侵略之路，大举入侵柬埔寨。这个看似微不足道的小国，却始终牵引着每个大国的疼痛神经……

第16章 | 战争起源　帝国疯子盯上共产主义　237
越南需要一个导师　237
良师益友——胡志明与毛泽东　240
奠边府战役　245

第17章　陷入泥潭　从操纵傀儡到直接出兵　251
　　更换代理人　252
　　北部湾事件　257
　　"为颜面而战"　258
　　逐步升级战争　264

第18章　消耗战　谁是战争输家？　267
　　北越上空的滚雷　268
　　"让美军大出血"　270
　　美莱村大屠杀　275
　　"春节攻势"　284

第19章　和　谈　体面撤退的方式　288
　　战争越南化　288
　　把战火引向柬埔寨　292
　　三次大轰炸　294
　　心力交瘁的和平　299

第20章　梦碎越南　破灭的神话　303
　　挥之不去的噩梦　303
　　秋后算账，越算越穷　308
　　越南也出兵柬埔寨　309
　　下一个目标——中东！　315

尾　声　帝国余波　卷入中东冲突（1948年至今）

> 在亚洲追逐霸权以失败告终并没让美国吸取教训。"9·11"事件让美国得以名正言顺地举起"反恐"大旗，在中东展开新的霸权征伐战。在东亚碰壁的美国，面对更加极端的中东国家时，将会开启怎样的血腥之路？

第 21 章 | **霸权印记**　美国的帝国征伐模式　321
　　危险的胚胎　321
　　是散播福音，还是侵略？　324
　　代理人是帝国的最佳打手　325
　　帝王总统或将终结民主？　327

第 22 章 | **崩溃根源**　觉醒的亚洲民族主义　330
　　破冰之旅：尼克松访华　331
　　迎来五极格局时代　334
　　迟迟不撤军事基地为哪般？　335

第 23 章 | **蜕变与奇迹**　后帝国时代的亚洲　341
　　亚洲经济开始腾飞　341
　　日本经济优势超过美国　344
　　中国或将彻底终结美国霸权　346

第 24 章 | **野心不熄**　中东成最新霸权角斗场　348
　　多米诺骨牌效应　349
　　中东赌局　350
　　反恐宝典引发新恐怖袭击　354

序 言

从四场战争的角度，
解读美国霸权在东亚的兴衰

从1899年到1973年，美国在东亚一共进行了四场战争。这一旷日持久的间歇性军事行动始于一场野蛮的战争，即1899年美菲战争。可是，现在已经没有多少人记得这场战争了。随着美菲战争接近尾声，美国与迅速崛起的日本之间的关系也逐渐紧张起来。1941年底，日本偷袭美国珍珠港，太平洋战争全面爆发，这也是美国在东亚进行的第二场战争。随后的4年里，美日两国经历了极其残酷的战争，美国对日本的广岛和长崎实施的原子弹轰炸将这场战争推向了高潮。最终，美国凭借强大的武器，取得了这场战争的胜利，奠定了美国在东亚的军事优势地位，并对日本实施了军事占领。

日本投降5年之后，朝鲜又成为了这一冲突链条上的第三环。因为冷战阵营不同而彻底分裂的朝鲜半岛在1950年爆发了内战，在各方力量的推动下，这场内战演变成了一场国际冲突。而美军也因此陷入了与拥有苏联支援的中国军队的交战。朝鲜战争之后，美国的决策者们对日益强大的共产党新中国产生了更强的危机感，因此，美国在印度支那半岛坚决遏制共产主义力量的发展。1965年美军在印度支那半岛发动的越南战争，是这几场战争中耗时最长也最令人沮丧的战争。

战争以美国的失败告终，美国统治东亚的梦想也就此终结。

美菲战争、美日战争、朝鲜战争和越南战争这四场战争，其实质是美国试图在东亚确立并保持其统治地位而实施的阶段性战略，并非如传统意义上的"相互孤立而毫无联系的战争"。这一战略实施的过程历时70余年，其间遭遇过很大的阻力。这几场战争加上美国参与的其他战争，比如1900年中国的义和团运动、1946到1949年中国的国共内战、1947到1950年的菲律宾胡克起义和1970到1979年的柬埔寨革命，一起构成了一部四幕历史剧。在这部历史剧中，菲律宾提供了舞台，美国取代日本成为主角，但很快朝鲜就向其"主角"地位发起挑战，而越南也用武装革命让美国的"主角"行动彻底失败。这些战争对东亚和美国都产生了深远影响。而事实也证明，虽然强大的武器装备和雄厚的物质资源赋予美国极大的军事优势，但他们还是无法掌控东亚地区的社会政治发展进程。

美国是不是帝国？

本项研究拟采用国际视野研究这一课题。很大程度上，本研究对于参战的亚洲和美国都予以同等重视，目的在于突出民族优越感对战争的影响，进而提供一种超越民族优越感看待历史的观点。如果仅以美国为主角进行研究，就不可能客观公正地分析这些冲突所产生的影响。尽管美国控制东亚地区的战略行动因为受到该地区国家的强烈抵抗而以失败告终，但事实上，反抗拥有强大武器的美国的国家，也付出了沉重的代价。而美国至今仍然高度重视那些曾与美国进行过殊死战斗的亚洲国家。

忘记那四场战争对美国人来说是相当危险的，因为亚洲人肯定没有忘记，不管过去和现在，不管他们与美国是敌是友，这些血腥的、极具破坏力的、残酷至极的战争，都已经深深烙在他们的民族历史中。

本书使用的"东亚"一词，意在表明这是一个冲突不断的地区。这里的"东亚"并非一个标准的地理概念，而是美国人的心理概念，是一种地理图像。因为美国人产生了向太平洋另一端扩张的野心，故其地理位置的界定不仅仅以美军和殖民地官员到达为界，也与他们对某一特定区域内的各个国家和民族的强烈作用，以及两者间的相互影响为界。战争将催生出新的地理概念，尤其是当使命感强烈的大国发起战争，或者当战争在国内外都产生了一种或同情或敌对、或合作或反抗的复杂模式时，这种作用更加明显。美国人最终从东亚撤退，他们并未完成控制东亚的"伟大梦想"，但他们仍在各个方面影响东亚地区。因此，"东亚"绝不仅仅是一个人造的历史概念，它至今仍然有很强的针对性。

本研究称美国为"帝国"，是为了提供一个可供比较的视角，让读者更加了解美国发动战争的动机。我们坚持使用"帝国"这一饱受争议的词语，当然也会对此作出解释。因为只要"美国人对世界究竟产生什么作用"这个论点还争论不休，"帝国"一词就必然会引起他们的忧虑。受历史传统影响，早期美国领导人也视"帝国"为共和制的根本威胁。历史告诉他们，共和制原本是脆弱不堪的，禁不起帝国诱惑。在整个19世纪期间，美国人在政治辩论中一再反映了对帝国倾向的担忧。即使是现在，这种观念依然存在，只是提的人比以前少了。

美国领导人拒绝承认美利坚帝国的存在，美国民众也普遍认为：美国是一个对帝国诱惑具有特殊免疫力的国家，它总是与霸权主义国家意见相左。自19世纪后期以来，美国一直试图清晰划分"殖民扩张"与"帮助弱小民族实现民族解放"这两者。美国也一直声称，自己的目标是遏制帝国而非创造帝国。因此，美国认为它在1899年对西班牙的指控，在20世纪上半叶对德国、日本以及冷战期间的苏联和中国的控诉，其实质都是控诉这些国家的对外扩张行为。

只是在过去这大约10年里，一些美国人认为，作为全球唯一超级大国，美国可以不受任何限制，这种观念使得他们漠视民众的普遍质疑。这部分自大的美国人把帝国的荣誉勋章佩戴在胸前，挑战自己同胞的智慧，让同胞们去适应英国在19世纪设置的帝国路线。然而，这一观念对于美国决策者、记者乃至广大民众而言，没有产生任何实际的影响。这些现代帝国的追随者们忽视了美国领导人历经半个世纪的艰苦历程才弄明白的道理。事实证明，在一个崇尚享乐主义的社会里，民众对于要他们为发生在远方的肮脏战争牺牲自我的做法，已经非常厌倦。而对于需要强制力量才能控制的东西，消费型公民更是毫无热情，这在他们对待投票和草案的态度上表现得尤为明显。因此，即使对帝国的恐惧感在美国政治文化中已经消失，但强大的社会潮流仍然使公众对"帝国"的字眼保持高度敏感。

长期以来，虽然人们将"帝国"看做一个带有阴谋论色彩的术语，但它仍然是一个有价值的概念，因为它抓住了人类历史上的一个重要现象，即数千年来强国大国始终要求拥有对其他国家的统治权。只要对不同时期的帝国详加考察，如古罗马、汉唐时期的中国、俄国和大不列颠，便会得出"帝国"一词的基本定义，即帝国本质上是一个中央集权制的政治实体。这一定义既不超越帝国的实际意义，也不会令人产生模糊不清的理解。而这一定义，也有助于读者理解美国越过太平洋发动长期战争的意义。

美式帝国扩张路线

帝国扩张通常经历这样的过程：强国用暴力征服弱小国家，获得对弱小国家的统治权，使之成为自己的殖民地。然后，强国逐渐将本国的政治、经济、文化架构移植到殖民地，将其彻底变成自己的附属国。帝国为维护其对殖民地的统治，往往会与殖民地内拥有一定影响力的精英人士通力合作，并辅以其他机制。这些机制包括：

★ 随时准备镇压"不安分土著"的军队；

★ 便于调动军队并能迅速平叛的军事基地网络；

★ 为获取武装革命组织情报而建立的情报系统；

★ 对殖民地精英和社会发展状况实施监督的帝国行政机构；

★ 能够使帝国统治地位合法化的正统意识形态。

美国人选择了一条熟悉的帝国扩张路线，该路线具有四大特点：

第一，美国具有强烈而持久的扩张欲望。这种扩张欲望激发人们对统治权的渴望，也激活了美国的扩张政策。强烈的民族主义意识和文化优越感使得美国萌发了扩张的野心，这种野心也最终演变成了殖民扩张的实际行为。

第二，殖民主义和第三世界国家的民族主义是界定美国扩张计划的重要因素。20世纪初，美国深深卷入东亚事务之时，欧洲殖民主义的黄金时代已经过去。日薄西山的欧洲老牌帝国，桀骜不驯的殖民地臣民，共同营造了动荡不安的环境，为美国的介入提供了极其有利的舞台。美菲战争这一幕历史剧便始于殖民地统治权由西班牙转向美国，此举遭到菲律宾民族主义者的强烈反对，进而引发战争。美日战争开始于欧洲对殖民地控制被日益削弱之时，崛起的日本帝国怀着扩张的野心，悍然轰炸珍珠港，因而引发战争。结果导致美国对日本的直接占领，并对其进行驯服和改造。通过这两次战争，华盛顿开始在一个充斥着革命和民族主义浪潮的地区打造自己的附庸政权。但是，在20世纪初还处于萌芽阶段的菲律宾民族主义，此时已经发展成一支强劲的全国性武装力量——胡克党，并对美国的帝国事业构成了致命威胁。

第三，现代战争在激发人统治世界幻想的同时，也造成了大规模破坏。美国掌握的强大军事技术导致数百万人死亡。似乎是受到了美菲战争和美日战争胜利的影响，军事技术激发出这样一种信念：不管对手有多顽强，精良的武器装备都能够确保将之征服。但是，这种信念在朝鲜战争和越南战争中被无情地掀翻了。

最后，战争泥淖催生了一个强大、稳定且繁荣的东亚。上半个世纪的"亚洲奇迹"是在美国发动对东亚战争的历史背景下出现的。这一个新崛起地区的政治、经济、文化方向，都与美国改革家们的观点迥然相异。在这个开拓了自己的现代化振兴之路的复兴地区里，走出了中国这样一个身躯庞大得令人生畏的国家。在我们的故事开头，中国只不过是一个市场有待开发、灵魂等待救赎的被动小角色。后来，它沦陷为仰人鼻息的附庸。再后来，在朝鲜和越南战争之时，它竟成了令美国震惊的强大对手！

有关帝国的几个常见错误观念应在此予以更正，至少当这个词用在美国身上时应当如此。通过将这些错误观念表面化，我们希望预见到一些将来可能遇到的问题，并对一些可能反对我们观点的主张作出回答。

第一，我们不强调帝国的深层动机。有一部著作将帝国主义与成熟资本主义产生的经济压力联系在一起，因而备受推崇。另一部颇具影响力的理论著作可以追溯到自由主义者霍布森和马克思主义者列宁。它认为，夺取殖民地并使之成为海外市场以转嫁国内经济危机的动机，是由生产过剩引起的。此观点正确与否我们不作评定。本书提出的"帝国"定义，避免刻意将某一特定动机立刻扣到帝国建设者头上。只有当"帝国"的定义清晰，并且有翔实史料可以印证时，探讨帝国扩张的动机才会有意义。人们可以通过某种分析法灵活运用此定义，对各种不同案例进行仔细考察和比较。帝国崛起的动机显然是次要问题。我们更重要的任务，是在比较历史意义的基础上去界定帝国。

我们并不坚持要求帝国的建设者们坦诚，他们为什么要建立帝国，或者承认有帝国建设的明确计划和意图。实际上，如果将帝国定义为帝国领导者长时间追求的有目的计划，就会使许多被历史学家们明确认定为帝国的历史案例受到质疑。换言之，美利坚帝国的历史也像其他国家一样，不仅允许出现多种帝国扩张动机（有些动机甚至还相互矛盾），也允许出现偶然、困惑、即兴之作和一些意想不到的结果。

第二，怀疑论者可能会说，非正式统治（例如美国控制日本）不能称之为帝国。这种论点经不起仔细推敲。历史上有很多所谓"非正式统治"的例子，比如罗马帝国的东部边疆、中国汉唐王朝直接统治区域以外的附庸国以及苏联对东欧附庸国的控制。在这些案例中，非正式统治显然是帝国的有机组成部分。美国在很大程度上也是这样一个非正式统治的帝国。

美国人认为自己是个热爱自由的民族，直接统治别人会与他们的信仰相悖，因此他们总是犹疑不定。20世纪频频出现要求民族独立的呼声，更加重了这方面的疑虑。在这种情况下，美国通过一种不那么招摇、不那么令人讨厌的间接统治方式来行帝国之实，就显得顺理成章了。这样做的另一个好处是，付出的经济代价不至于太高。对一个喜欢低税赋的国家来说，这极具吸引力。最后，非正式统治还可以将官僚机构成本控制在最低水平。

我们不必在如何区别正式与非正式统治问题上纠结，而应将更多注意力放在帝国是如何在当地资源、当时技术以及被统治民族的最大容忍限度下进行统治的。采用正式还是非正式统治，取决于被帝国列入规划的附庸国。与殖民地精英就统治条款进行谈判和作出让步是帝国建设进程中不可缺少的内容。因为这些经过谈判后达成的条款可以让帝国的统治管理更容易，更符合成本效益。帝国规划中，视附庸国的反应来决定实行正式统治，还是非正式统治。如果某种统治形式进行不下去，那么它将让位于另一种形式。我们只关心这几个问题：决定本地直接统治者最后去留的人是谁？决定与哪国联盟的人是谁？当地军队听命于谁？

第三，把帝国看成一种具有广泛影响力的传播载体。我们认为这种看法是错误的，因为它没有明确指出大国在国际事务中可能产生的各种影响，特别是像美国这样具有深远影响的大国。我们的帝国概念，本质上是指军事和政治层面，包括其强制特性、国家统治程序、管理殖民地臣民时遇到的各种持续不断的必然性挑战，以及至少与其中一部分人（当地精英）保持合作关系。帝国征服也许背后有着经济动机和文化打算。征服一旦奏效，就可能造成经济利害关系，殖民地或宗主国的传统文化将受到影响，或者在殖民地造成长期的社会变化。但帝国大业的推动最终还是要仰仗军事力量，而其结局也只有两个：要么是帝国主动撤除武力威胁，要么是帝国在当地武装抵抗下彻底失败。

我们坚持认为，"帝国"和所谓的"霸权"是有区别的。这样做有利于更缜密地了解美国在世界舞台上的作用。从任何有意义的词汇角度而言，美国的消费型社会在20世纪所引起的广泛羡慕、钦佩、抵制和学习，本身都不带有帝国性质。这一社会类型的传播并不涉及军事胁迫，而是以非结构化扩散和大量非国家行为者之间的谈判为标志，国家的作用非常有限。也可以说，美国在其他方面的影响力，如旅游、贸易、投资、促进民主进程发展、根据国际组织规定和各种正式国际协议来建立各种国际公约，也是如此。只有把"帝国"等同于"大国"，才能使这些活动符合帝国行动的特征，但这样做就抽掉了"帝国"一词的原有含义，也就排除了任何具有可比性和实用性的见解。

中东冒险，是在复制越南式泥潭吗

用清晰的、言之有据的方式严肃认真地对待帝国概念，将会有助于我们作一些严谨的分析工作。首先，本书旨在突出过去事件与现在问题之间的关系。以一个漫长、血腥、最终失败的地区计划，与现在正在进行的另一个地区计划进行对比。1973年美国从越南撤军，1975年默认南越政权被征服，似乎意味着美利坚帝国的扩张行为已经终结，但实际情况远非如此。在美国，可以说极少会有观察家意识到，美国在大中东地区的行动，包括在阿富汗地区发动对塔利班的战争和愚蠢地占领伊拉克，正是重蹈它当年在东亚的覆辙。

美利坚帝国在东亚的战争和地区建设，惊人地预示了美国当前在中东和中亚所面临的混乱局面。对于从东亚战争得来的深刻教训，美国的决策者们要么熟视无睹，要么就是选择忘掉。他们恢复了信心，试图用军事优势来重塑美国人看中的另一个地区的历史进程，可他们的信心放错地方了。结果再一次证明，愚昧无知会导致制定并实施怎样一种无效而且事与愿违的政策，民主与发展的美梦是多么容易变成死亡与破坏的噩梦。如同本书讲述的美国在环太平洋地区发动战争一样，美国人正在另一个地区重新证明其约束力。但要使得这一地区的国家遵守强制约束，即使是最具权威的美国也会感到很麻烦。现在不是历史的重演，但具有相似性的历史可以让美国更了解当前的挑战，并提供应对的新方法。

其次，以一种清晰而有理有据的方式思考帝国，可以使我们越过问题的起因与过程，从而更关注溃退带来的必然性问题。帝国一旦建立，如何维持就会成为重大挑战，最终把帝国建设者们陷在其中，欲罢不能。"土著人"难以驾驭，国内的决心会因此动摇，可用的统治管理资源和国防资源总是有限，并且日渐萎缩，这些状况都将最终迫使帝国作出艰难选择。溃退的可怕后果让帝国建设者们常年生活在恐惧之中。他们担心威信降低，国力下降；担心自己沦为其他列强的剥削对象。

一想到可能会遭到那些暴发户殖民地和卑微附庸国的羞辱，他们就会面色苍白。觉悟的民众掀起的激烈反抗，愤怒的帝国管理层和士兵，都会令他们瑟瑟发抖。他们会因为失去市场、失去自然资源或被忠实朋友背叛而攥紧拳头。帝国的解体确实会带来一些不良后果，但总体而言也许没有帝国建设者们想象的那么严重，有些后果甚至可能很有利，因为那能让美国从各种负担下解脱出来。

虽然帝国的衰亡这一问题往往是老生常谈，但思考这一过程对于了解帝国的运行方式很有必要，因而值得我们去仔细思考。美国在中东和中亚的冒险正在接近尾声，从东亚撤退能为其提供一定启示，因此该话题已成为亟待研究的问题。

我们共同提出了"东亚战争和帝国"命题，也许读者会希望能了解一下我们。我们都是在20世纪60年代的骚乱中长大成人，非常关注越南战争。20世纪60年代初，亨特曾在越南居住过一段时间，后来在越战期间开始讲授美国外交关系史。莱文在大学毕业后成为一名反战运动和民权运动活动家，也是在越战的阴影下完成自己的学业并开始教学生涯。作为近30年的同事，我们力求了解那个年代，并分析阐述美国面临的战略选择。这段历史与我们个人的利害关系紧密，但正因如此，我们承诺尊重历史，并根据史料来修正我们的观点。本书源于一篇讲述美国冷战与亚洲革命冲突的合著论文（该论文引用甚广）以及在北卡罗来纳大学教堂山分校同时开设的研究生和本科生课程。我们在各种情况下同有关这四场战争的史料较劲，以下各章节内容，就是这种较劲所产生的结果。

本书分四部分，依次论述这四场战争。每部分都以讲述战争起源为开端，包括战争的过程、参战者与平民的经历、战争在美国引起的反响以及战争的各种结果，如政治教训、社会变革和战后回忆。这种架构有利于读者将这四场战争进行比较，以进一步分析主题。但是，除了分析和结构性比较之外，我们还想重现当年那些战争亲历者的个人经历，不管他们是默默无闻还是声名显赫。

除此以外，我们还希望激活这一漫长而血腥的"十字军东征"式的历史剧。故事既多又好，以至于难以忽视。实质性结论将简述美利坚帝国在东亚的兴衰问题的争论，并仔细探讨这一帝国事业的某些重要特征。然后，结论将提及美国与东亚地区之间的关系。该地区已经摆脱了帝国殖民统治，依靠自身不断发展成一个充满活力的繁华中心。

　　结论最后将处理如下棘手问题：帝国大业崩溃时会发生什么情况？美国与亚洲的纠葛对美国当前卷入中东和中亚会提供什么样的借鉴？最后，我们对为本书提供了历史记叙、历史文献、回忆录和口述历史的机构或个人表示衷心感谢，并对引用了其作品的其他学者表示敬意。

第一部分

释放帝国欲望
美菲战争（1899～1902年）

19世纪末，打着"帮扶弱小"的旗帜，美国一路挺进，疯狂吞并夏威夷、古巴、菲律宾。曾经的"美丽之国"如今已成"帝国怪物"！梁启超等有识之士发觉，美利坚的扩张魔爪已伸进东亚，而中国正是这只魔爪的终极目标……

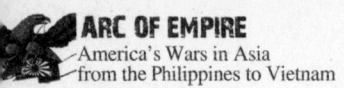

1899年2月4日，傍晚，马尼拉城外，一场战争在此展开。此即美菲战争的开端①。这场战争确立了美国对菲律宾群岛的正式控制权，但也因此使美国更深层次地陷入了东亚事务的纷争漩涡里。

对于这场战争是如何爆发的，美国人普遍接受这种说法②：

> 这一天，内布拉斯加第1步兵团D连派出的一支步兵巡逻小队，在巡逻途中与菲律宾士兵发生了冲突。当时，正在行进的菲律宾士兵拒不接受美军要求停止前进的命令，美军一方的某个士兵，很可能是二等兵威廉·格雷森，在仓促间做出了开火的决定。格雷森是英国移民，入伍之前曾在一家旅馆工作。格雷森后来声称，他先朝着对方开了好几枪，然后才停下来观察形势。"快进入阵地，伙计们，"他说，"我们前面几码远的地方全都是黑鬼。"仅仅过了几分钟，城外的战壕里到处响起了激烈的枪战声，枪炮声一直持续到第二天。

显而易见，无论从起因、过程还是结果来看，格雷森所引发的，都是一场殖民战争。可以说，美国在太平洋地区开展了一项更为野心勃勃的事业，它从一开始就始终伴随着殖民主义和帝国主义的种种争议。当然，时任总统威廉·麦金莱曾在其主持的会议上由衷地表示："美国人心里并没有任何潜在的帝国计划。"而在这位不苟言笑的前俄亥俄州律师和内战老兵的传记中，也确实没有留下任何有关帝国扩张的大胆暗示性内容。麦金莱曾当了14年的众议员，后来又做了4年州长，最后才在共和党的支持下成功当选总统。在总统任职期间，他不曾冒险干预过他国事务，也没有对世界事务表现出任何兴趣，然而，他却似乎十分精通作为那个时代一大特点的帝国逻辑：

★ 强国理应拥有殖民地；
★ 殖民地民族对自己的未来没有发言权；
★ 大国凭借强大的军事力量可以名正言顺地镇压殖民地国家的任何反抗。

几乎是在一夜之间，他就将美国带入到帝国主义时代的通行做法——抢夺殖民地的行列中。在充分了解了西班牙帝国的弱点之后，麦金莱对它在太平洋和加勒比海地区的残余势力发起了致命一击。与此同时，他利用民族主义做幌子，提出了一个广泛、宏伟而高尚的目标，这也是当时野心勃勃的殖民地扩张者常用的陈词滥调，来为自己的吞并行为辩护。他像欧洲人镇压"土著人"那样，向太平洋对岸派出了一支军队进行武力镇压。他在太平洋地区公开施行帝国主义政策，他本人也以强势的姿态出现在世人面前。他逐渐将美国打造成一个能挑战其他老牌帝国的国家，并准备缔造和管理一个全新的帝国。

第 1 章
帝国起源
美国，最有资格成为世界领袖

毫无疑问，"进军太平洋"是美利坚成为帝国的一大显著标志。美国以殖民地拓荒者起家，并深受这一经历的影响，因而他们具有强烈的民族主义意识和文化优越感。当然，这些都还只是刺激美国走上帝国主义道路的先决条件。早在17至18世纪，来自英格兰的移民就已经证明他们非常善于维护他们在北美洲东部地区的统治地位。他们赶走了西班牙人、法国人和荷兰人，消灭了当地土著，或者迫使他们俯首称臣，通过这一系列行动有力地保证了其在北美东部的控制权。

天命之国

在横跨美洲大陆的西进运动③过程中，政治和文化的控制权依然掌握在英国人后裔手中，而且这种权力迟早会落入具有广泛英国背景的苏格兰人和威尔士人手中。每当这些移民畅谈起自己的新国家时，都把它看成一个处于萌芽状态中的伟大帝国，尽管这种表述还不十分准确。在开发殖民地的过程中，征服土著人和奴役非洲人是必不可少的环节。因为在夺取大片土地后，需要驱使这些人在这片土地上发展种植园经济。这些移民者的观念中融入了极强的种族优越感，他们认为自己理应统治其他所谓的"劣等民族"。早在1885年，一位杰出的新教布道者就曾借上帝之口问道，"难道我们不正是用在盎格鲁－撒克逊文明中备好的铸模，来铸造世界上的其他民族吗？"麦金莱及其统治集团与殖民帝国的传统，就是通过这样的种族主义世界观联系起来的。

美洲移民费尽心机才使印第安人勉强服从统治，而与这一艰难过程高度相似的则是即将在菲律宾发生的事情。这一征服过程中的每一个步骤，都体现出"美洲移民对弱小民族拥有绝对统治权"的理念。这一理念认为，甚至更进一步认定：以进步和文明的名义获取对他人土地和生命的支配权的做法是合理的。印第安人反对这些主张并奋起反抗，但无一例外地遭到了镇压。

非常规战争中总是会出现长期的残酷战斗，而这种残酷战斗将导致战争方对敌人的非人道行为和对所有"野蛮人"实施大量暴行。在这些暴行中，平民与战士往往是很难被区分开的，所以平民总是会受到暴行的波及。

战争通常以以下方式结束：一种是军队采用迁徙或集中的方式，将所有人集中控制在一定区域内，这一策略在削弱抵抗力量方面被证明是行之有效的；另一种方式是同顺从的土著领导人达成一定协议，这会使土著居民敌对势力内部分裂，起到分化和打击抵抗力量的效果，从而加快结束战争的步伐。将这一征服过程移植到菲律宾的，正是深谙此道的那些人：一队擅长与印第安人进行小规模战斗的职业军官，和一支由志愿兵组成的强大雇佣军，他们才刚刚结束在西部各州的战事。从1898年到1902年，在菲律宾服役的30名将军中，有26名是具有同印第安人作战经验的老兵，其中包括4名指挥官，其余的也和美国西部有着某种联系。

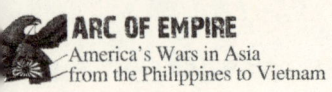

到麦金莱执政时期，美国人已经用行动证明，他们善于在一个逐渐扩大的国际舞台上玩帝国游戏。越来越强的国家实力和自信心，使得美国领导人得以将法国、西班牙、俄国在北美洲以及西班牙在墨西哥境内的那些广阔领地连成一片。只有古巴和加拿大这两处躲过了。但是，对于那些自己得不到的东西，美国人也不会让它们落到其他列强手中。因此，在拉丁美洲国家掀起独立浪潮，纷纷宣布独立之后，詹姆斯·门罗总统于1823年宣布：任何欧洲强国不得干预南北美洲事务。这就是众所周知的"门罗主义"④。在麦金莱执政时期，门罗主义已经得到国际上的广泛认同，甚至也被大不列颠认同。美国在19世纪初还是受到其他帝国窥伺和觊觎的国家，可它现在已经非常善于暗地里同对手争夺地盘了。在"命定天数"的引导下，美国加强了对北美洲的控制。它用藩篱将这一区域围起来，将欧洲列强的殖民野心隔离在外。

1897年麦金莱就任总统时，美国对在太平洋扩张的前景尚不很明确，不过要进行帝国扩张的总体趋势是确定的。争夺太平洋的辽阔空间，似乎是先进的西方文明入侵东方的历史进程中的一个新阶段。这一新阶段以美国为主力，其终极目标就是中国。

与此同时，欧洲和日本跨越太平洋的野心似乎也对美国构成了重大威胁，因为那不仅威胁到美国的构想，还威胁到实际的战略和商业利益。新的海军技术的出现，尤其是以蒸汽为动力并配有精确远程大炮的装甲战舰的出现，使世界变得更小，也更加危险。中国，这个曾经被认为与自己利益干系甚小的遥远国度，如今也变得重要起来。在活跃于中国和夏威夷的美国传教士和商人中，有人开始倡议建立强大的海军。他们要求强化"美国在太平洋行使天然使命"的观念，并警告那些排斥美国在该地区发挥影响力的欧洲人。

美国的海上远征军经常在太平洋西海岸巡查，监视其他列强，以维护国家安全并冲破妨碍其海外贸易的重重阻碍。1853年到1854年期间，马修·佩里准将率领海军对日本进行武力恫吓就是一个标志性事件。其他海军军官在中国和朝鲜海域也进行过一些类似尝试，但都不如佩里成功。

南北内战刚结束，美国就扩大了参与东亚事务的范围，并加快了参与的步伐。它开始争夺海上前哨基地，1867年占领中途岛，1889年又夺下了珍珠港。1885年，美、英、德三国就萨摩亚群岛的控制权展开了激烈的争夺，险些酿成一场大规模海战。之后，美、英、德三国通过协商，决定共同管辖萨摩亚群岛。同样值得注意的是，越来越多的美国公民以个人身份参与到这种扩张行动中。在这些人当中，有的是受聘去"帮助亚洲实现现代化"，有的则专注于拯救灵魂。至1889年，仅在中国传教的美国传教士就有近500人。在随后10年间，美国国内对传教活动的支持达到了高潮；大量的传教士涌入中国设置传教点，引起了越来越多的中国人的反对和暴力反抗。中国人的反抗行动迫使传教团体迫切寻求美国政府的庇护，而他们的要求得到了越来越多的美国政府官员同意。

在此背景之下，夏威夷首先成为美国公开在太平洋地区一试身手的舞台，但其结果却并不尽如人意。到1893年，美国的甘蔗种植园主及传教士盟友，已经获得了夏威夷群岛经济和文化生活的控制权。他们一边遏制夏威夷君主的权力，一边进一步强化该群岛与美国的紧密关系。

就在同一年，少数美国移民推翻了夏威夷君主制，控制了夏威夷群岛，并向华盛顿申请加入联邦。即将卸任的本杰明·哈里森总统欣然答应。因为接管该群岛就意味着，美国接下来可以拒绝英国、德国或日本对夏威夷群岛提出的任何领土要求。但是，美国国内却爆出很多反对意见。新任总统格罗弗·克利夫兰却认为，夏威夷政变是非法的；而西海岸的排外主义者则直言"不想与输出大批廉价劳工"的亚洲发生任何关系；国会中的重要领导也持保守观点，并担忧他们能否

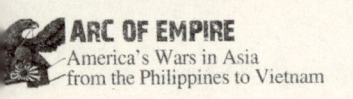

捍卫遥远岛屿的主权。夏威夷的定居者们十分沮丧,只好先建立共和国,并静待国内政治风向改变。

终极目标——中国

美国与西班牙在古巴的对抗,掀起了他们所期待的政治风暴。这场风暴将美国的野心一直刮到了距离美国本土约7 000英里之遥、拥有7 000个热带岛屿的菲律宾群岛。麦金莱上任伊始,便面临着古巴人民与西班牙统治集团之间一场旷日持久的斗争。古巴人民要求独立,西班牙统治集团则固守着伟大帝国的残骸死不松手,即使它已经财政枯竭,其军队也无力镇压桀骜不驯的臣民。

早在1868年,古巴要求独立的呼声就曾经演变成武装反抗,直到1878年西班牙政府给予自治的承诺后才逐渐平息。可是到了19世纪90年代初,武装反抗又一次爆发。1896年,西班牙军队面对小股游击队的顽强反抗,虽然采取了非常残酷的手段,却仍旧不能将其扑灭。西班牙在古巴发动了残酷、破坏力极强的战争,结果证明西班牙已不能再维持其统治。这场战争使美国在古巴的商业和投资陷入了混乱,因此掀起了美国国内的愤怒声讨浪潮。

一开始,麦金莱试图通过施加外交压力解决争端。但古巴人已不可能再接受马德里提出的自治许诺,而西班牙国内也强烈反对采取让步措施。西班牙表示,即使要与美国开战,也绝不放弃古巴。

到1898年2月,麦金莱面临着进退两难的处境:国内好战分子要求武装干预的呼声日益高涨,西班牙也就谈判诚意的问题不断声讨美国政府。1898年2月15日,西班牙当局涉嫌(后来查明不实)在哈瓦那港内击沉美国战舰"缅因号"。事件发生后,美国国内要求开战的呼声更甚嚣尘上。1898年4月底,迫于共和党要求采取行动的压力和近乎暴动的国会,麦金莱提议对西班牙宣战。这项提议很快被国会批准了。但是，麦金莱对战争前景抱有十分矛盾的心态，他不知道这场战争是否会引发未知的可怕后果，因此内心十分犹豫。南北内战的战争经历让他知道，一旦开战会出现怎样恶劣的情况。另外，30多年的政治生涯造就了他的谨慎性格。但是，像其他美国人一样，麦金莱也容易被对外扩张的民族主义思潮影响。这一思潮推动人们为美国勾画出了一个美好的未来。他也能理解作为一个谋求国家利益的战时总统，一个国家赋予其在战争中的巨大政治权力。在这场即将到来的战争中，他们将能轻易战胜腐朽的西班牙军队，一个个胜利的捷报将会传来并在国内产生极大热情。在这种美好想法的鼓励下，这位谨慎的总统采取了行动。

刚一宣战，这位精力充沛的总统便指挥美军进攻古巴和波多黎各，并四处寻找保卫菲律宾的西班牙舰队。麦金莱是按照1896年中期制定的海军应急预案采取行动的。菲律宾当时是西班牙的殖民地，是其军事基地和重要的财政收入来源，因此该应急预案认为，攻击菲律宾可以极大削弱西班牙。

1898年5月1日，美国舰队在海军准将乔治·杜威指挥下，在马尼拉湾取得了决定性胜利。到7月，政府未发一枪就占领了波多黎各，古巴战役也进展顺利，夏威夷吞并案也在国会通过了。这场战争加剧了国内关于太平洋要塞地区重要性的争论，尤其是那些对于保卫美国西海岸，以及美国借此进入西太平洋的要塞地区。随后一个月，西班牙在菲律宾的最后一个堡垒马尼拉也落入美军之手。美军随后就部署了军事防御力量防止菲律宾被那些为独立而战的武装力量所控制。美国正在进行"一场辉煌的小型战争"，海约翰如此写道，而他即将成为麦金莱的国务卿。

8月12日，马德里被迫接受华盛顿提出的停火条件。此后，总统开始收缴"战利品"。他以军事占领古巴，迫使古巴臣服。这种军事占领一直持续到1902年古巴宣布独立才结束。但实际上，美军撤离之后，

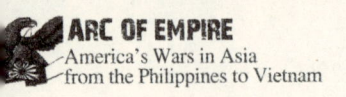

古巴在政治、经济上仍然从属于美国。1898年12月10日，在与西班牙签署的和平条约中，麦金莱坚持要求西班牙交出菲律宾、关岛和波多黎各的控制权。1899年2月6日，总统亲自制定的计划获得了参议院批准。

1899年和1900年，世界列强瓜分中国土地、划分势力范围的趋势愈加明显。在这种趋势之下，麦金莱也加紧推行他的"泛太平洋计划"。1899年9月，国务卿海约翰对阻碍美国商业进入其势力范围的列强发出正式警告，此即门户开放政策[5]。12月，为了同德国达成瓜分萨摩亚的协议，麦金莱将全部注意力集中在与德国的交涉上。但在第二年，当义和团运动在中国华北地区像野火一样蔓延开来时，他又将注意力转回到中国。一开始，当义和团拳民占据农村、攻击在华传教士及其教众并得到中国官员的支持时，华盛顿还故作镇定，作壁上观。随着拳民和同情中国满清政权的武装力量占领首都并包围外国使馆区，麦金莱终于决定派军加入八国联军，对拳民进行安抚或惩戒。

麦金莱想要向世界表明，美国不是一个好惹的太平洋国家。于是，他调集了4 000多名士兵攻占北京，镇压义和团运动，并以此迫使清政府赔偿。鉴于中国前途未定，海约翰在9月发布了第二个内容更为广泛的"门户开放"通牒。

这一次，他警告列强，不要把非正式的势力范围变成正式领地。私底下，他也不赞同"列强可以对美国发号施令"的看法，认为那"只是瞎扯"。但事实上，他呼吁保留摇摇欲坠的满清政权也传递出这样的信息：发挥美国的影响力，对于中国的进步和美国作为太平洋大国的未来至关重要。

在19世纪最后几十年，虽然中国成为美国人最看重的东亚国家，但也证明它是个很难控制的国家。因为该国人多地广，其精英阶层高度政治化，有着根深蒂固的"天朝上国"的观念，极度排斥外来控制和其他大国。

将星条旗插到亚洲去

但此时，菲律宾却上演了一个截然不同的故事。美国声称要与太平洋中西部地区建立特殊关系，因此实行了一系列举措。在最初的一些举措中，夺取菲律宾是最令人惊讶与不安的。菲律宾远离美洲大陆，因此美国不可能通过移民来达到文化和政治上的融合，对殖民地过大的承诺也必将使政府陷入巨大争议之中。另外，这些岛屿正受到狂热的独立运动影响，使得兼并它们的前景异常复杂。西班牙人用武力镇压来回应菲律宾人的改革要求，最终导致1896年8月的武装起义。马尼拉附近和周边省份的武装起义进行得很不顺利，总是因为其革命领导人向殖民当局妥协而终止。即使侥幸取得殖民当局改革的承诺，也是以革命领导人流亡的代价换取的。尽管如此，菲律宾的独立运动还是没有因此终结。此后，西班牙人的注意力因美国人的野心而转移，菲律宾的武装力量将卷土重来。而这一次，美国将取得更大的成功。

有了好的借口，麦金莱就开始逐步实施他的计划。他首先利用总司令的威信编造了一些对普通人而言很有说服力的事实。当年4月，他下令向保卫菲律宾的西班牙舰队发起进攻。这一命令不仅加速了海战的胜利，也为总统后来的行动铺平了道路，使他得以迅速在占领点部署军事防御力量。至少，他可以把这些岛屿当做取得和平的棋子。5月4日，他下令部署第一批美军部队，不久之后又增派了更多部队。到6月3日，麦金莱还一直把马尼拉和殖民地首府吕宋岛看做商业中转港口和海军基地。8月初，就在马德里乞求和平的时候，马尼拉向美军投降了。在停火协议中，麦金莱坚持将菲律宾的未来留待最后的和平谈判中解决。9月16日，他告诉巴黎谈判小组，他要得到整个吕宋岛。10月28日，他进一步要求得到整个菲律宾。为减轻对西班牙造成的打击，麦金莱同意支付西班牙2 000万美元，这被白纸黑字写在最终和约中。换算成当前价值，他大约支付了5 000万美元。

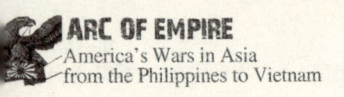

至于他为什么作出这些决策，麦金莱并未留给后人清晰的解释。因为仅仅占领马尼拉和吕宋岛没有任何实际意义，但通过了解该群岛的人，他相信这两地与其他群岛是一体的。所以，他不能把这些岛还给野蛮愚昧的西班牙人，也不能让这些岛屿独立。根据总统本人的记述，菲律宾人的幼稚会让他们进入"无政府和暴政状态"。如果现在转身离开，这些异常脆弱的岛屿会落入另一个大国的掌控之中，这对麦金莱而言，就如同是做了"亏本的生意和丢脸的事情"。当时最大的帝国大不列颠已经获得了菲律宾境内银行和出口机构的控制权，而且还控制了附近的香港。因此，他们完全有可能采取行动，彻底占领菲律宾。新兴的日本帝国也紧紧地盯着菲律宾，德国的野心同样令人担忧，正如美德两国在萨摩亚问题上的激烈海上对峙所示。最后，麦金莱还知道，海军战略家们正在极力寻找军事基地，以保障在太平洋上的势力范围。因此，掌控菲律宾会对他们产生很强的号召力和吸引力。而这对那些对中国市场感兴趣的商界人士而言，也是如此。

麦金莱逐步公开他的意图，就像他当初选定目标那样。开始，他装出一副犹豫不决的样子试探公众的态度。得到肯定答案后，他才慢慢亮出自己的底牌。在此过程中，他充分利用了当时的各种新技术：新闻报纸和电报，这些媒体全国公众能够接触到；铁路网络，因为这能够帮助他在全国进行快速便捷的游说。他的亲信随时向他报告报纸上的各种非正式调查和公众来信内容，这起到了民意调查替代品的作用。在所见所闻的鼓舞之下，他开始小心翼翼地在公众场合进行演讲，所用的措辞也与他在私下使用的相同。他在这些演讲活动中用更强硬的措辞反复重申，他执行菲律宾政策是遵从"命运"和"职责"的安排。他认为，战争要求美国国民尽一定的义务，具有光荣的民族传统的美国人也不应该回避这些义务。

麦金莱发现，公众根本无须他来刺激。他频繁地宣扬殖民扩张是一种天赋使命，公众非但没有对此产生厌倦，反而始终积极回应。10月，在中西部的巡讲期间,他避免明确提到菲律宾,这样就避免了被那些批评家们攻击。他的这些宣讲,是为了刺激、吸引听众,也为了提高共和党人在11月国会选举中获胜的机会。例如,10月13日,他在爱荷华州转弯抹角地说:"我们为了神圣的事业而投入战争,有时会遇到领土问题。每当遇到这种情况,我们将尽最大努力让自由的旗帜在那片土地上空飘扬,我相信,这会把祝福和福利带给所有人。"在12月与西班牙签署和平条约之后,麦金莱再次在公众场合亮相,这一次是解释为什么要把交割菲律宾涵括在和平条约之内。在去南方巡讲时,他比以往更强调"命运和职责"的主题。12月15日,他在亚特兰大说,要"以自由和法律,和平与进步"的名义,将美国国旗插到"两个半球"上。这时,他挑衅性地问道:"谁能把它拔下来呢?"根据当时的记录,听众报以"雷鸣般的掌声"。

从19世纪后期的舆论来看,麦金莱非常需要全国各地的社区、企业和行业领导人对他的宣讲作出有利回应。这些具有影响力的人物绝大多数是新教徒和英裔美国人,他们住在城里,受过良好教育,从事律师、神职人员或教授等社会地位很高的工作。就算是政府官员或者曾出过国的人,在与这些人讨论兼并问题时都显得特别恭敬。在总统的声音通过收音机和电视传遍全国之前,这一群知识分子完全可以左右他们所在社区或交际圈人群的意见。他们也能够影响范围更广的选民,因为在1 200多万成年男性白人选民中,其中有大约3/4是农民和工人,他们信息闭塞或近乎闭塞,国家领导人想接触到他们非常困难。

19世纪末,在美国的政治文化圈里曾有一个故事广为流传。该故事讲述了一个曾经弱小的国家,由于在政治和经济上取得成功而成为世界奇迹。这个国家就是美国,这种经历让美国人非常自豪。而对古巴独立战争的同情,犹如在美国爱国主义的水壶下面添了一把火,使得它暗流汹涌。以快速获得辉煌胜利而结束的美西战争,则将这一壶水引向了沸点。到总统开始正式提到菲律宾的时候,他的民族主义感

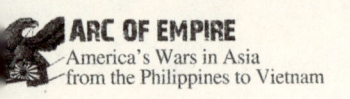

召力已成了一种驱动美国政治激情的制胜策略。共和党人希望赢得选举，他们需要一个能激起民众广泛支持的论点。而麦金莱宣扬的"职责和命运"的主题，体现出虔诚的宗教色彩和种族优越感，因而对选民有很大吸引力。操控落后但尚可补救的东方人，证明美国人适合做全世界的民族领袖，这足以产生一种号召力，这种力量超越了18世纪初美国的地区、党派、宗教和种族分歧。与麦金莱同时代的讽刺作家安布罗斯·比尔斯认为，除了地理学，战争还教给美国人很多其他的东西。同时，战争也让他们找到了一条自以为是的新路。

虽然有了在太平洋对岸保卫殖民地的功劳，麦金莱仍然需要处理好参议院内的强烈反对意见，这是公众怀疑总统计划而产生的一股强大暗流。这时，他抓住了几个幸运的机会。民主党领袖威廉·詹宁斯·布赖恩决定不在菲律宾问题上同麦金莱纠缠，尽管布赖恩个人和民主党都反对夺取菲律宾。1900年大选，将会是他第二次与麦金莱竞选总统。布赖恩认为，如果将焦点放在国内经济问题上，他的机会可能会更多。即便布赖恩不谈与西班牙的和平条约，要赢得足够多参议员的支持，忧心忡忡的麦金莱仍不得不积极进行一些幕后交易。

经过一个月的辩论，正当参议院准备投票之时，麦金莱得到了第二个幸运的机会，即美军与菲律宾独立运动武装在马尼拉爆发冲突的消息。二等兵格雷森的枪声在华盛顿激起了反应，反对实施兼并的人此时不得不考虑，真的要对正在战斗的美军置之不理吗？2月6日，麦金莱主张对菲开战的提案表决结果为57票对27票，仅比宪法要求的2/3票数多出1票。10天后，在波士顿的一次将近6万人的聚会上，总统庆祝了自己的胜利。他再一次谈到了"职责和命运"的主题。他将自己装扮成解放者，否认批评者对他有帝国野心的所有指控，并称菲律宾人"将因此长久地感谢并祝福美国，因为它解放并解救了他们的祖国，使他们走上了现代文明的进化之路"。

因为麦金莱需要作出很多重要的决定，所以他需要有一个小团队来协助他。与如今庞大的白宫工作团队相比，他的团队小得不能再小。在这些人里，他非常倚重他的办公厅主任兼新闻秘书乔治·B.科特柳。由于工作繁重（包括追踪一些有利于总统跟进和掌控时局状况的电报和电话通讯内容），科特柳手下的工作人员从几个发展到了1901年初的整整30个。

麦金莱也求助于他的内阁部长们，他的老同事威廉·R.戴在美西战争期间先是担任他的国务卿，后又任巴黎和平谈判的美方谈判组长。后来，在处理与菲律宾的冲突问题上，麦金莱又非常看重国防部长伊莱休·鲁特和他专门任命的两个小型委员会，这两个委员会通常由第二委员会组长威廉·霍华德·塔夫脱同一群有影响力的人物进行详细讨论，以便对群岛形势作出评估并提出解决方案，总统不过是这个"小马戏团"的领班。

第 2 章
抵抗根基
命途多舛的菲律宾独立运动

想要开辟殖民地是一回事,得到之后怎么守住它又是另一回事。对帝国的建设者们来说,这是一个重大的命题。到1899年2月,麦金莱已经对此深有体会了。不管征服者的动机如何冠冕堂皇,在其剑下生活的民族却并不甘心屈服。正如幽默作家彼得·芬利·邓恩所说,"麦金莱也许想给这些新臣民一定的自由,但他必须先确认这些人是否服从统治"。最糟糕的是,一场新兴的菲律宾独立运动又要开始了。

1896年,菲律宾人曾拿起武器回击西班牙的镇压;1898年,当美国人横空而出之时,独立运动的领导人就曾极力阻止美国接管菲律宾。他们知道,如果不加以阻止,就意味着菲律宾将长期处于美国的统治下。

菲律宾梦

美国总统渴求的这片土地,在19世纪发生了巨大变化。全球对麻、椰子、蔗糖和烟草需求的增加,为菲律宾群岛带来了一场种植园农业革命。群岛不断增加销售和运输经济作物的商业点,因而马尼拉很快便发展成经济政治中心。此时，这里出现了一个新兴阶层。这一阶层的菲律宾人富裕起来，开始参与地方治理，并开始把子女送进本地学校接受中等教育，其中有些人还进入了在马尼拉甚至是马德里的西班牙学校。

一个已被人为划分的拥有近700万人口的国家又因此划出了一个新阶层。出生在西班牙的菲律宾人特别喜欢炫耀，其次是在西班牙出生、在菲律宾长大的人。自西班牙殖民时代起，从中国福建省南部涌来的华人就和西班牙人一道在菲律宾安顿下来，成为日益繁盛的马尼拉港和在内地从事自给农业生产的菲律宾土著人之间的中间商。所有的中国人都曾受到西班牙同化的压力，那些拒绝皈依天主教并坚持中华文化传统的人更是备受偏见甚至遭到人身攻击。殖民当局最后颁布了禁止移民的法令，此法令一直持续到19世纪中叶。到这时，贸易扩大又导致菲律宾重新对中国移民开放，同时也吸引了外国商人和投资团体，这其中英国尤为突出。在这一幅马赛克式的社会拼图中，炫耀高贵出生地的菲律宾人都讲西班牙语，他们其中大部分是混血儿，主要是菲律宾土著和中国人结合的后裔。

到19世纪80年代末和90年代初，在殖民制度内崛起的菲律宾人已经变得躁动不安。贸易往来和接受教育拓宽了他们的视野，他们开始要求更大的影响力，这使得他们与拥有特权的西班牙贵族领主以及在当地根深蒂固并控制大量土地的天主教会产生矛盾。在马尼拉和马德里学习到的民族主义观念加深了他们对自身缺乏发言权事实的不满。欧洲政治制度对菲律宾民族主义者的影响无处不在，这些影响综合起来包括以下方面：

★ 以宪法为根本的有序政体；
★ 植根于本土历史文化的民族认同感；
★ 无条件为人民利益作出牺牲的精神；
★ 强烈的反教权情绪与经常祈求神灵佑护的违和感。

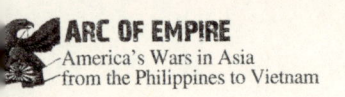

民族主义思想成为精英们憧憬的未来中一个很重要的部分,并在很大程度上渗透到了群岛的文学、新闻和教育之中。

一群受过教育的菲律宾人纷纷要求改革,而何塞·黎萨尔是其中的佼佼者。他要求西班牙结束殖民统治中虐待和歧视菲律宾人的做法,恢复菲律宾人的自由,并要求在西班牙立法会议中拥有发言权。1861年,黎萨尔出生于一个具有中国血统的菲律宾中产阶级家庭,幼时在出生地马尼拉南部内湖省上学,后就读于马尼拉耶稣会士学校。1882年,黎萨尔前往欧洲,先后在马德里、巴黎和海德堡求学,后在国内艺术、文学和科学界赢得了很高的声誉。黎萨尔是一位多产作家,他的作品多以西班牙语而非母语菲律宾语写成。以黎萨尔为代表的精英阶层正在努力超越地区差异,团结起来成为国家的智囊团,为国效力。黎萨尔曾警告西班牙,要么同意菲律宾精英阶层的改革要求,要么就准备面对一场西班牙帝国注定无法镇压的起义战争。好景不长,1892年回到菲律宾的黎萨尔,因涉嫌煽动叛乱被捕入狱。起初他被判国内流放,后来在1896年被处决了。作为最主要的代表人物,黎萨尔就这样成了民族解放事业最伟大的烈士。

当时菲律宾国内的民族解放斗争正由争取改革向武装起义过渡,黎萨尔的牺牲加快了这一进程,卡蒂普南武装起义随之爆发。卡蒂普南是菲律宾的一个秘密革命组织,创建于1892年,其宗旨是追求团结与平等。1896年8月,当卡蒂普南组织开始与西班牙军队作战时,仅是一支拥有数千人的小队伍,活动范围集中在马尼拉及其以南地区。它的领导人名叫安德烈斯·博尼法西奥,是一个出身低微、几乎没接受过正规教育的小职员。他曾利用民间宗教传统,发动了一场对吕宋岛中、南部地区"愚昧的穷人"很有号召力的民族解放运动。他谴责西班牙人背信弃义,"他们强行摧毁这片土地上的优良传统,卑鄙无耻地毒害我们"。根据社会原则的阐述,使祖国摆脱3个世纪的政治压迫和文化摧残的任务,就落到这样一种人身上:他们尊重他人,"不压迫他人也不被他人压迫……并且热爱自己的祖国"。按照这一解释，那些长着"高高的鹰钩鼻和白皮肤"、拥有"世界上最大特权"的权贵们是不值得信任的。

菲律宾的精英们加入了卡蒂普南组织，其中一些成为了杰出的民族主义领袖。这些精英的加入改变了卡蒂普南组织的成分，虽然他们仍保留着原组织的口号，但其实已经背弃了组织"追求团结与平等"的宗旨。其中，埃米利奥·阿奎纳多是这些领袖中最出色的。

1869年，阿奎纳多出生于一个非常富有的混血家庭，接受过一些中等教育，后来在青年时期参加了地方性政治活动并从事岛际贸易。1895年，阿奎纳多加入卡蒂普南组织，凭借着过去剿匪的经验，1896年他成为组织的实际指挥官。他指出，应时代要求，革命组织需要建立一个以总统为首的"中央军事委员会"来指挥战斗，这与创始人安德烈斯·博尼法西奥主张的团体协商决策方式有着明显的分歧。

1897年3月，随着西班牙军队迅速夺回甲米地（在马尼拉南部）的控制权，该地区武装革命力量的领导人聚到一起共商应对方案。他们接受了阿奎纳多建立一个中央集权制指挥机构的计划，并推举他为革命运动的领导人。博尼法西奥的军队因为连遭重创，此时他已经失势。所以当他反对阿奎纳多，阻止后者组建一个对于击败西班牙并赢得民族独立至关重要的国家机器时，他被阿奎纳多下令逮捕起来。5月，经过慎重考虑后，阿奎纳多下达了处决的命令。博尼法西奥死后，卡蒂普南组织也逐渐失去影响力。此后，阿奎纳多和其他地区的武装力量领导者逐渐成为菲律宾民族独立事业的主心骨。

好景不长，阿奎纳多的领导地位刚得到巩固，就遭到了战争失败的打击。1897年5月在他的家乡甲米地省爆发的武装反抗遭到了惨败。传统的军事战略使反抗斗争陷入了困境，直到9月，阿奎纳多才迟迟转入游击战。因为他得知，古巴人就是利用游击战来拖垮西班牙人的。但到了10月，他却与西班牙当局达成了一桩保全颜面的交易。该交易

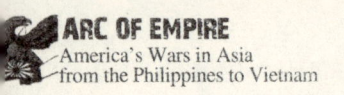

的内容是：阿奎纳多同意远走他乡，但西班牙政府必须支付一笔赔偿款，而这笔钱可以当做革命的后续资金。阿奎纳多和他的亲密战友一道去了英国的殖民地香港，在那里他们也继续为祖国争取独立而出谋划策，同时菲律宾国内针对西班牙人的游击战略也逐渐取得越来越大的战果。

横空而出的美国接管者

美西战争爆发的消息像一道闪电击中了这些流亡者，紧接着又传来美国击败西班牙舰队的爆炸性新闻。这一消息促使革命委员会在1898年5月4日作出决定，同意阿奎纳多回国开展新的斗争。但是阿奎纳多站在哪一边呢？是西班牙，还是美国？西班牙人把美国人描绘成"残忍的种族主义歧视者"，而菲律宾国内也因为美洲印第安人灭绝的故事对美国怀有戒心。西班牙被赶走了，美国会不会又接着把菲律宾当成他们的殖民地？

阿波利纳里奥·马比尼是菲律宾民族独立运动中最坚定、最激进的支持者之一，但他主张谨慎行事。马比尼于1864年出生在吕宋岛南部的内湖省，他出身贫寒，很努力才争取到去马尼拉上学的机会，并且最终获得了法学学位。随后，马比尼凭借着自身努力成为民族独立运动的重要人物。1896年，马比尼投身民族解放事业，他在政治上的杰出才能让他很快就被阿奎纳多重用，成为其首席顾问和专门撰稿人。1896年的一场大病，导致马比尼下肢瘫痪，但他的眼光却依旧犀利，因此他后来被亲切地称为"伟大的瘫痪者"。

在1898年4月创作的作品中，马比尼呼吁他的同僚们设想一下美西战争的结果和影响，以及菲律宾能否在这场战争中争取到更大的民族独立成果。他分析，如果西班牙勉强战胜了美国，肯定元气大伤，菲律宾便可趁机进一步推动民族解放运动；反之，如果菲律宾军队帮助美国打败西班牙，那将会打开一个缺口，美国将会像西班牙和其他欧洲列强那样，将这块脆弱的土地变成他们的殖民地。如此看来，菲律宾最好的策略就是预先抑制美国人的野心，让美国人知道他们"面对的是一个有组织的强大民族，而这一民族知道如何捍卫法律正义与维护民族独立"。

《太平洋巨人》，展现了美国的帝国野心。出自《芝加哥论坛报》1898年8月24日。美国的太平洋梦想在美西战争之后开始向现实转变。

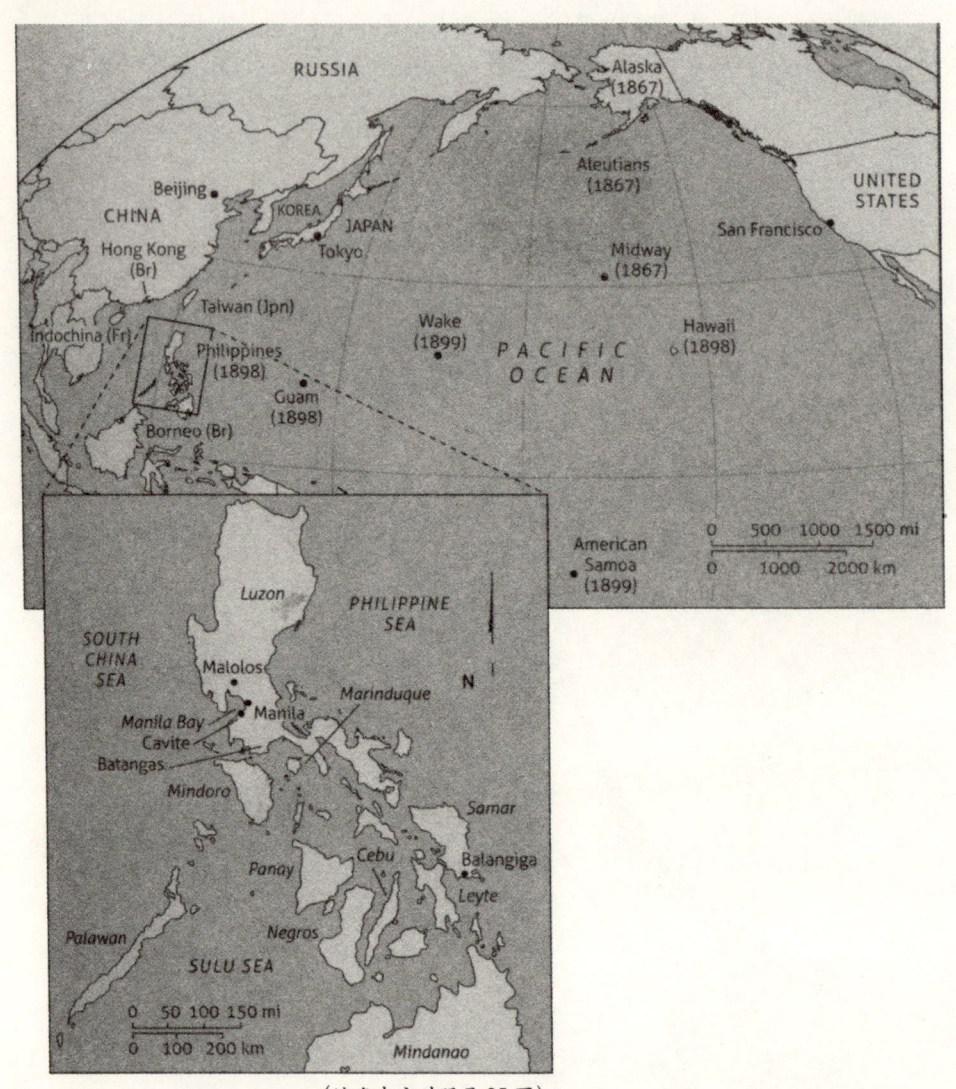

(地名中文对照见35页)

　　菲律宾群岛是美国帝国扩张版图中的一个巨大的新板块。美国人在大胆地朝着缔造一个海外帝国的战略目标迈出第一步时，菲律宾的民族主义情绪也日渐高涨，频频爆发反抗美国殖民统治的斗争。这在吕宋岛精英阶层中表现得最为明显，特别是在马尼拉及其毗邻地区，包括著名的甲米地和八打雁省。

RUSSIA 俄国　　Alaska 阿拉斯加
Beijing 北京　　KOREA 朝鲜
JAPAN 日本　　Aleutians 阿留申群岛
San Francisco 旧金山　　UNITED STATES 美国
CHINA 中国　　Tokyo 东京
Midway 中途岛　　Hong Kong (Br) 香港（英占）
Taiwan (Jpn) 台湾（日占）　　Indochina (Fr) 印度支那（法占）
Philippines 菲律宾群岛　　Wake 威克岛
PACIFIC OCEAN 太平洋　　Hawaii 夏威夷
Borneo (Br) 婆罗洲（英占）　　Guam 关岛

Luzon 吕宋岛　　SOUTH CHINA SEA 中国南海
Malolos 马洛洛斯岛　　Manila Bay 马尼拉湾
Manila 马尼拉　　Cavite 甲米地
Batangas 八打雁　　Marinduque 马林杜克岛
Mindoro 民都洛岛　　Samar 萨马岛
Panay 班乃岛　　Cebu 宿雾岛　　Balangiga 巴郎吉镇
Leyte 莱特岛　　Palawan 巴拉望岛
Negros 内格罗斯岛　　Mindanao 棉兰老岛

35

图为甲米地的民族独立运动领导人埃米利奥·阿奎纳多，拍摄于1898年或1899年初。麦金莱的国防部长伊莱休·鲁特认为他是"中菲混血儿"，对其不屑一顾。

图为八打雁省的民族独立运动领导人米格尔·摩尔瓦,这张照片拍摄于1902年。此人斗争经验丰富,在他的领导下,八打雁省的民族独立运动取得一定成就。直到1902年,在美军的武力镇压和安抚下,他的民族独立运动才以失败告终。

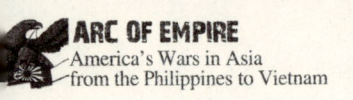

佩德罗·帕特诺是一位谨慎的民族独立运动领袖。他对美国人的意图也同样持怀疑态度，但他得出的结论却与革命派截然不同。帕特诺出身于一个富有的中菲混血家庭，年轻时去了西班牙。他在西班牙生活了20多年，接受西班牙的教育，政治理念上也深受西班牙影响。帕特诺把西班牙人和菲律宾人看做具有"同一血统"的民族，认为这两者都具有殖民扩张的能力，而且都能成为文明和有教养的殖民统治者。1893年，他回到马尼拉。

革命爆发后，他以中间人身份促成了阿奎纳多与西班牙当局之间的协议，因而被西班牙当局视为有用之人。据报道，有一次在革命斗争讨论会上，帕特诺暗示，革命会造成"一定的破坏"。结果，阿奎纳多勃然大怒："为了解放祖国，我们毅然投身战斗。你们这些受过高等教育的人，本来应该指导我们这些愚盲之人进行战斗。但现在你们却造成诸多阻碍，你们是革命最大的敌人。"

1898年中期，美国宣战之后，帕特诺仍然坚持走稳妥的路线，即和西班牙协同作战赶走美国，这种想法在他的作品中表露无遗。帕特诺认为，经过4个世纪的融合，西班牙对于菲律宾人而言是个较为熟悉的"朋友"，他们在文化上具有一定的相似性。并且，日渐衰落的西班牙对菲律宾民族主义的要求没那么强硬了。相比之下，美国人是彻底的陌生人，他们带来了更多未知的风险。"我们既不了解他们，也不懂他们的语言。他们会用尽所有想象得到的手段，诱使我们帮助他们对付西班牙。然后，他们将吞并、背弃、奴役我们，以此作为我们背叛西班牙人的奖赏。"

阿奎纳多决定抓住时机，彻底赶走西班牙人，但对美国人也同样保持戒心。西班牙已被美国打得不堪一击，阿奎纳多将趁机再次对他们发动攻击。阿奎纳多希望眼前的胜利能巩固民族独立运动所取得的成果，并以此与美国抗争，打消美国占领菲律宾的企图。在美西战争最后阶段（5～8月）和随后的6个月里，阿奎纳多对美军发动了一次攻击，借之表明他们会武装反抗侵略行为，但同时，这次攻击也暗含着奉承的意味。阿奎纳多极力争取美国人接受菲律宾的民族独立要求。他曾对驻华盛顿代表说，如果有必要，他可以考虑接受某种条件来换取民族独立。

独立梦的四道紧箍咒

从 1897 年与西班牙休战，到 1898 年中期马比尼和帕特诺的革命构想，再到 1898 年下半年阿奎纳多的战略，无不体现出菲律宾民族独立运动谨小慎微的特点，也反映了其领导人的软弱。在国际上，菲律宾形单影只，没有什么可依赖的盟友。几个列强国家像秃鹰一样在头顶盘旋，准备随时扑下来啄食垂死的西班牙帝国。在菲律宾本国，他们也深受民族分裂的困扰。第一，宗教信仰的不同造成了社会上致命而持久的分裂。在棉兰老岛及其西南部的一些岛屿上，信奉天主教的国民就与少数穆斯林国民长期处于剑拔弩张的状态。穆斯林坚决反对西班牙的殖民统治，并且一直坚定地捍卫他们的自主权。他们反对一切外来者，不管是美国人还是棉兰老岛以外的菲律宾人。第二个分裂是文化方面造成的。散居在一系列岛屿上的菲律宾民众因为文化差异，分裂成为 11 个主要的族群，又因为交通和通讯不便，这些族群难以融为一体。即使是以穆斯林为主的地区，也会因为效忠于不同的部落和宗族而分裂。从一开始，他加禄语系的居民便占据着民族独立运动的政治和经济的领导地位，使用这种语言的地区也是独立运动中最活跃的。特别是吕宋岛中部和南部，还有民都洛岛、马林杜克岛和巴拉望岛。这些核心地区以外的菲律宾人，对民族独立事业就没那么热衷了。

最后，菲律宾社会阶层也出现了分裂。新的特权阶级凭借从商业和土地中获得的财富，追求更大的自主权。他们开始进入西班牙的学术和政治圈，逐渐脱离了未受过教育的贫苦农民阶层。虽然这些特权阶

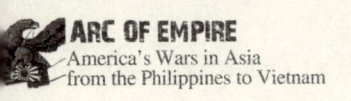

ARC OF EMPIRE
America's Wars in Asia
from the Philippines to Vietnam

级声称为人们发言，但其行为都是从他们自身的经历与利益出发的。

在这些分裂中，社会阶层的分裂是完成民族独立大业最大的障碍。精英们设想的民族独立革命目标，反映了欧洲文化对他们的影响，其结果也将是巩固这些精英作为国家新主人的地位。在过去，西班牙人对选举资格限制很严，因为那能确保他们主宰地方事务。他们对改革选举制度进而让民众参与选举毫无兴趣，更不用说让民众参与行政管理。如今，这群菲律宾精英也将掌控国家和地方机构。但是，大多数普通的菲律宾人只关注生计问题，没有土地的农民和佃农最希望获得土地，改善生活。他们盼望的美好未来是能拥有土地、减轻税负和停止强制劳动。他们还希望消除腐败官员在地方进行敲诈勒索的现象，制止那些疯狂占有土地的权贵和地方名人滥用职权。精英们设想的政治革命目标对普通老百姓毫无吸引力，但老百姓认为，追求安全、平等和正义似乎是社会动乱的先兆。

同美国开战时，一些普通菲律宾人参战也许是因为喜欢冒险或不喜欢侵略者。但是，大部分参战者只是因为必须听从地方长官的号令。对于这一点，一个农民解释道："我们参战是因为我们的长官要我们参战，我们必须听从长官的命令。"就个人而言，他和其他菲律宾人一样，觉得没有理由投身于一项需要花费很长时间、作出大量牺牲才可能拖垮美国的事业。

阿奎纳多利用拉拢和接纳等手段促使美国人保持中立，这种策略一开始颇有成效。美西战争爆发时，阿奎纳多正在新加坡。4月24日到25日之间，他与美国总领事E.斯潘塞·普拉特进行了一次会谈。普拉特会后向华盛顿汇报了他与阿奎纳多的会谈结果，并称其是"一个有智慧、有能力、有勇气的人"。同时，普拉特还提到在即将到来的美西战争中，阿奎纳多的军队也许能发挥一定作用。阿奎纳多向普拉特传达过这样一种信息，即菲律宾必须实现民族独立，但在这过程中也欢迎美国人给予"保护、建议和支持"。在普拉特的影响下，杜威准将安排阿奎纳多在5月19日回国,并迅速与之建立起他所说的"友好"关系。6月底,普拉特在向华盛顿递交的报告中表达了他对菲律宾民族运动领导人的看法,即"在智慧和建立更高效的政府体制方面,这些人远远优于古巴的土著人"。

阿奎纳多回国后不到一个月就组建起一支军队,并展开了军事行动。6月12日,他宣布民族独立。当然,这只是一系列步骤中的其中一步。这些步骤旨在让美国人相信,独立是菲律宾历史发展的必然结果。在致麦金莱的一封信中,阿奎纳多试图明确这一点。阿奎纳多对美国帮助菲律宾摆脱西班牙的殖民枷锁表示感谢,赞扬美国是"自由的先驱"。但他同时也宣称,菲律宾"不应该为了满足另一个国家的贪欲,而像一只待宰的羔羊一样被出卖和剥削"。"美国的传统、原则和宪法也支持这一革命进程。"这位菲律宾领导人满怀希望地提议道。最后他警告说,要求民族独立也体现了一个既"尚武"又"完全文明化"的民族的意志。

菲律宾国内的革命武装力量很快击败了西班牙人,并包围了他们的大本营马尼拉。9月,阿奎纳多在马尼拉以北20公里的马洛洛斯召开了一次会议,这次会议成立了菲律宾革命政府。随着西班牙当局残余势力的土崩瓦解,为了维护民族独立事业的成果,中间派帕特诺放弃了自己的文学爱好和可观的财富,转而投身革命事业,并被推选为大会主席。不久之后,革命政府提出了建立合法国家的声明。1898年下半年和1899年初,阿奎纳多和他的战友们开始着手建立行政机构和军事机构。

从6月底到8月初的这段时间,随着岛上的美军数量日益增多,菲律宾民族独立运动取得的成果也逐渐被美军的扩张计划所吞噬。目前的形势越来越明显地显示出,麦金莱决心不受当地人要求独立的约束,而是要像在古巴那样,对菲律宾进行殖民统治。5月底6月初,麦金莱先后告诫杜威和普拉特,不要对阿奎纳多许下任何可能妨碍美

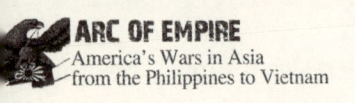

国行动自由的承诺。对菲律宾人提出的民族独立要求，他也闪烁其词，不予正面回复。

8月13日，美军对马尼拉发起进攻，却没有让阿奎纳多的军队参与其中，尽管后者在美军到来之前就已经包围了马尼拉。这再次表明，总统决意我行我素。马尼拉的西班牙驻军经过象征性的抵抗后缴械投降。总统随即告诉手下的指挥官，不能与菲律宾武装力量共同占领马尼拉。因此，在马尼拉城陷落之时，美军指挥官就迫使阿奎纳多的军队后撤至美军阵地的安全距离之外，美军则沿城市周围进行部署，将菲律宾军队阻挡在外。菲律宾士兵爆发了强烈的不满情绪，但阿奎纳多和他手下的军官们强压怒火，满足了美国人的无理要求，但麦金莱却得寸进尺。

到了10月，美军完全占领马尼拉之后，麦金莱断然拒绝承认菲律宾政府的合法性，并拒绝与菲律宾驻华盛顿代表菲利普·亚刚西利欧有任何联系。12月初，美、西两国签署了和平条约，其中关于菲律宾管理权的移交条款完全无视菲律宾人的感受，也直接忽略了已在运作的菲律宾政府。12月21日，麦金莱发布命令，将军事统治范围扩展至菲律宾全境。

菲律宾人之前希望能避免武装冲突，但随着美国人接管菲律宾的意图逐渐明朗，菲律宾民众渐渐感到绝望。1899年1月，菲律宾驻华盛顿代表菲利普·亚刚西利欧对美国政府重申了菲律宾民族要求独立的愿望，他的理由是菲律宾国家的独立已成定局，而且吞并菲律宾违背了美国的宪法和原则。亚刚西利欧为此特意撰写了一份简报，希望能影响麦金莱政府和其他政府批评人士，尤其是那些反对吞并菲律宾的参议员。

在菲律宾国内，阿奎纳多正忙于为可能发生的军事战争作准备。1月，他宣布结束西班牙统治时代的强迫劳动制度，希望以此赢得社会的广泛支持。但他并没有着手解决一些更为紧迫的问题，比如税收、腐败和土地分配等。当月晚些时候，阿奎纳多在马洛洛斯组建了国会以起草宪法。

　　阿奎纳多在努力巩固其国内根据地的同时，仍然派出使者去见美军指挥官埃尔韦尔·奥蒂斯将军，为避免冲突做最后的努力。以阿奎纳多为首的革命领导人同意美国对菲律宾的外交事务和国防拥有一定管理权，但他们严重抗议美国用野蛮方式将菲律宾变成殖民地。而奥蒂斯也坚持美国必须拥有所有岛屿的全部主权。如此一来，菲律宾人就不得不接受这样的事实：他们和西班牙殖民统治时期一样，仍然是臣民。只是，他们的新主人美国，将继续与自己臣民的利益保持"高度一致"。

第3章
武装考验
血染椰国

　　1899年2月4日美菲军队发生的那一场战斗，阿奎纳多并不愿意见到。那天，他没有和马尼拉城外阵地上的其他指挥官在一起，也没有作好战斗准备。相比之下，奥蒂斯将军倒是更急于打破岛上两军对垒的紧张局势，因为长达5个月的紧张局势已经使美军的情绪濒临崩溃。2月4日的这场战斗彻底打破了之前压抑的紧张局势，也使奥蒂斯找到了树立权威的机会。

　　奥蒂斯告诉阿奎纳多，避免战事进一步升级的唯一办法就是解散菲律宾武装革命力量。第二天，阿奎纳多发出了具有公开挑衅意味的回信。他表示受够了"不断给马尼拉人民带来痛苦的暴行和嘲讽，以及……无用的会议和对菲律宾政府的轻视"。

　　菲律宾民众坚定了以流血的暴力革命击退侵略者的信念。2月6日，美国参议院通过了吞并菲律宾的提案。

　　这意味着，阿奎纳多及其战友们面临着两种严峻的抉择：要么投降，要么反抗。他们选择了后者，即以实际行动告诉世人，他们要为民族独立而反抗。

蹩脚对手

美国通过一系列措施，逐渐将菲律宾军队排除在美西战争的军事行动之外，使他们无法获得国土的控制权，而美国也通过这一过程逐渐完成了对菲律宾的征服。1899年，巩固对吕宋岛的控制被提上美军的议程，随后就是整个菲律宾群岛。在这过程中的每个阶段，美军都占尽优势。事实上，其他掠夺殖民地的西方强国也基本上都具有这种优势。

总体而言，无论从哪个方面来看，美国的资源都远非菲律宾民族主义者可比。20世纪初，美国是世界头号经济强国，GDP是菲律宾的60倍，人口总数也是菲律宾的10倍，这种强大的资源力量赋予了美国强大的实力。如果没有这些资源，美国政府根本不可能组织一支庞大的军队到远离美国本土的地方作战。而且，这种资源在强国手中能够发挥出更大的作用。仅在美菲战争中，国防部调遣的军队人数最多时就曾达到7万多人，在平时也有近4万人之多。相比之下，菲律宾的武装革命力量只是些乌合之众。据估计，美菲战争期间，菲律宾正规军在8万人到10万人之间。他们训练不足，装备落后，后勤补给匮乏。作为后援的地方民兵虽然人数庞大，却毫无战争经验。

美国还有另一个优势，那就是他们拥有一支训练有素且知识多样化的军官队伍。最高级的军官曾接受过南北战争的洗礼，而且几乎所有职业军官都参加过19世纪90年代初镇压驱赶印第安人的战争。他们在指挥作战、训练士兵、提供给养乃至安抚殖民地民众方面，都已经驾轻就熟，而且他们也急于在战场上有所作为，争取获得战功。毕竟，一支在几十年间大幅缩编的军队能为士兵提供晋升和获得军功的机会是非常有限的。相比之下，菲律宾军事领导人自阿奎纳多以下，在指挥军事行动方面都是外行，但他们对可能遭遇的失败倒是十分敏感。

1898年上半年，美国将参加完美西战争的军队直接投入到菲律宾

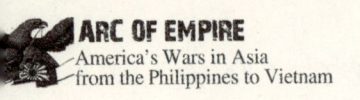

作战，美国的资源优势在这一过程中显露无遗。4月23日，麦金莱呼吁征召12.5万名志愿兵，5月25日又呼吁再招收7.5万名。正规军规模原来很小，因为南北战争后的数十年间，国会规定其上限为2.8万人。现在，通过招收新兵和整合国民警卫队，正规军的规模扩大了。虽然武器装备物资有限，跨越太平洋的给养和运输系统也是仓促而就，但职业军人们仍能在这种混乱的情况下迅速投入战斗。由于正规军被派去参加古巴的军事行动，所以夏天抵达菲律宾的第一批军队中，有一半都是按团级建制组织起来的志愿兵军队，有一些团隶属于美国西部各州，另一些则由联邦政府控制和指挥。

明尼苏达州第13志愿兵团可以帮助读者了解这支志愿兵军队。美西战争爆发后，为响应麦金莱征兵的号召，明尼苏达州参军的人络绎不绝，他们一共组成了4个团。在这些人中，有些人参军是因为受到内战老兵冒险故事的激励，认为参军就有机会赢得个人荣誉和社会尊重；另一些人要么想多了解世界，要么想逃避某种无聊的工作，或者一心想打击西班牙的殖民政权。明尼苏达州第13志愿兵团奉命服役的地点是菲律宾而不是古巴，于是他们在圣保罗公众的欢送声中踏上了征程。一抵达旧金山，该团就开始认真训练并配备武器。

6月下旬，近1 400人开始了横渡太平洋的漫长旅程。在长达35天的海上旅途中，他们忍受着狭小拥挤的空间、稀缺的给养和痛苦的晕船。8月初，他们终于在马尼拉南部登陆，但马上又面临更多困难。雨水和高温使他们的营地变得潮湿而泥泞不堪，到处都是蚂蚁和蚊虫；此外，他们还经历了痢疾、疟疾、霍乱和登革热等疾病的考验。尽管遇到这么多困难，明尼苏达州第13志愿兵团仍然保持着高昂的士气。8月13日，该团协助美军主力击败了西班牙驻军，然后留驻马尼拉维持秩序，恢复城市面貌。这意味着这个兵团要负责清理堆积如山的垃圾，重修被毁坏的公路，修复路灯和供水系统，维持公共健康环境。同时，他们还要重新开放学校，管制赌博业和色情产业。另外，该团士兵还要监视附近的菲律宾军队的动向,因为一旦开战,这些人将成为美军的敌人。

1898年2月,二等兵格雷森仓促开火正式拉开了美菲战争的序幕。明尼苏达州第13志愿兵团和在马尼拉的其他美军正式投入了战斗,第一轮战斗几乎持续了大半年。为争夺马尼拉北部吕宋岛的控制权,美菲双方在阵地战中投入了大量兵力。结果,美军以压倒性优势取得胜利。这些战斗的模式非常相像:菲律宾军队往往利用战壕或河流之类的屏障进行防守,而美军则常常以猛烈炮击来进攻。

他们有时利用海边军舰上的大炮进行炮击,有时利用两个专门的炮兵阵地大肆炮轰,有时也利用进攻军队所配备的大炮发动攻击。美军用配备连发装置的大炮发射带有子母弹的榴弹炮,连续猛轰菲律宾军队阵地,迅速使敌方炮兵阵地的反击炮失去作用。炮击造成了毁灭性的后果,战壕内幸存的菲律宾士兵立即撤退,而美军士兵在后紧紧追击。然后,双方又重新集结,准备下一场战斗。不过,每一次战斗的结束都伴随着菲律宾士兵数量的减少和斗志的减弱。相比之下,美军士兵伤亡较小,而且受伤的士兵都有机会存活下来。美西战争中,美军伤兵死亡率为0.63%,"二战"时降低到0.45%,比起南北战争时的1.33%,这是一个巨大进步。

3月,美军攻占了菲律宾临时革命政府的首都马洛洛斯。雨季来临时,美军休兵罢战,到了10月,又继续向北进攻。到这时,阿奎纳多的共和国已经名存实亡了,他的军事实力大大削弱,他本人也在被美军抓捕之前逃到了吕宋岛的偏僻地方。

其实,美军也是克服了很多不利条件才取得战争的胜利。这些不利条件包括武器、物资补给和医疗水平方面。

其一是普通士兵使用的斯普林菲尔德步枪已经过时。这种步枪是1873年制造的,使用黑色火药,单发射击,射击时容易暴露射击者的位置。后来,这种步枪逐渐被威力更大、可以连续射击并且无烟的克

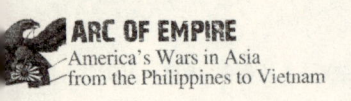

拉格·约根森步枪所取代。一开始，菲律宾士兵手里的武器和美军的武器是同等水平，他们使用类似于美国斯普林菲尔德步枪的雷明顿混合型步枪，甚至还有更好的毛瑟枪。但令美军士兵觉得庆幸的是，菲律宾普通士兵的枪法是出了名的差，他们的好枪手数量也有限。这意味着，菲律宾军队大部分是由一些滥竽充数的"蹩脚士兵"组成，他们手里的武器充其量相当于他们收割庄稼时使用的大砍刀。

其二是长期存在的补给困难和一直困扰着野战军队的疾病。沿海或沿河驻扎的军队还好克服，他们可以用舰船或木筏运输粮食弹药；而在内陆作战的军队给养，就需要大量牛车和手推车来运送。给养运输部队往往要穿越崎岖不平的小路，这期间牲畜常常会陷入泥沼之中。更糟糕的是，他们还常常遭到敌人的伏击。除了补给困难外，还有另外更严重的困难，那就是传染病，这些传染病造成的威胁比敌人子弹更大。还在国内训练营时，士兵们就开始感染了，军队抵达菲律宾农村以后更加深受其害。军医对此束手无策，只有让士兵休息。遇到最糟糕的情况，也只能为士兵提供一张回国的船票。传染病的危害十分严重，一支军队的花名册上，有一半的人随时可能生病。日积月累，疾病造成的伤亡比敌人炮火带来的伤亡还要大。比如，明尼苏达州第13志愿兵团约有1 400人，总共死亡44人。其中，战死者仅8人，余者大多死于疾病。

尽管存在这些困难，明尼苏达州第13志愿兵团的士兵在春季战役中还是取得了胜利，这证明美国军队具有很高的作战效率。在2月底的第一次战斗中，他们以轻微损失和少量伤亡的代价重创敌军。一个月后，该团仍然士气高昂，继续向北行军。士兵们忍受着罕见的高温，拖着病躯，艰难前进。他们的食物供给没有保障，还要应付与敌人短兵相接的遭遇战。到5月18日战役结束时，马尼拉以北的阵地向前推进了50英里。那些曾满腔热情的志愿兵们对战争怀有的浪漫情怀，如今也已消退殆尽。二等兵乔治·W.库尔茨写道，"我们得到了长期梦寐以求的东西，却发现它并非我们想象的那么有趣"。另一位士兵约翰·鲍则在日记里记录了战争期间发生的事，"我们在热带的乡下苦熬时间，一连好几天忍饥挨饿，浑身湿淋淋地趴在战壕里，还要推着牛车走过乡村"。

其他参加了这场战争的士兵也用文字表达了他们的感受。雅各布·克雷普斯上尉是一名军官，他非常同情士兵们的遭遇。白天，他看到士兵们"单腿轮换着站立，尽量保持身体干爽，同时还要不停地开火，就像在炸咸猪肉"。到了晚上，台风挟着大雨把所有人淋得"浑身湿透，想在粗糙泥泞的地上舒适地休息？那简直是做梦"。第二天早上，他们"从泥泞的床上爬起来，围坐在篝火旁，直到炎热的太阳终于升起，把背上的衣服晒干"。二等兵沃尔特·R.库姆斯记录了所在志愿兵部队的战争经历，"小伙子们大多患上了腹泻或其他疾病，他们穿的衣服也磨破了，有些人还没有鞋穿。

如果有人问起对于战争的看法，我们这些参加过战斗的人都会坚定地说，'战争就是地狱'。头顶上不时有像雨点般密集飞过的子弹，我们在这种情况下涉水过河或穿过沼泽地，然后坐在阳光下休息，刚刚晒干身上的泥浆，又接到再次进攻的命令，这可一点儿都不好玩"。在战争激烈进行的这段时间里，士兵们最期盼的就是家书寄达和发薪的日子了。每到这时，军营里就会掀起一阵阵赌博、酗酒和打斗的风波。士兵们的性需求也随着"国际妓女"的大量涌入而被唤醒，军队迅速采取的医疗检查制度也证明了这一点。

到1899年夏，明尼苏达和其他各州志愿兵团的战斗已经结束。这些志愿兵们是签约抗击西班牙的，而不是来打无限期征服战的。现在他们厌倦了战争，准备离开。在他们写给家人的信中表现出来的这种压抑情绪，很快引起了高级军官乃至国家领导人的重视。在吕宋岛待了一年多之后，明尼苏达第13志愿兵团和其他各州的志愿兵团一道离开了菲律宾。一回到家乡，他们立即就受到了人们的夹道欢迎，明尼

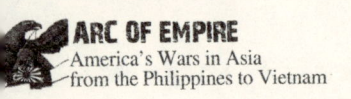

阿波利斯市还为他们举行了盛大的阅兵仪式。关于美菲战争是一场"征服与镇压"的战争，还是一场"没有改变我们拥护共和体制性质"的有利战争，该州民主党州长约翰·林德与来访的麦金莱总统展开了激烈辩论。在各种庆典之后，这些来自民间的士兵又恢复了平民生活，大多数人还是从事原来的工作。

弱者的战术

1899 年下半年，美军取得了明显的优势，获得了很大成果，但他们并未能结束战争。阿奎纳多迫于实力削弱、资源消耗殆尽的局面，极不情愿地决定开展游击战争，但这在美军看来为时已晚。游击战争得到了其他菲律宾指挥官的支持，开始以一种疯狂激烈的方式进行着。反抗的激烈程度和形式因地区而异，对此美军则以不同的军事力量回应。在某些地区，由于菲律宾采用了适合弱者的游击战术，导致美军的优势发挥不了很大作用。菲律宾游击队伍避免和美军发生正面冲突，只有在确保有生力量的前提下，才会偶尔给美军出其不意的一击。

游击队在他们熟悉的地方展开行动，当地人出于民族主义观念为他们提供人力、食物和情报。最重要的是，这一新战术给菲律宾武装革命队伍带来了希望，这对于保持士气至关重要。游击队希望借这种新战术不断地消耗美国实力，从而鼓励美国国内反对麦金莱殖民扩张的势力采取行动，并诱导美国选民支持反对帝国扩张的民主党候选人。多年以后，一个在八打雁省抗击美军的菲律宾士兵回忆起当时领导人讲话："只要我们坚持足够长的时间，美国人就会疲惫，就会打道回府。"

1900 年，菲律宾军队进入了游击战时期，这一时期对于美军而言也是一个过渡期。当时，美国实际参战的军队结构发生了变化。1899 年中期，各州志愿兵团离开后，只剩下联邦志愿兵团和正规军共同作战。1901 年末，联邦志愿兵团离开，于是就只剩下正规军与菲律宾武装力量对抗了。在这个过渡期中，非裔美国士兵发挥了重要作用。他们一共组成了6个团，包括4个正规团和2个志愿兵团。到1900年12月，他们的总人数为6 000人，大概占到美军总人数的1/10。他们和其他美军一样，忍受着游击战阶段的各种艰难。他们的敌人不光是那些神出鬼没的游击队，还有导致身体虚弱的疾病以及菲律宾酷热的天气。更糟糕的是，他们的物资供给非常不及时。非裔美国士兵一直战斗到1902年初，之后他们便被遣送回国。然而，迎接他们的不是鲜花和掌声，而是强烈的种族歧视，他们的公民选举权也被剥夺。美国当局的这种行为无形中将种族歧视的观念移植到了菲律宾。

非裔美军士兵的态度充满了讽刺性。这种讽刺性既使他们有别于自己的白人同胞，也体现出普通美国人对待殖民扩张的普遍看法。首先，非裔美军士兵都急于证明他们是值得尊敬的公民。他们的能力、爱国主义思想和纪律性都毋庸置疑，因此，他们在国内理应受到尊重和享有应有的公民权利。在源源不断地写给美国一家黑人报纸的信中，有一个人这样写道："我们宝贵的鲜血浸湿了这片土地，我们的脑髓沾上了各种颜色。"但即便如此，他们也明白，他们的成就是建立在另一个民族的牺牲之上的。他们对白人从身体上、精神上虐待菲律宾人的做法表达了强烈的愤慨。

不管菲律宾人看上去多么干净、勤劳和节俭，白人"仍然用侮辱我们的绰号"去侮辱他们，白人"早上起床说的第一句话是'黑鬼'，晚上睡觉前的最后一句话也是'黑鬼'"。然而，尽管菲律宾人是"和我们一样肤色的人"，黑人士兵仍旧接受了帝国扩张的理论，认为菲律宾人不过是半开化的人，为了消除西班牙的影响并推进美国化进程，他们理应接受监护。最后，虽然他们同情菲律宾人为实现民族独立而付出的努力，但他们也想象着这一片富饶的岛屿，能够作为商业或传教的新据点对他们开放。

在战争的第二个阶段，美军指挥官们尝试了各种不同的策略，以

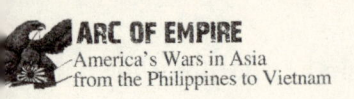

寻求最有效的方法来平息这些地区的骚乱。在城市里，美方通过集中整治城市法制系统、公共设施、学校和地方政府来赢得民众支持，同时也争取与精英阶层合作。如此一来，游击队就很容易被孤立起来，从而利于美军的围剿。在海上，美军指挥官利用海军控制的海上航线，封锁游击队势力根深蒂固的地区，切断他们的食物和武器供应。

最后，美军还要进行搜索和追击游击队这项非常折磨人的繁琐任务。士兵们在大雨中拖着沉重的双腿，穿过稻田，进入地势险恶的山区。行进途中，他们经常会遭到菲律宾游击队的伏击，而且对外联系也可能被切断，供给线也经常被游击队截断，甚至兵营也容易遭到敌人的袭击。在大部分地区，城市整治行动、商业控制和巡逻开始取得预期效果，这意味着菲律宾人逐渐默认了美国的统治。但是，有少数地区仍然坚持游击战争，坚决抵抗美国的殖民统治。这也意味着，美国要完全控制菲律宾还有很长的路要走。

例如，在吕宋岛中部的八打雁省，菲律宾的米格尔·摩尔瓦将军就建立了一个非常成功的武装根据地。摩尔瓦生于1865年，像阿奎纳多一样，他也只接受了中等教育。但他具有很高的商业头脑和政治声望，这使得他能够在民族独立运动中发挥重大作用。革命一开始，他就加入了卡蒂普南组织，全心支持阿奎纳多，并追随他流亡香港，1898年又跟着他回到菲律宾。回国后，摩尔瓦负责领导八打雁及其他两个东部相邻省份的独立运动。1900年，他的游击队在地方支持之下，取得了不错的战绩。到同年年底，美军虽然占领了该地区，但却始终无法彻底消灭摩尔瓦领导的革命队伍。

"战争就是地狱"

随着战争性质的改变，美军士兵对菲律宾人及其文化的看法也发生了相应变化。第一批士兵原本认为菲律宾人像非裔美国人或美洲的土著人一样，是由"黑人"、"原始人"和"野蛮人"组成的劣等民族。但经过接触之后，他们的这种偏见迅速消除了，因为他们在这里发现了种族多样性。除了"土著人"，即菲律宾人之外，还有西班牙人和中国人。而且这里的女性异常美丽，男人"思维和行动都很敏捷，根本不像他们原以为的那么木讷和愚蠢"。但一些观察家拿他们与日本人、"印第安侏儒"相比较，而厌恶他们的人则将他们描述为"肮脏污秽之地的生存者"，"能想象到的最丑陋的人"，"一个懒惰无能、宁可偷窃也不愿靠工作谋生的民族"。一些人认为菲律宾的教堂建筑规模庞大，但另一些人却认为这只是"被罗马天主教绑架的宗教灵魂"的象征。

1898～1899年，美国和菲律宾两国军队由武装对峙转变成正式战斗。这一转变成了一种历史的倒退，它激化了美菲两国之间的种族矛盾。愤怒而沮丧的美军士兵越来越倾向于把敌人描述为"黑鬼"，偶尔才会对那些为解放民族不惧牺牲的敌人表示同情。1900年，随着战争进入艰苦的游击战阶段，不人道的军事行为也渐渐增多。美军士兵在搜索行踪诡秘且十分危险的敌人之时，有可能还要面对那些支持游击队的平民的突袭。这些都造成了美军士兵的伤亡，也使得士兵的心肠越来越硬。在他们看来，敌人变成了"黑先生"和"黑鬼"，进入村庄的武装突袭被普遍称作"捕猎黑鬼"。

与此同时，一个新词"棒棒"在美军士兵中悄然流传开来。此词出处尚不完全清楚，一开始可能是用来指馅饼和随军军妓，因此代表"婊子养的"或"贱人"的意思。另一种说法是，"棒棒"一词可能源于美军士兵嘲弄模仿菲律宾人说话。"棒棒"一词连同其变体词"棒子"被美军士兵传遍了世界。20世纪初，该词作为对非白种人的称呼，成为加勒比和中美洲地区海军士兵的常用词。"二战"期间，该词又成为北非和太平洋地区美军的常用词。朝鲜战争和越南战争之后，"棒子"一词的含义才逐渐缩小，专门用来指亚洲人，现在又被用来专指朝鲜人或韩国人。

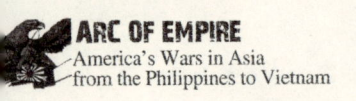

ARC OF EMPIRE
America's Wars in Asia
from the Philippines to Vietnam

在最初几周，虐待平民和俘虏就已成为这次战争的一大污点。胡乱开枪射击平民，强迫成群的平民无偿劳动，烧毁平民的房屋，为消除伏击隐患而强迫平民搬迁，这些都是志愿兵部队犯下的臭名昭著的罪行。士兵们经常抢掠平民的家禽当食物，连平民的马和马车也被抢去充作军用。军官们并未正式许可这些违反军纪的行为，一些像克雷普斯这样的军官曾感叹道，"抢劫和劫掠是我们永久的耻辱"。

艰苦的游击战加剧了这样的抢掠行为。很多情况下，在场的美军指挥官虽然不允许抢掠，但却对此睁只眼闭只眼。许多菲律宾人因为涉嫌帮助游击队而被拘捕，凡是涉嫌为游击队提供资金、兵源和情报的村庄都被美军焚毁。菲律宾人因为粮食被抢走经常挨饿，而且还经常受到集体惩罚，有时甚至还会被迫迁移到更易于美军监视的地方。不愿招供的囚犯还会被美军以"水刑"逼供。

一位曾亲眼目睹并亲自执行过水刑的士兵如此描述水刑："行刑者将受刑者仰面按倒在地，然后把一根竹管插入受刑者口中，再将脏水灌进他的喉咙。"一个士兵笔记本上记载的歌词表明，战争正变得日益丑陋：

> 快把那好用的旧竹筒盛满污水，
> 我们又抓住一个黑鬼，
> 来个人握住手柄使劲往下灌，
> 堵住他高喊"为自由而战"的嘴。

战争期间这种暴行很普遍，想要精确统计这些暴行几乎不可能。军官们不可能报告士兵们在愤怒之下犯下的暴行，士兵们在家信中也不可能提到这些罪行。而且，比起那些被美国官方允许的类似屠城的暴行，这些个人暴行只是小巫见大巫。切断粮食供应和逼迫土著居民大量迁徙导致经济和社会崩溃，瘟疫开始肆虐，一时间饿殍遍野，很是悲惨。

第一部分
释放帝国欲望 | 美菲战争（1899～1902年）|

图为葬礼细节，拍摄于1899年3月中旬。尽管美国政治领袖高度褒扬战争对文明进步的促进作用，美国士兵却更倾向于通过多棱镜来看待战争。这多棱镜就是美国西部民众熟悉的历时甚长、状况残酷的印第安人战争。这幅摆好姿势的照片拍摄于马尼拉南部的帕西格河战役之后，突出了士兵们获得的战利品，另有4具菲律宾士兵的尸体整齐地摆放在镜头前，准备葬入其同胞为他们准备好的坟墓之中。（由曾参加美菲战争的士兵尼利提供）

图为非裔美国士兵,大约拍摄于1898年驻扎长岛期间。这些印第安人战争中的老兵前往菲律宾分担"白人的负担",结果却发现自己陷入了"深深的沮丧"之中。他们决心要证明自己的勇气,但是又同情那些为独立而战的"有色人兄弟"。(由美国国家档案馆提供)

第4章
殖民有道
胡萝卜加大棒政策

要征服整个菲律宾，仅靠军事占领是不够的，美国必须使用更多策略。对于游击队活跃的地区，尤其需要利用菲律宾内部的分裂对其进行离间的非军事策略。麦金莱采用了一种传统的离间手段——分而治之。在地方武装的领导人中制造分歧，或者拉拢革命人士投向美国阵营，比一味使用武力更可能实现目的，而且还能减少帝国的成本与伤亡。被拉拢的菲律宾人可以加入美国的下属机构，负责大量行政管理和维持治安的工作。

要使潜在的或实际的敌人成为合作者，就需要制定出双方都能接受的条件，美国人深谙此道。从1899年到1901年，麦金莱政府和菲律宾精英阶层之间达成了心照不宣的协议。根据该协议，菲律宾要求独立的谈判将被终止。而作为交换，美国政府允许大批菲律宾地方精英参与国家管理，并扩大其参与管理的范围，直至菲律宾最终独立。至1901年，这一协议严重削弱了革命抵抗力量，美军也因此能够对游击队施以野蛮的军事镇压。到1902年，菲律宾民族革命的火种已经摇曳不定，行将熄灭。

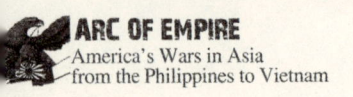

"仁慈地同化"

早在 1898 年，吞并菲律宾还只是战略目标的时候，麦金莱就已经为合作打下了基础。他在对菲律宾的承诺中一再暗示，将在菲律宾实行民主制度。同年 5 月，他在下达驻菲律宾美国军事指挥官的第一批指令中强调，美国人是因"帮助菲律宾实现民族独立"而来菲律宾的，他们尊重菲律宾的现有法律、权力和行政管理制度。在 12 月发布的一系列更详尽的指令中，麦金莱继续这一论调。现在，他又提到要致力于实施"仁慈地同化"的政策，试图让菲律宾人权衡接受美国统治可能带来的好处和抵抗可能要付出的代价。"我们不是作为侵略者和征服者，而是作为朋友来到这里，我们来这是为了保护当地人的家庭、工作、个人权利和宗教权利。"麦金莱承诺"支持和保护"所有与美国站在同一阵线的菲律宾人。

1899 年和 1900 年，麦金莱及其在菲律宾群岛上的代理人坚持实施这一"仁慈"政策。早在参议院同意吞并菲律宾之前，麦金莱就组建了一个由康奈尔大学校长雅各布·古尔德·舒尔曼牵头的委员会，负责处理殖民地政策问题。1899 年 4 月 4 日，该委员会发布公告，要求菲律宾接受美国至高无上的统治，并同时许诺给菲律宾许多好处。

在各种促进合作的激励机制中，值得注意的是如下承诺：

★ 落实和扩大自治；

★ 保护公民权利；

★ 提高群岛的物质福利；

★ 实施有限税收；

★ 开展改善通讯与交通的公共工程；

★ 支持各级各类教育；

★ 为菲律宾人保留公务员职位。

这一公告强调的内容早已成为老生常谈，即美国在菲律宾实施的政策都是为了"帮助菲律宾人过上富裕、繁荣和幸福的生活，提高菲律宾人的素质并帮助他们最终进入世界最文明的民族之列"。在写给总统的私人信件中，委员们并不把菲律宾看成一个国家，而是"不同民族的集合体"。他们得出的结论是，菲律宾人最有可能服从美国统治的，是"有财产和接受过教育的人，只有这些人才对公共事务感兴趣"。

1900年1月，麦金莱建立了第二个委员会，其目的是进一步加深与菲律宾精英阶层的合作，这种合作是建立在开明的政治、经济发展和高度的政治参与基础上。两个著名的共和党人帮助他将这一计划付诸实施。国防部长伊莱修·鲁特为总统起草这个由总统批准成立的第二个委员会的指示：推动政策吸引力。这意味着，权力从军人手中转移到文人手中，建立起一套自下而上的行政机制。该机制将逐渐扩大菲律宾人的政治参与空间，并尽量契合菲律宾人的风俗、习惯乃至他们的偏见。

随后，麦金莱命令威廉·霍华德·塔夫脱担任这个委员会的领导，其下还有4名具有政治、法律和学术背景的成员。原本塔夫脱对美国司法部门的兴趣要远远大于对殖民统治的，而且他也一直对吞并菲律宾心存反对。但在接到总统命令之后，他同意去与菲律宾精英阶层交涉，以最低廉的成本换取最大的利益。虽然达成了政府自治的协议，但菲律宾仍在很长一段时间内完全受控于美国。在塔夫脱想象的自由国家里，民主程度低的菲律宾群众和油腔滑调的领导人在自治的道路上只能如婴儿学步般蹒跚前进。他想，"也许要给他们培训50～100年，他们才有可能理解盎格鲁—撒克逊文明的含义"。即便到那时，他们肯定也不愿意完全脱离美国这个开明的大恩人。

1900年6月，塔夫脱抵达菲律宾。随后就接到一个紧迫任务——让军队配合招抚菲律宾人。要完成这一任务，他必须在很大程度上借助政治劝说和安抚手段。当时，驻菲律宾的美军指挥官是奥蒂斯的接

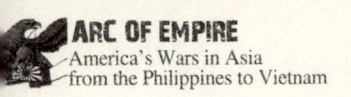

任者阿瑟·麦克阿瑟将军，他对文职人员的干预很不耐烦。塔夫脱和第二委员会刚一到达，麦克阿瑟就宣称，这是对自己权威的挑战，他本人对此感到非常愤怒。塔夫脱认为激励措施会得到多数岛民的积极回应，麦克阿瑟表示不同意。他认为，只有无情镇压才能使这些仇恨美国的人俯首称臣。麦克阿瑟的浮夸与自负使得美国与菲律宾民众之间本来就紧张的关系变得更糟糕。塔夫脱决心要争取菲律宾管治权，便把自己混迹官场的手段搬了上来。他先获得总统麦金莱和国防部长鲁特的支持，然后利用这种支持夺取管治权。1901年7月，管治菲律宾的权力正式落入文官之手，麦克阿瑟被撤下，取代他的是更听话的阿德纳·查菲。

反战浪潮

就算麦金莱政府没有因为菲律宾游击队的顽强抵抗而采取安抚策略，美国国内的反战运动也会不断对其政府施加压力，使其调整策略。美国民众普遍怀疑总统关于吞并菲律宾的决定，这种怀疑促成了"反帝国主义同盟"的诞生。1898年10月，在波士顿，反帝国主义同盟正式诞生，它无形中起到了保护各种反对帝国主义团体的作用。而在同盟中发挥最重要作用的是持不同政见的共和党人。他们深信，在国外的帝国扩张将会导致政府滥用行政权力。1899年10月，麦金莱在菲律宾的扩张活动进行得如火如荼的时候，反帝国主义同盟成员在芝加哥开会，提出了反对者普遍认同的原则："帝国主义政策敌视自由，具有军国主义倾向，那是一种我们一直努力摆脱的邪恶存在。"

反帝国主义同盟一次又一次地强调，目前自由已经岌岌可危，军国主义正在发展。但是，同盟成员之间的意见也存在明显分歧。当联邦政府要加强对各州的控制，并有意让更多有色人种加入联邦时，民主党人特别是来自南方的民主党人退缩了。在参议院考虑吞并菲律宾时，民主党人是最大的反对者。在得知政府的意图后，这些自由和白人权力至上的捍卫者们更加坚定地反对麦金莱的政策。1900 年 10 月，他们中的一员，南卡罗莱纳民主党和"反帝同盟"的副主席，参议员本杰明·R.蒂尔曼曾诘问道："在这个令人困惑的种族问题上，为什么我们不努力把 900 多万褐色人种拉拢过来呢？"代表不同领域和阶层的其他著名社会团体和知名人士，也一起呼吁反对建立太平洋帝国，其中包括来自妇女社会改革与和平组织的成员、担心政府支出膨胀的财界保守人士、学者、企业家和通俗作家。

企业家安德鲁·卡内基曾提出警告说，菲律宾民众对我们的语言和制度一无所知，他们仇恨我们。因此占领菲律宾不仅意味着要付出巨大的成本，而且这种行为还是对美国价值观的背叛，它会令美国陷入与亚洲大国竞争的危机中。马克·吐温在其作品中也以讽刺的口吻警告说，麦金莱这么明目张胆地背叛美国的宪法精神，致力于玩殖民扩张的游戏，即使是瞎子也会注意到。他也由此得出如下结论："有两个美国人，一个解放了这个俘虏，另一个却无事生非，夺走俘虏刚刚获得的自由，最后还为了其土地狠心将他杀害。"

这些反帝国主义者让麦金莱颇为头痛。1899 年 2 月，随着参议院对和平条约（包括可恨的兼并提案）投票日期的临近，他们对麦金莱政策的反对也达到了高潮。在菲律宾获得的微弱军事优势成了被攻击的借口，过度宣传安抚菲律宾人的策略更让反帝国主义的情绪持续高涨。反对派发誓要将 1900 年的大选变成对帝国主义的全民控诉。民主党原本是打击麦金莱扩张政策的最强力量，但现在它的表现却令人失望。它在竞选纲领中提出，菲律宾的稳定应优先于独立，并拒绝一个敌视美国文明的民族加入美国。民主党候选人威廉·詹宁斯·布赖恩为了增加胜算，决定将焦点放在国内问题上，而不是死盯着麦金莱的帝国扩张政策。最终，民主党还是败下阵来，麦金莱轻易赢得了选举，连任总统。

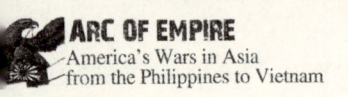

麦金莱非常善于平息争议,并将针对其帝国主义政策的各种指控无效化。做到这一点必须要有一系列措施,包括在国内宣扬帝国扩张带来的好处,并在菲律宾付诸行动。这样,才可以尽早结束令批评者们焦虑不安的军事行动。达成这一目的的关键就在于尽快推行分而治之策略,分裂菲律宾的武装抵抗力量。被招安的菲律宾人将有助于安抚麦金莱的反战对手。

菲律宾梦破碎

早在1899年,菲律宾武装革命力量内部就曾因美国的承诺产生过分歧。1899年1月到5月,马比尼在菲律宾革命政府中担任首相和外交大臣,他声称要争取独立并呼吁菲律宾人"战斗到死"。否则,他们将会被"一个风俗习惯与我们截然不同,并且极端仇视有色人种的国家"统治。马比尼拒绝了美国第一委员会要求他们无条件投降的劝诱,并表示"美国人真奇怪",他们认为"我们也许会成为他们的奴隶,但实际上我们不会,我们将建立一个自由的国家"。美国人"承诺给我们最充分的自治权和最大的政治自由,如果我们答应,今后他们就会随时压迫我们",他们的恩惠"实际上毫无意义"。

到1899年5月,由于阿奎纳多的军队屡遭失败,菲律宾顽强抵抗的呼声变弱了。于是,阿奎纳多马上采取新的举措,让受过教育又拥有资产的帕特诺和菲利普·布恩卡米诺两人取代马比尼领导革命。帕特诺成为革命政府的首相,他以前不愿与西班牙人决裂,后来才加入武装革命的队伍。新的外交部长是菲利普·布恩卡米诺,他是一位重要的菲律宾民族独立革命领袖。这些人正是美国极力拉拢的那一类人。马比尼完全有理由担心他们会向美国屈服。马比尼瞧不起他们,认为他们"善变又胆小"。尽管如此,阿奎纳多还是把"寻求民族独立"的重要任务交给了他们。因此,布恩卡米诺在8月向美国国会提交了一份文件，用一种非常温和、近乎恳求的语气提到了民族独立的要求。帕特诺则直接以讨好的态度与美国委员们接触，因为这些人可以建议以国内统治为基础结束冲突。到10月初，菲律宾革命政府派出的使者已经在同奥蒂斯商谈，以寻求一种可以不战斗、有条件投降的方案。

到1899年底，美国以武力镇压和政治劝降的双重战略，严重地削弱了菲律宾武装革命力量。在菲律宾国内，有些地区的精英在一开始就排斥这场毫无胜算的战争。例如，早在1899年5月，内格罗斯岛的领导人就认为，与"一个代表着文明与进步，具有强烈道德感"的国家和睦相处，更符合菲律宾的利益。1900年11月，在大选中麦金莱获胜连任总统，这让菲律宾国内那些摇摆不定的民族主义者压力更大，同时这也使得他们更容易屈服于美国。革命武装力量的资源即将耗尽，一些革命领导人也落入了美国之手。另一些领导人意识到付出的代价将会越来越大，因而开始对民族独立事业的能否实现产生了强烈怀疑，于是他们决定变节投敌。1899年12月，马比尼被俘，1901年被流放关岛。1903年，为了重获自由，他宣誓效忠美国，但此后不久就死于霍乱。1900年4月，帕特诺也落入美军之手，不久就投降了，后来还在菲律宾自治政府中担任管理职务。

1900年12月，菲律宾联邦党成立，这表明革命人士纷纷投靠美国。在麦金莱连选获胜的余波影响下，帕特诺、布恩卡米诺以及在他们劝说下归顺的另外一些人在马尼拉召开会议，商议成立政党。这标志着第一批有影响的革命领导人投靠美国，并正式加入了美国的政治进程。他们向新主人表示，要"让自己美国化"。他们的理想是，通过学习"美国的原则、政治制度和特有的文明，我们或许能得到救赎"。该政党声称，他们的目标是使菲律宾成为美国联邦的一个州。其他的革命领导人纷纷谴责这些"马屁精和懦夫"，说他们在革命事业高潮期投身革命，现在为了讨好美国人，又准备抛弃革命事业。人们将会发现，"不论谁做他们的主子，这些天生的叛徒都会卑躬屈膝地跪下来舔他们的脚尖"。

图为《白人的负担》，1899年3月16日刊登于《生活》杂志。早期反对菲律宾计划的人强调，吞并菲律宾违背了人道主义原则，他们怀疑美国领导人的帝国野心。《白人的负担》是美国漫画家威廉·H.沃克的一幅反战作品，意在说明加入帝国大军会使美国人变得像自鸣得意的英国人和德国人一样坏。

但是，其他的革命领导人也陆陆续续地开始放弃了革命事业。1901年3月，一支美军发现了阿奎纳多的藏身之地，因此结束了他的逃亡生涯。阿奎纳多被捕标志着菲律宾民族独立革命事业遭到沉重打击。不久之后，阿奎纳多向美国人妥协。他宣誓效忠美国，而且公开呼吁结束冲突，"人民流的鲜血和泪水已经太多了，这个国家快全部沦为废墟了"。这表明他认为他的妥协没有错。菲律宾人面对的"是一股不可抗拒的力量，这力量打击了他们，但同时也给予他们心灵的启迪，向他们展示了一条和平的道路"。紧接着，甲米地的革命领导人马利亚诺·特里亚斯也宣布投降。他决心拯救人民脱离"苦难、泪水、哀嚎和遍地的残垣断壁"。失去社会上层支持的宿务岛游击队，遭到了美军的残酷镇压。到1901年10月，抵抗运动领导人阿尔卡迪·马克西罗姆和他手下的主要将士都投降了。马克西罗姆后来无奈地认为失败是宿命，是"上天的意愿"。

1901年7月4日，随着菲律宾管制权从美国军方转到以塔夫脱为首的文官政府手中，美菲双方的和解出现了一个转折点。作为总督，塔夫脱将开始执行一个由麦金莱和他的两个委员会煞费苦心制定出来的新计划。塔夫脱高度赞扬了"那些为我们提供了巨大帮助、接受过良好教育的菲律宾人，他们具有强烈的同情心和爱国心"。他明确表示，在菲律宾群岛的下一个发展阶段，这些人将同样发挥重要作用。塔夫脱答应让他们参与当前的城市管理，并最终参与国家大事的决策。实际上，那些与联邦党有关系的人，都留在塔夫脱身边获得重用。尽管对帝国主义心存疑虑，但在利用政治手段游说菲律宾精英阶层为美国服务这件事上，塔夫脱还是尽心尽力的。他建立了一个牢固的同盟，这个同盟以反对革命的两类平民为主，一类信奉有限选举制，一类忠于大型企业。

在接下来的10年里，塔夫脱担任过菲律宾总督，也担任过西奥多·罗斯福的战争部长，最后还登上过美国总统的宝座。但他从来没

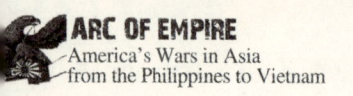

忘记过密切关注他的老辖区菲律宾群岛,并一直促使推动同化菲律宾的工作良好有序地进行。

几乎与此同时,美国官员开始了一项实验,招募第一支由马卡比比人组成的菲律宾武装军队,以协助美国的军事行动。马卡比比人因吕宋岛中部邦板牙省的马卡比比城而得名,在西班牙统治期间,他们曾充当过警察,为西班牙维护治安。他们反感他加禄人和以他加禄人为主的独立共和国,这也是他们能轻易被美国招募的主要原因。在1898年秋季的旱季战役中,第一支马卡比比人连队发挥了很大作用。因此,这支军队增加了另外3支同样架构的连队,这4支连队最终发展成一支超过1.5万人的菲律宾预备役部队。美国分而治之的战略早在征战印第安人时就运用得炉火纯青了,因此对于西班牙人长期统治菲律宾人摸索出来的经验,他们能很快意识到其价值所在。

1901年中期,随着菲律宾的管治权从军方转向文官,美军也开始效仿西班牙人的招安做法。当美军集中火力攻下几个游击队掌控的地区时,他们采取了西班牙人称之为"再次集中"的策略。打击游击队革命力量的关键在于切断游击队和当地群众之间的联系。为达到这一目的,美军将菲律宾的农村包围起来,并将农民集体迁入美军驻守的城镇。对于那些反抗者,美军会剥夺其财产并严加惩罚,而他们在美军控制区内的亲属也将成为人质。那些同意搬迁的人,也要接受严密监视。与此同时,负责管理城镇的官员开始让这些人融入美国式社会的新秩序,用现代化文明来取代他们脑中的天主教信仰。一位菲律宾名人记录了当时被占领城镇的活动:"根据镇长的命令,每天清晨,全镇居民都必须在镇政府前面集合,聆听镇长的命令和讲话。以前,这种常规集会往往都是在教堂的隆隆钟声中,由牧师率领一众信徒在虔诚地祈祷,但如今那些都已被取缔。"这就明显地表现了新旧帝国的文化差异。

美军选择在马林杜克岛试验这项新战术。该岛东临民都洛岛,南接吕宋岛，岛上的居民讲他加禄语，大部分集中居住在沿海地区，并普遍仇视美国人。1900年4月，美国人第一次在这里尝试招安战略就遭到挫败。9月，在山区活动的游击队几乎歼灭了整个美国步兵连队，其中还包括指挥官。这是刚刚抵达菲律宾的美军遭受到的最大失败。美军为此进行了前所未有的残忍报复。

10月，美军抓走了15岁以上的所有男性；12月，美军下令抢光游击战地区内所有粮食、牲畜并烧毁房屋；次年2月又强迫当地民众迁入美军控制的区域。战争初期，美军曾因进行过一次这样的暴行而声名狼藉、备受谴责，而现在这种暴行却愈演愈烈。这种暴行的目的很明确，就是孤立游击队和恐吓支持他们的平民。菲律宾民众经常受到集体惩罚，一两个人犯错就会连累整个村庄遭殃。在美军安全区内，凡是涉嫌支持游击队的人，特别是名门望族的家庭成员，都会面临监禁、剥夺财产或酷刑的惩罚。这些平民不仅要经受人为的刑罚，还要承受疾病和饥饿造成的痛苦。1901年4月，在美军的这些暴行之下，当地游击队的指挥官马克西莫·阿巴德终于被迫投降，当地的游击战也就此终结。

在马林杜克岛上试验的战略被证明是有效的，阿瑟·麦克阿瑟便将这种战略加以发展并运用到其他地方。麦克阿瑟是一位内战老兵，做过23年的上尉。1900年4月担任菲律宾军事行动总指挥官之后，因为马林杜克岛的战事没有取得进展，他感到非常沮丧。10月初，他发出了对岛上居民实行强硬政策的命令。尽管有成功的迹象，麦克阿瑟仍然等到11月总统大选之后才正式批准采用这一新的强硬战术。麦金莱不希望在菲律宾招安问题上处理不当而惹恼选民，让他失去第二次入主白宫的机会。

1900年12月，随着麦金莱成功连任，麦克阿瑟宣布，将严厉打击拒绝投降的地区。他援引《将军令100条》为自己的强硬政策辩护。该法令制定于1863年，起初是政府军在南北战争中的军事行动指南，

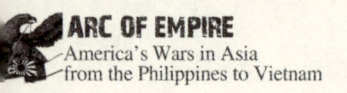

后来逐渐发展为美国军事法律和国际战争法的基础。为了将现代文明战争与野蛮行为区别开来，《将军令100条》规定："当公民手无寸铁时，其人身安全、财产和荣誉应在法律所承认的范围内得到保护。"法令最后一句为麦克阿瑟实施强硬政策打开了方便之门。由麦克阿瑟批准并在战斗中证明行之有效的马林杜克战术，受到了麦克阿瑟的接任者阿德纳·查菲的欢迎。在菲律宾和中国，阿德纳·查菲曾指挥美军作战，因而积累了很多经验，这也让人们关注到一些冷酷而又简单的真理。查菲还为国防部长鲁特总结出以下至理名言："亚洲文化……只尊重实力。"他还补充道："东方人的命都很贱，多一条少一条无关紧要。"这一冷酷的帝国真理在军中很快传遍，萨马岛和八打雁也会很快感受到它所带来的实际影响。1901年末到1902年初，这两个地方成为美菲战争中最肮脏最恐怖的战场。

维森特·卢克本将军领导下的萨马岛游击战让美军倍感沮丧。1901年9月，美国驻守萨马岛南部海边村子巴郎伊加的士兵遭遇集体屠杀，这一事件彻底激起美军的愤怒，继而对游击队采取报复性措施。巴郎伊加当地人之所以和游击队共同对美军发动突袭，是因为驻军指挥官向村民强征劳力，这使得村民们异常愤怒。突袭发起时美军正在吃早饭，一部分士兵当场死亡，一部分士兵后因伤重不治。48名守军损失过半，这在美军高层里掀起了轩然大波。

阿德纳·查菲由此得出如下结论：他面对着"一个喜欢欺诈和撒谎的半文明国家"，它的民众"天生就仇视白种人"。于是，他派准将雅各布·H.史密斯将军去攻下萨马岛，而后者是一个容易冲动而且冷酷的人。他告诉下属，一定要将萨马岛上游击队的活动区变成一片"哀嚎的荒野"。他的手段非常残酷，切断游击队的粮食供应、杀光所有牲畜，甚至连房屋都不能逃脱被焚毁的噩运。这种做法严重违背了军事法庭关于禁止针对平民实施暴力手段的法令。1902年2月，维森特·卢克本被美军俘获。他的军队被消灭殆尽，支持他的民众也渐渐不再成气候。

此后，当地的游击队几乎被消灭殆尽，以致萨马岛短期内恢复了平静。

萨马岛恢复平静之后，八打雁省成了新的关注点。在米格尔·摩尔瓦的领导下，八打雁成为菲律宾民族独立运动持续时间最长、组织最有效的地区。1901年阿奎纳多被捕之后，米格尔·摩尔瓦频繁地出现在人们的视野，他成了菲律宾革命政府和军队名义上的领导人。米格尔·摩尔瓦承认并公开谈论目前那些对全国抵抗运动造成严重威胁的行为。他认为，出于对无政府状态、社会动乱和个人损失的忧虑，受过教育的菲律宾精英阶层正在投向侵略者一边。摩尔瓦呼吁这些人不能放弃民族主义精神，同时也提醒他们当心美国的甜言蜜语，"我们不能指望这样一个国家能让我们独立，因为它一开始就镇压我们，杀害我们的民族英雄并将我们的城镇夷为平地"。

1902年1月，J.富兰克林·贝尔将军强制实施迁徙集中策略，试图动摇米格尔·摩尔瓦及其追随者的决心。他效仿马林杜克岛模式，派军队围捕八打雁省可疑地区的平民，并强迫他们迁徙到美国控制的安全区，由此砍掉游击队的后方支持。与此同时，支持民族独立事业的菲律宾杰出人士被拘捕监禁，遭受酷刑折磨，而住在美国安全区内的平民也饱受饥饿与疾病的折磨。贝尔的这些野蛮行为，加剧了菲律宾独立运动中的各种矛盾。其中，最主要的就是当地精英和普通民众之间的阶级矛盾，而且精英阶层也受到有限选举权的限制。由于后方支持被切断，游击队最终失败。1902年4月，米格尔·摩尔瓦向贝尔投降。虽然投降后可享受高等级待遇，但他仍然拒绝为美国人效力。1911年，米格尔·摩尔瓦去世，时年46岁。

美式帝国扩张路线

麦金莱吞并菲律宾的计划，在美国的殖民扩张史上浓墨重彩地记上了一笔。他先是打着"帮助菲律宾实现独立"的幌子对西班牙发动

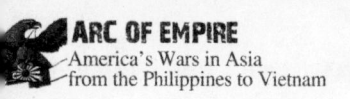

战争，然后趁机在菲律宾部署美国的军事力量。美西战争结束后，麦金莱又巧妙地操纵美国国会通过吞并菲律宾的决定；同时他还找到了安抚菲律宾民众和平息国内批判浪潮的方法。塔夫脱以文官身份担任菲律宾总督，萨马岛和八打雁的游击队最终投降，这些都标志着菲律宾计划的圆满完成。麦金莱的成功表明，帝国和民主是有可能并存的。充分了解公众情绪、善于利用美国民族主义心理、能够影响那些具有影响力的选民、使党内下属保持忠诚，以及能精准把控时机，这些非凡的政治技巧，让麦金莱得以以民主方式来建立帝国事业。

1901年9月，一名刺客刺杀了麦金莱，于是进一步殖民扩张的任务落到了其继任者西奥多·罗斯福手中。西奥多·罗斯福（老罗斯福）是纽约州前州长，为人特立独行，但在共和党内却颇有影响力。老罗斯福当选总统后，继续推行帝国扩张事业，他从一开始就是殖民扩张的坚决捍卫者。

早在1899年4月10日，时任海军部长助理的老罗斯福在芝加哥的演讲中，就曾为美国的殖民扩张行为辩护，认为这种行为具有很重要的战略价值。同时，老罗斯福也认为，美国实行帝国主义政策有利于推动其他落后地区的现代化进程。和菲律宾计划的其他支持者一样，老罗斯福把占领菲律宾看做是"西进运动"的进一步延伸。他认为菲律宾人是劣等民族和幼稚的未成年人，美国有责任像改造美洲土著那样改造他们。国内的反帝国主义者呼吁让菲律宾独立，但老罗斯福却予以这样的回复：承认阿奎纳多领导的自治政府，"就如同承认某个酋长领导的阿帕奇印第安居留地为自治政府"。同时，罗斯福反击这些反帝国主义者，指责他们支持和同情那些"凶恶的他加禄匪徒集团"。

作为总统，老罗斯福继续走麦金莱绘制好的帝国扩张路线。在菲律宾，老罗斯福采纳了让菲律宾精英进入殖民地统治集团的明智建议。在国内，他也不得不面对反战者。这些反战者对来自萨马岛的消息特别是雅各布·H.史密斯将军的煽动性言论发起了第三轮也是最后一轮强烈批判。1902年1月至6月，战争刚刚结束，这些反战者就迫使参议院举行有关战争行为的听证会。会上，战争参与和目击者讲述了令人震惊的残暴行为，参议员们对菲律宾平民的悲惨命运感到同情。但总统的盟友们设法将这些不利影响限制在闭门听证的范围内。最后，到了7月，由于严厉的招安措施进展顺利，老罗斯福振振有词地宣告"叛乱"正式结束。他避免谈及反帝控诉话题，别人提到的时候他也总是顾左右而言他。在总统看来，美国必须帮助菲律宾人实现工业化，改善社会和政治制度，甚至有必要提高菲律宾民众的道德。只有在这样的引导下，菲律宾这个具有强烈依赖性的民族才有可能结束在"专制统治和无政府状态"之间摇摆，才有可能做好准备并最终实现民族独立。

最后，菲律宾群岛终于回归最初的平静，但事实上这种平静却令人异常不安。在菲律宾，农村地区一直处于动乱中。不满美国统治的人，包括当地名人、土匪团伙仍然在农村制造各种动乱。其实，这些动乱早在吕宋岛、萨马岛、莱特岛等地区开展游击战的时候就有了苗头。美军在殖民地警察的协助下，对这些动乱采取了坚决有力的反击。与此同时，美国军事指挥官宣布结束奴隶制，强制实施符合"文明标准"的法规和税收制度，使"查莫罗人"（马里亚纳群岛上土著人。——译者注）服从法律管束，这实际上推翻了贝茨协议。在武装镇压和政治劝降的双重压力之下，这些地区的零星抵抗还是持续了近10年。直到1913年，这些地区才彻底平静下来。在菲律宾军队支持之下，美国文官政府才得以顺利接管这些地区。

美国虽然承诺过，会逐渐扩大菲律宾精英参与决策岛内事务的权力，但事实上合作谈判还在持续进行。1907年第一次选举之后，一些菲律宾人已经不再满足于仅仅参与行政管理和立法，他们想要一个最终实现民族独立的明确承诺。这一要求得不到满足，导致菲律宾政客们多次公开表达反美情绪，而美国国内也因此发生了党派纷争。

一方面，共和党人想要保持对菲律宾的殖民统治，他们拒绝作出

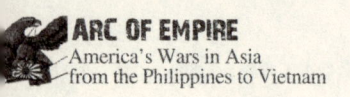

任何有关允许菲律宾独立的正式承诺。民主党人却反对这种做法，并不断挑起争议。另一方面，共和党人也希望美国移民潮会影响独立谈判，但是这种希望很快破灭了。1903年的人口普查显示，菲律宾约有8 000名美国人，他们大部分都是退役的士兵和殖民地官员，且以男性为主。到1918年普查时，总数减少到5 700人，仍然是男性占大多数。1916年，国会通过了《琼斯法案》，这一法案对菲律宾独立作出了明确承诺，这是民主党对殖民扩张事业发起的另一次攻击。伍德罗·W.威尔逊总统派到菲律宾的行政长官弗朗西斯·B.哈里森，索性授予菲律宾人更大的行政和经济管理权。

20世纪20年代，共和党人再次入主白宫。他们试图扭转这一进程，但最终以失败告终。1934年，民主党人重新执政，他们重申了允许菲律宾最终独立的承诺，并宣布1946年将正式结束美国的统治。这个问题始终是美菲谈判的核心问题。

第 5 章
遗忘与铭记
"美丽之国"的堕落

1899～1902年发生的美菲战争对美国产生了重大影响。控制了菲律宾的同时，美国也更深地陷入了亚洲纷争中。这为后来美国在亚洲发动战争埋下了一系列隐患。但是不管美国人想象力有多丰富，当时的他们还是无法预见这一点。

被遗忘的战争

然而，这场战争虽然很重要，但美国人却对它没什么深刻记忆，这说起来有点奇怪。它几乎在美国的战争记忆中消失了，其中部分原因可以追溯到南北战争。美国人对那场为了捍卫国家统一而进行的伟大战争至今印象深刻。

优秀的指挥官和300万人的庞大军队相继投入到了这场战斗中，其损失也是前所未有的，近50万人阵亡。相较之下，美菲战争的伤亡不过是小巫见大巫。1899年2月～1902年7月间，在菲律宾群岛上服役的士兵只有12.65万人，死亡人数仅4 165人，而且其中仅有1/4

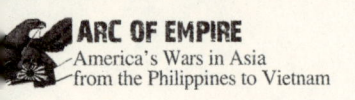

是在战斗中阵亡的。尽管美菲战争持续的时间更长，死亡人数更多，但人们则更多地去关注同一时期发生、被誉为"辉煌小战争"的美西战争。

抹掉关于美菲战争的记忆还有一个更重要的原因，那就是附着在这场战争上的污点。麦金莱吞并菲律宾的计划具有明显的帝国主义性质，遭到国内民众的长期激烈反对。甚至在战争爆发的早期，帝国计划的支持者也懊悔了，因为这一场肮脏的殖民战争所付出的代价超出了他们的预期。他们吃惊地发现，菲律宾是一个战略负担。直到20世纪30年代，菲律宾的未来仍然是人们争论的焦点。这场充满争议的战争虽然取得了胜利，但是它却给美国留下了一个难以收拾的烂摊子。因此，这种胜利不是件值得举国欢庆的事。美国仅仅征服了这片土地，却根本无法征服这片土地上的人，这些人仅臣服于武力。

因此，美国人没有多少理由去记住这场战争，更不可能为之举行庆祝活动。美菲战争被认定为一次"暴动"，而非一场经过充分酝酿后发动的战争；它被描述为一次错误的行动，它最终只是刺激菲律宾争取民族独立，对美国人而言没有任何实际意义。这场战争中的美国老兵没有得到嘉奖，他们的功劳也没有被记录在册，甚至没有人为他们修建公共纪念碑或举办庆祝活动。在这次战争中，虽然美国尝试使用了多种征服战略，例如武力镇压和政治劝降并行，但军队并没有将这些经验、教训记录在案。到越南战争开始时，美菲战争已经从官方的正式备忘录中彻底消失了。

对此，一位杰出的军事历史学家如此描述："军方没将任何有关美菲战争中获得的经验教训纳入其职业培训系统中。"

时至今日，美国人口调查局编写的权威资料汇编中，仍然把美菲战争与美西战争、义和团远征等同看待。美国陆军甚至没有承认美菲战争是一场正式战争。美国军事学院也将它排除在涵盖美国主要战争的网上地图册之外。

美国人努力想忘掉这场战争，菲律宾人却牢牢地记住了。因为他们为此付出了太沉重的代价：约2万名士兵阵亡，普通民众的伤亡和损失更是不计其数，特别是在游击战阶段。因战争造成的直接损失已经难以计算，更遑论因生存环境恶化而造成的间接损失。在战争期间，菲律宾人口减少了20万~100万。据粗略估计，1899~1903年之间，非正常死亡人数超过77.5万。这一数字反映了战争期间的各种灾难，如严重的食物短缺、疾病肆虐，包括疟疾、痢疾、伤寒、天花和霍乱等等。这些疾病大大缩短了成年人的寿命，婴儿死亡率也因此上升，生育率锐减。这些影响一直延续到了和平时期。

菲律宾的民族主义者竭尽全力让民众们牢记，美国的殖民扩张给他们带来的痛苦与灾难。他们致力于实现民族独立，并寻求国家自强自立的根本之路。自20世纪50年代以来，他们提出了一个新说法，其内容主要强调群众的斗争和某些社会精英的妥协。这些民族主义者反对叛国者将被美国殖民统治当成进步或者命运的看法。他们指出，民族独立运动的失败并不仅仅是因为强大的美军，还因为社会精英阶层为了私欲背叛国家和民族，与侵略者私下达成交易。这一自私自利的阶层（批评文章如是说）通过操纵民族主义情绪来维护其地位，目的在于削弱民众对政治权利和社会福利的更大要求。"二战"期间，那些曾经与美国人合作的叛国者，同样愿意与后来的日本侵略者合作。即使在1946年菲律宾独立之后，菲律宾的民族主义者仍然认为，这些自私自利的社会精英与华盛顿仍然保持着一种新殖民主义关系，同时两者又相互竞争，试图主导菲律宾的政治经济发展进程，结果造成了菲律宾的贫弱。

菲律宾民族主义者的这种批判观点包含着深刻的见解。从长远看，殖民地精英阶层与塔夫脱达成协议有利于他们自身阶层的利益，但却对菲律宾长期发展不利，美国并没有兑现当初"扶持菲律宾发展"的各种诺言。这从地方豪族成为控制菲律宾政治经济发展进程的政治世

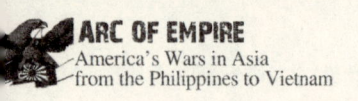

家便可看出来。与此同时，美国发现菲律宾的发展要付出的成本高，进度又十分缓慢，远远超过他们的预期，因此，他们开始怀疑自己作出的承诺是否能实现。美国国会追求的永远都是利益，不会真心为一个遥远殖民地的福利而劳心劳力。

菲律宾当时面临着很多困难：基础教育投资不足，满足不了大众对教育的需求；工业和基础设施几乎没有任何资本投入；人均收入低，社会不平等现象严重。塔夫脱和其他承诺帮助菲律宾"发展"的人很快就发现，广泛的民主参与与精英统治的政治制度是背道而驰的。在西班牙统治末期居主导地位的菲律宾社会上层于1907年选出了第一届全国大会，但这些人仅占总人口的1%。虽然此后选举权有所扩大，但其政治制度还是保留了早期的种种问题，包括政治腐败、政党相互倾轧和权力人士公然操纵选举。对于这一积弊已深的政治制度，美国的改革者们也无计可施。

从"圣君"到"帝国怪物"

虽然占领菲律宾在美国国内引起了很大争议，其实施过程也遭遇很多困难，但这一行动却为美国在后来的太平洋战争中作出重要贡献奠定了基础。美国一直声称自己是太平洋国家，占领菲律宾、夏威夷和关岛是美国扩大自己在太平洋地区势力的重要战略行动，也更进一步刺激它控制这一地区的欲望。然而，中国却在这一地区占有重要地位。于是，由商人、传教士和外交官组成的美国"声乐团"一起呼吁，要求美国今后在太平洋地区拥有发言权，环太平洋地区具有悠久历史的国家也应该汲取进步文明的营养。1900年，中国义和团运动期间，美军以菲律宾为前哨阵地对中国采取军事行动。因为拥有菲律宾这一据点，所以美军能够对中国的局势作出迅速反应。这对于美国连同其他列强组成八国联军惩罚满清政权具有重大意义。在此过程中，海约翰再次强调了美国在中国推行"门户开放"政策的重要性,这是美国在1899年新提出的一个更为雄心勃勃的计划。

美国的野心日渐膨胀,并越来越多地干预东亚事务,这引起了该地区国家,特别是日本和中国的强烈反应。这两个国家的观察家和政治领导人不得不面对列强觊觎、国家即将灭亡的局面,而这是由美国这个手段残忍、态度高傲、以前微不足道如今却十分强大的敌人连同其他侵略者所造成的。美国人的动机从一开始就改变了中日两国人民对美国的看法,其造成的后果影响甚远,这点我们将在以后的章节中继续讨论。

对日本观察家来说,美国征服菲律宾使他们失去了对美国的好感。1898年以前,美国人似乎不仅完全没有染上欧洲列强殖民扩张的坏习惯,而且还树立了一个尊重人权、经济快速发展、社会秩序井然的良好政体榜样。这对19世纪60年代开始改变日本政体的开明日本人来说颇具吸引力。明治维新过程中,一位有影响的开明人士福泽渝吉曾在1884年惊讶地写道,"美国是一个世界奇迹……随着人口增加,美国的财富也在增加。财富的增加,人口继续膨胀,发展的速度亦随之加快。它夜以继日地不断地发展,最后,连作为世界文明中心的欧洲都为它感到震惊。这可以说是史无前例!"19世纪末的旅美日本人对飞速发展的美国明确地表达了赞美之情,因为他们非常震惊地发现了一个与日本的核心价值观迥然不同的社会。在这个社会里,妇女能在公共场合抛头露面,个人主义可以不被限制、自由发展,人们可以自由辩论民主制度。

1898年以来的扩张活动使日本人对美国的负面印象加深。日本观察家们表明,美国和其他列强一样,对帝国主义很感兴趣。"恃强凌弱、掠夺别人的领土和财富,这种行为不是给美国文明和自由的光荣历史蒙羞吗?"这是幸德秋水对1901年盛行一时的帝国主义"怪物"提出的问题。

控制有大量日本移民的夏威夷地区和后来直接占领菲律宾,不仅

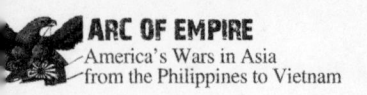

背离了美国的价值观,也对日本构成了直接威胁。因为日本当时也是这一地区的一流大国,它对商业扩张和移民海外也很感兴趣。早在 10 年前,日本官员和观察家就已经开始把太平洋地区看做一个正在崛起的"世界政治和贸易中心"。1890 年,日本外交事务专家稻垣万次郎在其作品中这样提到过。日本要在这个地区扮演主要角色,这种信念在甲午战争后更是强化了。强占台湾之后,日本又将注意力转向包括菲律宾群岛在内的南海地区,他们似乎看到了在这一地区扩张的光明前景。但是现在,美国抢在了日本的前面,强行夺取夏威夷、菲律宾,并宣称自己在太平洋地区拥有天赋使命,阻断了日本的扩张之路。日本对此深感困扰,美日之间的摩擦因此日渐升级,为后来的珍珠港事件埋下了导火索。

美国占领菲律宾也引起了中国一帮关心政治的知识分子的高度警觉。他们对美国曾经抱有正面印象,现在这种印象正在急剧转变。中国两名学者型官员——魏源和徐继畲在他们的著述中提到过,美利坚合众国曾经是一个"美丽之国",这种观点曾经在华广为流传。19 世纪 40 年代,魏源和徐继畲分别发表了《海国图志》和《瀛寰志略》两部著名的地理作品。其中,美国被描绘成一个发展的楷模,一个与其他西方列强国家不同的正在崛起的太平洋国家。根据魏徐二人的反复渲染,华盛顿被描写成一个令人钦佩且顺应民意的"圣君"。这一拥有高度文明和精湛技术的国家迅速开发了它在北美洲的领地,赢得了"财富与权力",成为"强大的西方国家"之一,也成为了不列颠的竞争对手。在与中国的贸易往来中,它也非常通融,其国民在日常交往中经常声称自己"最友好、最遵守秩序"。

而占领菲律宾却抹黑了这一光辉形象,并使美国的帝国主义形象最终深入人心。1901 年,一位匿名作者目睹并记录了美国经历的这一根本转变。"自建国之初,亚美利加(美国)就保留了共和主义和非侵略主义这两个基本原则……然而,在过去几年中,它开始吞并古巴,兼并夏威夷，打败西班牙，接管吕宋岛。它最近还加入了侵略我国的八国联军。为了在世界舞台上与其他列强竞争，他们完全背弃了开国创始人华盛顿制定的原则。"因此，美菲战争似乎成了清朝末年中国人证明美国厉行殖民扩张行为的证据。强逼中国签订、履行不平等条约和虐待中国劳工，被这些发生在家门口的事所触动，中国人渐渐地将美国归为帝国主义国家范畴。

在形成并加深中国人对美国的负面形象上面，晚清知识分子梁启超起到了关键作用。在20世纪初，梁启超访问了夏威夷和美国本土大陆，这使他否定了关于美国拥有良好发展模式的看法。他发现，美国政治圈里充斥着各种各样的腐败赞助和选举暴力，其领导人也平庸无奇。美国存在各种各样的问题：财富分配悬殊，黑人被百般奴役，社会上也存在很多不安全的因素，如人们经常面临暴徒威胁，这些都使他感到不安。

同时，梁启超发现，麦金莱扩张政策的驱动力，正是被称为"20世纪伟大灵魂"的崛起中的工业托拉斯帝国。受其影响，"美国人对拓展海外市场的渴望犹如久旱盼甘霖的人……结果，帝国主义意识形态便开始在美国人脑海里生根发芽"。梁启超对菲律宾与中国的长期关系非常感兴趣，他也十分关注菲律宾人在反抗外来侵略过程中发生的那些鼓舞人心的事例。美国扼杀了菲律宾的民族解放运动，这暴露了他们对民主及亚洲民族独立的蔑视。梁启超警告说，"美国的扩张主义政策绝不仅限于像古巴、夏威夷和菲律宾这样的小地区"。他看穿了中国将是美国太平洋扩张终极目标的真相，并警告中国同胞，不要妄想华盛顿会给予同情与支持。

美菲战争不仅破坏了中国人对美国的良好印象，中美合作的潜在机会也因此消失。同时，中国人开始意识到自己也是一个受压迫的弱势民族，应该和其他民族联合起来抵御外来侵略。19世纪后半叶，中国人开始意识到自己的弱势地位，这始于中国劳工在东南亚和美洲遭

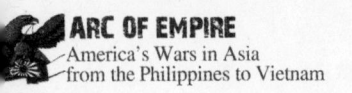

受虐待的现象。事实上，只需向前迈出一小步，中国就可以与夏威夷和菲律宾这样在世纪之交被美国吞并的弱国团结起来。怀着团结第三世界国家的早期梦想，中国在未来的岁月中将要支持一大堆"被列强征服、统治和奴役过"的国家。它们分别是波兰、埃及、土耳其、印度、缅甸和越南。

到20世纪20年代，中国的国际事务观察家们，不管是持左倾立场还是右倾立场，都透过帝国多棱镜来看美国。1917年俄国十月革命之后，新兴的马克思主义更加吸引了这一对国际体制已经形成的认识，而且还赋予这种认识一种普遍认可的科学权威和概念上的一致性。自1921年成立以来，中国共产党就保持着这种辩证的认识。在党组织教育和党的文件中，马克思主义被当成信仰来加以宣传。

像所有其他大国一样，美国是被国内资本主义发展产生的经济压力所驱使，才走上帝国主义道路的。只有苏联是明显的例外。但作为这场帝国游戏的后起之秀，美国错过了历史的重要时机。由于生产过剩和战争，整个资本主义制度遇到一个又一个经济危机，正在走向崩溃，正如苏联共产党一本早期读物所说，"全国的无产阶级和贫苦农民"正纷纷起来反对"所有资本主义国家的资产阶级和他们的帝国主义政府"。这些有关帝国主义的不可调和性和脆弱性的观点，以及弱者、被压迫者最终将赢得解放的坚定信念具有重要含义。而这些含义要等到20世纪40年代才会变得明显起来，那时距离美菲战争已经是时代久远，但它们将深刻改变美利坚帝国的进程。

正如中日两国的观察家们清楚看到的那样，美国已经将帝国扩张的魔爪伸向了东亚。民族主义浪潮在整个东亚地区激荡，但没有哪个地方像在菲律宾那样，出现得那么早，那么直接，那么激烈。美国人自诩为自由的捍卫者，但它又渴望在世界舞台上获得更大的权力，于是它的扩张行动便和亚洲的第一次民族解放运动产生了具有历史意义的激烈碰撞。美国人自以为他们的殖民政策——仁慈、自我限制和具有自偿性，与众不同，但其实没有任何意义。美国通过征服菲律宾这一事实向世界发出了一个清楚的信号：一个强大而又自信的国家出现在了太平洋西海岸。它将给这一地区带来历史性的改变，而美国人也将越来越感受到这一改变给美国带来的影响。

第一部分注释

①1898年12月10日的《巴黎和约》宣告美西战争结束，和约规定将菲律宾群岛割让给美国。1899年2月4日，菲律宾人民武装在民族独立运动领导人埃米利奥·阿奎纳多的率领下向驻守马尼拉的美军发起进攻，但在马尼拉城外被美军击退。

②关于是否是菲律宾军队开的第一枪，战争在马尼拉城外阵地上什么地方打响，有多少菲律宾人死于交火，菲律宾人和美国人看法不一致。一般认为是美国人先开枪。

③西进运动：美国东部居民向西部地区迁移和进行开发的群众性运动，始于18世纪末，终于19世纪末20世纪初。运动大大促进了美国经济的发展。但随着西进运动的进行，大批印第安人遭到屠杀，幸存者被强行赶到更为荒凉的"保留地"，他们的被迫迁徙之路也被称为印第安人的"眼泪之路"。

④门罗主义：1823年12月2日，门罗总统在致国会咨文中阐述美国对外政策原则时提出：任何欧洲强国不得干涉南北美洲事务，否则就是对美国不友好的表现。第一次公开提出了"美洲是美洲人的美洲"的口号。

⑤门户开放政策：1899年9月6日，美国国务卿海约翰分别训令美驻英、俄、德、法、日、意等国大使，向各驻在国政府提出关于对华"门户开放"政策的照会，也称"海约翰政策"。主要是为了维护美国在华利益，缓和列强争夺中国的矛盾，并以机会均等、利益均沾原则，使美国在与各国的争夺中，保持中国市场对美国商品自由开放。

第二部分

问鼎东亚霸主
美日之战（1941～1945年）

日本要吞并中国来确保其生命线，美国也想拥有辽阔的中国市场，两个同样意欲成为中国霸主的帝国在太平洋相遇了。一山不容二虎，战争成了解决问题的唯一手段。最终，这场战争竟意外地将美国扶上东亚霸主宝座。

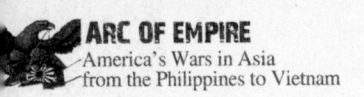

1941 年 12 月 7 日，凌晨，太平洋中部，天气晴朗。海拔 9 800 英尺的高空，在向东飞行的轰炸机座舱内，指挥官渊田美津雄（下称渊田）迎来了初升的太阳，这对他而言似乎是一个神圣的吉兆。天还很早，渊田正沿着瓦胡岛向南飞行。瓦胡岛四周环绕着蔚蓝色的大海，看上去就像一颗翡翠宝石。这时，他透过望远镜看到了珍珠港。

上午快 8 点的时候，渊田发出了一则电文：攻击机已抵达目标位置，可以发起袭击。第一波日本空袭机群由战斗机、高空轰炸机、俯冲轰炸机和鱼雷轰炸机组成，总共 183 架。它们对停泊在福特岛外的美军战舰、整齐地停放在希卡姆和惠勒机场上的飞机，以及斯科菲尔德兵营发起了毁灭性的攻击。而在那个星期天的早上，许多美国大兵还在兵营里睡大觉。

地上的美国人被日本的空袭惊醒了。尼古拉斯·盖诺斯是驻守希卡姆机场的一位年轻的美军无线电报务员，他被一阵巨大的爆炸声和冲击波惊醒。两天后，在写给父母的一封字迹潦草的信中，他说自己看见"珍珠港升起了高达 500 英尺的火焰和巨大的烟云"，日本轰炸机"从距离地面仅 50 到 100 英尺"的高空俯冲而下。海军下士詹姆斯·詹金斯后来回忆道，"轰炸机飞得很低，你甚至能看见戴在飞行员头上的护目镜"。上午9点45分，日本完成了最后一波轰炸后离开了珍珠港。美军后来清理战场时发现，被击沉或遭到重创的美军战舰共有18艘，188架美军飞机被炸毁。因为战舰和兵营被炸时，士兵尚处于睡眠状态没及时反应，导致美军最后的伤亡人数高达2 251人，海陆空三种兵种都有伤亡。

第二天，罗斯福总统发表了致国会联合会议的讲话。美国人民从无线电广播中收听了这一讲话，并极度震惊地获悉了珍珠港被袭事件。罗斯福谴责这种"无端的卑鄙袭击"，并宣布12月7日为"国耻日"。他要求对日宣战，国会很快就批准了。两天后，日本的盟国德国和意大利对美国宣战，"二战"双方阵营自此成形。

日本于1931年9月对中国发动的侵华战争，与德国在1939年9月入侵波兰引发的欧洲战争，如今结合在了一起。现在，包括美国在内的所有大国都卷入到第二次世界大战中。到1945年8月"二战"结束时，约有6 000万人死于战争，欧洲、北非、亚洲和太平洋岛屿的大片地区化为废墟，亚洲地区漫长的海岸线都处于美国的控制之下。这标志着美国对该地区的控制达到了顶点。渊田指挥官帮助发动的这场战争所产生的结果，远远超出了他个人的预料。

第 6 章
利益之争
谁才是东亚的霸主

"二战"太平洋地区的战争其实源于美日两国长期争霸而深埋的隐患。虽然太平洋战争是两大敌对同盟在多个战区进行的世界大战的一部分，但从本质上讲，它是地区间两个各怀鬼胎的帝国的战争。两国最终都受到国家扩张主义的激发和鼓舞，但几十年来，他们也一直受其困扰。

帝国新对手

日本的帝国计划形成于19世纪末，主要源于其他帝国扩张催生了日本的危机感。1868年，明治维新运动兴起。如此命名此次运动是因为这一改革实现了政府集权，而该政府名义上受明治天皇的统治。改革者们创建了一个中央集权制的官僚国家，其合法性源自于一套帝国制度。正如当时的著名口号所言，改革者们追求"富国强兵"的目标，为此他们制定了一系列措施。对内，刺激民众的民族主义精神，训练一支专业化的军队，促进经济发展和发展大众教育，采用现代技术。

对外则是取缔允许外国干预日本事务的条约。其最终目标是，使日本成为与其他列强平起平坐的国家。

日本不仅追求富国强兵的目标，还树立了统治邻国的雄心壮志。中国和朝鲜的软弱无能使得这一地区极易被外部势力渗透。朝鲜的应对策略不仅封闭了日本在后院扩张的机会，而且对日本本岛造成了安全威胁。解决办法就是极力维护日本的利益，并使日本成为亚洲地区的统治者。日本与邻国拥有共同的文化特征，而且日本通过锐意进取已发展成一个现代化的国家，这些都为它证明自己适合担任领导角色提供了有利条件。基于这些考虑，日本帝国的领导者开始着手创建一个帝国，这一帝国也与他们所追求的国内改革目标相一致。但很大程度上，日本帝国的崛起是以牺牲中国为代价的。1876年，日本入侵中国的附属国朝鲜，并与朝鲜签订了《江华条约》，借此取得一定控制权。1879年，日本又夺取了中国的另一个附属国——包括冲绳岛在内的琉球群岛。最后，通过中日甲午战争的决定性胜利，日本消除了中国对朝鲜的影响，吞并了中国的台湾省。

20世纪初，东京继续其帝国扩张事业。美国吞并菲律宾被认为仅仅是出于一种独断政策的需要。1902年，日本与英国结盟，英国承认日本为亚洲地区唯一拥有话语权的大国，并承认日本世界大国的地位。1904年到1905年，日俄战争以日本获胜而告终，由此证明，亚洲人也可以打败骄横不可一世的西方人。这些成就反过来促使东京进一步利用中国的弱点。日本在统称满洲的中国东北三省和台湾对面的福建省划分出一块势力控制区。1910年，日本正式吞并朝鲜。1912年清王朝终结，中国随后进入以混乱和软弱为特征的共和国时代，这为日本强化其在满洲和华北的战略经济地位提供了新的机会。

与此同时，美国人正在麦金莱时期取得的成就上继续扩张。美国人决心要进入据称十分辽阔的中国市场，并且要实现其对这一广大市场的完全控制。由于在华传教士的鼓吹，他们现在还相信，中国要发

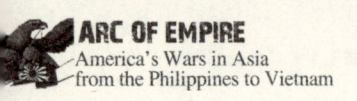

展现代文明必须依赖美国的帮助。美国非常关注中国的未来和他们能在中国获得的利益,因此他们对同样觊觎中国的日本保持了高度警觉。日本在1868年实行全面改革,乍一看似乎会走上西方文明发展的道路。但日本日益加快的扩张步伐也使美国焦虑不已。日俄战争胜利后,日本吞并了朝鲜,也逐渐将势力范围延伸至中国东北三省。美国一些警觉者指出:日本通过向西方国家学习而日益强大,但它的封建军国主义性质并未改变。日本帝国扩张的野心威胁到美国的在华利益,而日本与美国之间关于移民问题的争论进一步恶化了美日两国的关系。在早期排华风潮重新抬头之际,美国西海岸的本土主义者又试图击退另一个据称低劣而又顽冥不化的亚洲群体——日本的"入侵"。

就在这种利益矛盾日益升级的同时,菲律宾问题又使华盛顿和东京陷入战略窘境。美国部署在菲律宾的军事力量在控制菲律宾的同时,也对日本构成了威胁;而日本的军队也对美国在太平洋地区的战略行动造成了威胁。于是,双方的海军建设者都把对方视做太平洋地区的主要对手,都呼吁多造军舰,甚至不惜冒着引发军备竞赛的危险。日本的战略家们断定,菲律宾是美国对日作战的一个战略要点和补给基地,一旦双方开战,菲律宾势必成为早期的战略目标。另一方面,早在1907年,美国的海军战略家们在制定对日作战预案时,就意识到菲律宾这一殖民地的战略局限性。

直到珍珠港事件前夕,美军定期更新的"橙色计划"还一直强调以下困难:美国当局很难将准备充分的美国海军快速部署到菲律宾,对日本舰队予以决定性打击。而更令菲律宾美国殖民当局担心的是,一旦爆发战争,将会激活菲律宾内部严重的民族矛盾:"一张无孔不入的日本间谍网,同显然以破坏美国在岛上主权为目标的政治颠覆活动搅在了一起。"也许,放弃菲律宾,撤回到夏威夷附近的中央太平洋防线,对美国来说更具实际战略意义。但这种背离太平洋战略梦想的撤退,是不会得到政治上的支持的。

当鹰派美国遇上右倾日本

刚入主白宫,帝国扩张路线设计者西奥多·罗斯福就面临着上述问题。他选择与日本和解,而不是对抗,目的在于避免危险且代价高昂的海军军备竞赛。他对日本的成就和发展前景作了评估,得出的结论是日本将成为东亚地区的大国,这在很大程度上影响了他对美国能成为太平洋帝国的热情。他尊重日本人的男子汉气概和魄力,私底下他也预计"日本强大后,会在中国寻求新的发展机遇,走上造就第一或者很可能是第二文明大国的道路;但他们的文明当然和我们的文明不是同一种类型"。这些见解的明确含义是,日本有权获得"黄海地区的最高利益,就像美国拥有加勒比海地区的最高利益一样"。

老罗斯福实施的政策和措施反映了上述观点,他自告奋勇充当日俄战争的调停者,希望在这两个地区大国之间建立一种有约束力的平衡。1905年7月,老罗斯福派威廉·霍华德·塔夫脱前往东京充当说客。塔夫脱说服日本外相桂太郎承认美国在菲律宾的统治地位,交换条件是美国承认日本在满洲和朝鲜的势力范围。但日本加紧控制满洲南部,造成两国关系紧张。而美国对日本移民的歧视性措施,也恶化了两国关系,使得两国之间的矛盾迅速升级。

老罗斯福一心想着平息事端,让国务卿鲁特于1907到1908年间与东京达成了一个非正式"君子协定"。该协定不仅确立了美日双方迅速减少日本移民的共识,而且确认了先前的菲律宾—满洲交易,并支持美国提出的保持中国领土完整原则。这桩新交易反映了老罗斯福的坚定信念,即他认为日本即将成为东亚地区的霸主。菲律宾曾经证明了美国的绝对实力,如今却变成了战略焦虑的源头,成了"我们的阿喀琉斯之踵"(指某人或某事物的最大或者唯一弱点。——译者注)。而一旦与日本开战,菲律宾也很容易被日本夺取。

一进入白宫,塔夫脱就抛弃了其前任采取温和手段在太平洋地区

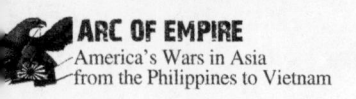

扩张的做法，开启了贯穿 20 世纪 20 年代的美国政策振荡时期。塔夫脱和他的国务卿菲兰德·C.诺克斯决心反击日本人的霸权行动，提高美国在中国的经济文化影响力，维护传统的门户开放政策并捍卫对中国许下的保证其主权和领土完整的承诺。为实现这些目标，他们加强了所谓的"美元外交"。美国的银行家和强硬派人士据此目标纷纷采取措施，强制推行有利于美国的政策，并与日本争夺势力范围。塔夫脱和诺克斯认为，是否接受日本移民纯属美国内务，日本没理由插手。1909 年，一位加利福尼亚立法者称"日本鬼子利用他们的卑鄙心理和淫荡思想"威胁到了"加利福尼亚的纯洁少女"。这一说法在美国国内引发了轩然大波，并进一步强化塔夫脱政府的强硬立场。

不出所料，日本民众和官员对美国的侮辱感到异常愤怒。东京为了报复，与其对手俄国结成同盟，共同对付中国人和美国人。老罗斯福警告塔夫脱不要对中国有所期待，他认为中国并不是美国需要开拓的市场。如果塔夫脱真想在满洲挑战日本，那他就必须"作好开战的准备"，就需要"一支像英国那样好的舰队，还要加上一支像德国那样好的陆军"。最终，塔夫脱与诺克斯的强硬政策在一片混乱中分崩离析了。

伍德罗·威尔逊刚开始时也采取与日本对抗的强硬政策，但欧洲战争越来越多地转移了他的注意力。出于美国利益的考虑，他淡化了要求各国承认中国门户开放的言论，并最终承认日本在中国，特别是在满洲和福建的"特殊地位"。到 1921 年共和党重新入主白宫时，美国在太平洋地区的扩张政策变得更加温和。在 1921 年到 1922 年的华盛顿国际会议上，哈定政府与日本达成了一项新的协议。该协议确认太平洋现在的势力分布，并承诺在出现危机时，华盛顿和东京应相互协商。包括英、法和意在内的国家还就此作出更大努力，针对该协议追加了一项海军协定——《限制海军军备条约》，将避免昂贵的军备竞赛和门户开放政策确立为国际公认的原则。日本同意将战争期间从德国手里夺来的山东非法权益归还给中国，但保留了其在南太平洋获得的德国岛屿。为减轻美国的忧虑，东京和伦敦也终止了他们之间建立的同盟关系。

但矛盾依然存在。美国在1922年和1930年增加了关税，这给日本的出口带来不利影响。而美国国会在1924年正式实施入境限制，这一举动也在日本民众心中播下了怨恨的种子。而且，美日两国对于在中国的利益之争仍然矛盾尖锐。日本在中国的投资最大，在中国生活的侨民也最多，而且他们更不能容忍中国的新民族主义运动。因此，中国成为了日本的首要目标。而美国人普遍看好中国，并支持中国国民党的领袖蒋介石。

20世纪30年代，日本开始实施强硬的外交政策。中国民族主义者发出警告，要终止日本在中国的经济特权地位。而如果日本要保持在该地区的主导权，就必须采取措施应对这些威胁。世界性经济大危机摧毁了日本的出口市场，损害了日本农业生产的利益，导致日本社会动荡不安，这是日本调整其国内外政策的重要原因。在这种环境中，日本领导人步履蹒跚地走上了右翼独裁政府的道路。该政府仅保留了议会的象征意义，使得议会没有实权，却赋予陆海军高级领导人很大的权力。

1889年的《明治宪法》规定，陆军和海军大臣必须为现役军官，而且他们可以直接谒见天皇。军队领袖利用自己的优势地位来推动大众对国家安全的关切，不断提高军费预算，将谨慎小心的文职官员边缘化，并行使否决权来动摇和推翻文职政府。在极端民族主义团体的支持下，下级军官们发动了一场政变，这场政变严重地威胁那些政治家和知识分子的利益。在这群下级军官们看来，清除精英的做法只是清除社会腐败的一种方法，他们最终的目的是恢复他们理想中的传统社会的美德。

日本军方奉行有利于确保日本亚洲霸权地位的单边军事扩张政策，他们拒绝与西方民主国家合作。在他们看来，两面三刀的美国人

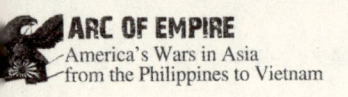

声称其拥有西半球的主导权，却拒绝承认日本在自己邻国取得的卓越成就和在中国拥有优势地位的要求。尽管英裔美国人高谈阔论，但实际上却不肯放弃他们在亚洲的殖民地。他们一方面追求自身的经济利益，另一方面又轻视亚洲人。英裔美国人利用中国的民族主义运动，削弱日本对中国的影响。美帝国主义者奉行的外交战略实质上对日本具有很强的针对性，他们不承认日本已经取得的地区影响力。

然而，日本军方的领导人在战略上产生了分歧。日本陆军最初将中国的满洲和蒙古地区看做天然的殖民地。但苏联与中国接壤，前者的共产主义思想很快就传播到中国并对其造成了重要影响。这种影响可以从中国东北地区大量出现抗日运动看出来，这也使日本下定决心要消灭中国的抗日力量。但相比之下，日本海军却越来越看重东南亚地区丰富的资源，这对资源贫瘠的日本至关重要。而通过帮助东南亚地区的国家脱离殖民统治、获取相应利益的前景，也使得日本国内向东南亚地区扩张的呼声日渐高涨。战略上的意见分歧，加上两个军种之间激烈的派系斗争，导致军方即使在做重大军事决策时，也难以达成一致意见。

在军方掌握实权的体制下，日本的军事政策变得更加具有攻击性。1930年，日本同英美两国举行新的海军协定谈判。谈判的结果有利于保持日本与英美的良好关系，却激怒了日本海军，也激怒了日本的爱国者。参与谈判的日本首相被指控背叛国家安全，并在随后被列为暗杀对象。1931年9月，日本设在满洲的关东军突然发动进攻，迅速占领了满洲全境。尽管害怕遭到国际批评，东京政府仍接受了这一既成事实。日本政府无视其尊重中国领土完整的承诺，悍然在满洲建立起伪满政权。在这一块殖民地上，伪满政权对日本军方唯命是从。

胡佛政府内部在如何大力抵制侵略的问题上产生了意见分歧。国务卿亨利·L.史汀生自诩了解"东方人"的心理。他认为，美国通过施压可以影响日本人的行为，而关键就在于支持亲西方的日本自由主义者，让他们抵制主张军国主义和扩张主义的政策。当平静温和的手段不能促使日本走向合作的立场时，史汀生就援引门户开放原则，公开谴责日本的侵略行径，并声称美国不会承认日本通过武力掠夺的势力范围。1932 年 1 月，史汀生采取的措施没有产生任何实际效果。事实上，日军在 2 月份入侵上海并消灭了驻守的中国国民党军队。于是，史汀生从道义上的谴责发展到集结美国海军进行含蓄的威胁。但这也是他和胡佛总统所能采取的极限措施了，因为当时美国正处于经济大危机时期，他们无暇兼顾其他事务。

抢夺中国

中日战争的全面爆发加深了美日之间的宿怨。1931 年到 1932 年东三省沦陷之后，蒋介石并没有积极抗日，反而一再屈从日本人的压力，着力于打击国内的敌对势力，尤以剿共为最。蒋介石的这种行为激起了国内的批判浪潮，也激发了一场要求抗日的爱国学生运动。蒋介石最终妥协，开始组织抗日行动，尽管他还没有完成军队现代化的建设。1937 年 7 月 7 日，驻扎在北京西郊的日军悍然发动"七七事变"，开始全面侵华，抗日战争随即爆发。中国士兵奋勇抵抗，但他们无法阻止训练更加有素、装备更精良的日本远征军。

日本远征军沿途占领了中国主要的沿海城市，一路上，日本侵略者犯下的罪行罄竹难书。1937 年 12 月，日本侵略者在国民党首都南京犯下了最臭名昭著、最惨无人道的罪行。日军不分青红皂白，屠杀了数万名已经投降的中国士兵和数十万无辜平民，还到处强奸、残害成千上万的妇女和女童，这被称之为"南京大屠杀"。南京沦陷后，蒋介石并没有投降，而是将首都迁到了长江边上的武汉市。1938 年 10 月，武汉沦陷，蒋介石再次逆长江而上，迁都到距离海岸线 1 500 英里的内陆城市重庆。在那里他采用持久战的战术继续战斗，意在逐步削弱

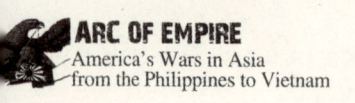

并拖垮比他更强大的敌人。为了尽快结束战争，国民党与共产党建立了联合抗战的统一战线。

20世纪30年代末，美国官员和外交政策果断地转向了日本的敌对方向。1933年，富兰克林·罗斯福刚入主白宫就沿袭了胡佛政府的做法，对日本在中国的侵略行径进行谴责，但并未诉诸武力。最后，在1937年10月，罗斯福总统发表了第一个重要的公开声明，该声明称日本在中国的行径在很大程度上是"恐怖统治和公然挑衅国际法律"的行为，并认为这种行径威胁到了"文明的根基"。然而，他也仅仅是发出了一个模棱两可的呼吁，要求全世界孤立侵略他国的国家。在抗日战争的头几年，罗斯福也并未采取什么实际行动支持中国。和胡佛一样，他也专注于解决经济大萧条对国内经济造成的问题，而且也意识到美国尚未作好战争准备。

美国公众却毫不克制地表达他们对中国的同情。以前美国民众鄙视这些亚洲国家，排华浪潮也曾盛行一时。如今，他们的印象和态度有了很大的转变。这一转变在公众对两部虚构文学作品人物的喜爱上表现得淋漓尽致，他们是《侦探陈查理》中的陈查理和电影《大地》里面的农民。《侦探陈查理》于1926年在美国的主流媒体首次亮相，继而凭借其呆板的用语、古老的智慧和敏锐的洞察力获得了大众的喜爱，多次出现在美国的书籍、电影、广播和电视上。更重要的也许是赛珍珠在1931年发表的小说《大地》，该小说使她后来获得了诺贝尔文学奖，并使这位在华传教士的女儿成为人们最受喜爱的作家。

如果在1936年10月被问及"美国人曾经读过的最有趣的书是什么"这个问题，美国人肯定会将赛珍珠的小说排在第6位。该小说描写了在一个与世无争的农村世界里，一群思想单纯、长期受苦的农民挣扎求生的故事。赛珍珠的小说在1937年被改编成电影，结果同样大受欢迎。民意测验反映了公众对中国的喜爱和这种喜爱对政策造成的微妙影响。1937年10月，就在日本全面侵华的不久后，在被问及"他们同情谁"的时候，59%的美国人站在中国一边，仅有1%的美国人倾向于日本。到1939年5月，那些自称怀有亲华情结的美国人已经上升到了74%的比例。

在引导公众舆论和使华盛顿的口头抵抗合法化方面，传教士们发挥了很大作用。20世纪20年代中期，传教士在中国的活动达到高峰，此时大约有5 000名美国传教士在中国的高等教育、医疗培训和社会改革领域内工作。随后，他们的人数有所减少，但那些留下来的人继续支持中国。他们拥护蒋介石，并把这个信仰基督教的掌权者看做中国的救星。与传教士有关系的著名公众人物如巴克和《时代》与《生命》杂志出版商亨利·卢斯，都赞成美国给予中国帮助。目睹过日军在华暴行的美国传教士和记者将日军暴行在美国报刊上曝光，引起了公众的广泛震惊和对日本人的强烈厌恶。传教士董事会和报刊杂志也加入了要求美国对日本采取强硬对策的阵营。

滑向轴心国

到20世纪30年代末，日本陷入了泥潭。抗日战争进入相持阶段，日军也因为战线太长导致补给供应不足的困境。他们发起的本来就是一场非正义的侵略战争，非民心所向，而苏联对中国伸出援手使得这场战争变得更加艰巨。苏联向国民党政府提供实质性的经济援助，并向中国提供军事顾问、飞机、飞行员和武器弹药。1938年和1939年，苏联红军在张鼓峰战役和诺门罕战役中彻底打败了日军。自此之后，苏联对于日本的严重威胁变得完全明朗了。这些挫折严重打击了日军北进的战斗热情，但他们希望的曙光仍然存在。因为此时西方民主国家受到经济政治危机的影响，纷纷进入了国家剧烈动荡时期。与此同时，欧洲法西斯主义高涨，国际形势朝着有利于日本的方向发展。

东京逐渐走向与德国和意大利组建联盟的道路。1936年，日本与

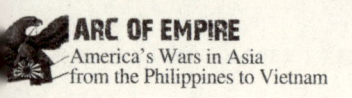

德国签订了《反共产国际公约》,这是 4 年后轴心国正式形成的意识形态先兆。此时的日本领导人实际上是在进行一场赌博,他们将赌注押在希特勒身上。如果希特勒成为欧洲的新主人,那么日本也将在亚洲占据主导地位,这场赌博看起来似乎很合算。实际上,德国军队在 1939 年 9 月到 1940 年 6 月间征服了波兰、丹麦、挪威和法国,的确为日本提供了夺取法属印度支那和荷属东印度群岛的机会。而英国也忙于自保,无暇兼顾马来西亚、新加坡和香港等殖民地,这对日本也构成了巨大的诱惑。东南亚已经不能自保,日本完全可以夺取那里的石油、橡胶、锡、大米和其他战争必需品,以确保日本至关重要的资源供给,同时还能切断中缅的补给线。

1940 年 9 月 27 日,日本正式将其命运与德国及意大利拴在了一起。他们签署了《三国同盟条约》,承诺缔约各国应对其中遭到攻击的盟国提供援助。近卫文麿内阁的外相松冈洋右,将这一最高外交成就看做日本向美国传达决心的信号,"只有坚定地站在我们这一边才能阻止战争"。作为条约的主要发起人,松冈说服他的同僚们拿日本帝国的命运赌一次。这一条约将日本的命运与欧洲法西斯国家紧紧捆绑在一起,也使得东京不可避免地卷入第二次世界大战。因为美国是日本实现建立东亚帝国梦想的最大障碍,签订条约后的日本就将美国当做自己最大的敌人。

美日关系陷入了空前紧张的局面,美国一直在寻找避免战争的临时协定,但他们也拒绝损害美国利益、违反美国原则的解决办法。直到珍珠港事件前夕,罗斯福总统优先考虑的还是打击德国,防止英国被占领。因此,即使他持续对日本施加压力,但仍然希望在不引发战争的前提下遏制日本扩张。1938 年 7 月,罗斯福政府呼吁对运往日本的飞机和零部件实施禁运。两个月后,罗斯福政府禁止向日本出售废铁。1939 年 7 月,美国政府作出将终止美日商务和通航条约的决定,为实施更多报复性措施铺平了道路。1940 年 8 月和 9 月,随着日本占领法属印度支那的空军和海军基地,华盛顿又禁止向日本出口高辛烷值的航空燃料以及润滑剂。1941年4月,美国政府授权陆军和空军人员加入美国志愿者部队"飞虎队",以协助中国的军事行动。

为了应对美国的惩罚措施,日本在1941年4月中旬派遣特使野村吉三郎出使华盛顿,以寻求保护日本利益的折中方案。与此同时,东京还与莫斯科缔结了《苏日中立条约》,约定互不侵犯,这从某种程度上免除了东京腹背受敌的忧患。这一条约不仅割裂了日本与德国的协定,还为日本在亚洲的军事行动提供了很大便利。因为日军可以集中精力对中国实施军事打击。同时,日军还能作好进军东南亚的准备。

1941年6月22日,德国对苏联实施突然袭击,彻底打破了之前压抑的紧张关系。德国的进攻增强了东京对其德国盟友的信心,也加深了华盛顿对轴心国可能迅速控制整个欧洲的担心。轴心国一旦控制整个欧洲,势必危及英国,最终也会影响到美国自身的安全。1941年7月25日,罗斯福政府将报复性经济措施推向顶峰,冻结了日本在美国的所有资产,实质上就等于终止了美日之间的贸易活动,也切断了日本最大的,也是唯一的石油来源。美国不断施加压力,使得日本对美国采取军事行动的想法越来越强烈。而失去了美国这一最大石油来源国,日本也遭受了巨大的打击,其军事力量也因此受损,战争圈被迅速收紧了。

国务卿科德尔·赫尔对日本的野蛮行为深感震惊,认为美国有义务采取行动。他大骂东京派来的日本特使,说他们的国家不守信用,妄自采用"武力和征服政策"。赫尔还声称,如果东京不放弃其军国主义政策并退出中国,美日双方就不可能达成妥协。罗斯福也赞同这一指控,称日本为"东方的普鲁士,和普鲁士人一样,醉心于他们的统治美梦"。日本加入轴心国已使罗斯福总统觉得如鲠在喉,日本后来的军事行动更是让总统产生了深深的危机感。日本已经不仅仅威胁到美国的地区利益,它现在还对和平民主的原则发起了挑战,更对关乎美

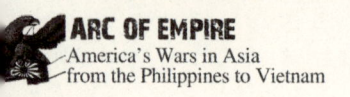

国自身安全的全球力量平衡造成了全面威胁。在写给驻东京大使的私人信函中，罗斯福强调"我们面临的问题如此巨大，牵一发而动全身，乃至任何关于这些问题的陈述，都会使人联想是否对五大洲、七大洋有所企图"（对地球的大洲和大洋的说法通常是七大洲，四大洋，但是七大洋的说法也是存在的。七大洋指的是北太平洋、南太平洋、北大西洋、南大西洋、印度洋、北冰洋和南冰洋。——译者注）。

美国精英阶层和普通民众也支持政府采取行动。卢斯的著名文章《美国世纪》，对1941年初全国日益高涨的对日战争情绪有过详细描述。卢斯是一名传教士的儿子，出生于中国，他号召美国人民履行自己作为全世界"自由与正义的理想发动机"的职责。到当年秋天，对日本的敌视情绪在公众中已然泛滥。珍珠港事件前夕，大约2/3到3/4的受访者都支持不惜冒战争风险迎击日本的做法。将近一半人认为，如果爆发战争，取胜易如反掌。这与对德国的态度形成了鲜明对比，将近2/3的美国人回避对德国宣战的念头。

美国的强硬立场，使东京受到的压力剧增，也促使东京采取更大胆的行动。日本的海军领导人是南进战略的主要推动者，而南进战略也主要是出于日本对石油的需要。他们认为，由于德国的胜利，他们能轻易攫取东南亚的欧洲殖民地。在7月的日本帝国御前会议上，东京的主要决策团决定占领法属印度支那，从此开始逐步推动对美国的战争。到9月，对美战争已成定局。偷袭珍珠港和控制整个东南亚的准备工作开始提速了。

对于与美国迫在眉睫的战争，日本领导人像染上瘟疫一样，普遍持怀疑态度。疑虑的天皇在夏末和秋天不停地询问，为什么不能通过外交途径解决与美国的危机？战争是否会进展顺利？由于对军方的保证持怀疑态度，天皇在7月曾反对道，"我们的国力不强，特别是物质力量不足。在这种情况下使用武力，能达到我们的目标么？" 9月初，海军军令部长永野修身上将警告他的同事说，一旦受到攻击，"美国就必然会设法延长战争，利用它牢不可破的优势、卓越的工业实力和丰富的资源"。为了清楚表达自己的悲观看法，他还补充说："我们帝国无法发动进攻，无法战胜敌人并迫使他们放弃战斗意志，因为我们的国内资源不足。"陆军大臣东条英机在10月份接替近卫担任内阁首相，他在10月初的一次御前会议上说，战争是防止日本滑向"三流国家"的唯一选择。但他同时也承认，"我看不到苦难结束的时候。我们可以忍受节俭和痛苦，但我们的人民能够长期忍受这样的生活么？"

到11月初，在结束为袭击珍珠港大开绿灯的御前会议时，他发表了如下严峻的看法："此刻，我们的帝国站在荣誉或沦落的门槛上。"1941年12月7日，日本领导人越过了这道门槛，踏上了将以可怕的破坏结果而收场的道路。

第 7 章
恶 斗
一场实力悬殊的较量

　　从根本上讲，美国与日本的战争不过是美菲战争的翻版。当然，规模要比美菲战争大得多。像以前一样，美国最终将占有压倒性的军事优势和资源优势。与阿基诺不一样的是，日本首相东条英机拥有强大完整的国家、看起来挺成功的地区计划，而且它拥有非常高的民众支持度。

　　但罗斯福时期的美国也远比麦金莱时期强大，而且此时的美国更有能力将国家实力转化为军事力量。东条英机要对付的是一个全球领先的经济大国，一个对自身力量和优势都非常清楚的民族。毫无疑问，美国占有巨大的物质优势，且目的明确。罗斯福不到 4 年便成功击败敌人，并使其完全屈服。

　　美国这个被唤醒的强大国家，就这样迈着无情的步伐，先是阻止敌人，然后彻底打败敌人。但胜利来之不易，美国每前进一步都遭到日本的顽强激烈抵抗。为保住他们建立起来的帝国，日本人拼命战斗，这使得美国为胜利付出了高昂的代价。美国与日本的战争也因此变得愈加残酷。

工业巨人 vs 二流工业国

当然，一旦华盛顿下决心不惜一切代价强迫日本无条件投降，日本领导人引以为傲的"大和民族精神"再强大，也抵挡不了美国在人力和物力方面的优势。与美国比较起来，日本的工业能力还是差太远了，其年度生产值大约仅占美国的 1/6。日本充其量是一个二流工业国家，而它面对的是一个工业巨人，这个工业巨人生产的汽车、钢铁、铝和石油等主要产品超过了其他所有工业国家的总和。美国人口多，在维持生产劳动力的同时还能补充兵源。1941 年，美国人口数量是 1.34 亿，而日本仅仅只有 0.74 亿。

这些资源优势上的比较因为如下事实而变得复杂起来——两国并非只处于一个战场。美军在两条战线上作战。在美日之战爆发前，美国海军已经在暗中保护英国在大西洋的航运，这其实相当于暗中加入了战争。在 1942 年 11 月德国入侵北非之前，美军并未参与欧洲战场的地面战役。而日军也被捆绑在 3 个战场上：

中国，自 1937 年以来，1/3 的日军被中国抗日战场牵制；

东南亚，在横扫英国和荷兰军队之后，日军占领了该地区并部署了军事力量镇压当地反抗；

太平洋，日本人不得不面对强大的美国。

美国一方面与英国紧密合作，一方面为中国和苏联的抗战提供支持，日本却得不到任何重大外援。在战略规划、军事协作、军事情报共享和物资供应等方面，轴心国同盟没能提供什么实际帮助。在两次世界大战之间的 20 多年里，美国从"一战"中汲取了很多经验教训，为以后的战争作了准备。与此同时，他们还加紧研发最新的军事技术。两次世界大战之间的预算紧缩，并没有妨碍一系列令人印象深刻的创

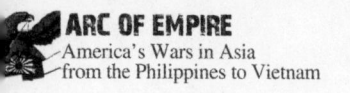

新成果，从航母、远程轰炸机、先进潜艇、新设计的两栖作战登陆艇到声呐和雷达。此外，美国还研究出如何破解日本加密无线电通讯密码，这使美国能够了解日军指挥官的战略计划以及日本海军舰艇、军队和补给车队的调动情况。

早在珍珠港事件之前，罗斯福政府已经开始解放美国的生产力，将亨利·福特和亨利·J. 凯泽这样的工业巨头列入了军工生产建设任务的名单，旨在缔造一支技术先进的庞大军队。从民用生产到军工生产之间的转换迅速而有效。现代化技术设备和创新型流水线生产，使美国工人的生产效率比日本同行高出好几倍。即使在美国对日本实施密集轰炸之前，日本几乎每一个重要的军工硬件生产商都出现了产量严重下降的现象。例如，1941年，美国工厂生产了26 277架军用飞机，而日本只生产了5 088架。3年之后，美国工厂生产出96 318架飞机，日本却只生产出28 180架。海军舰艇和坦克生产方面的差距就更大了。1941年，美国造船厂生产出544艘主力战舰，日本仅生产49艘；1944年，美国生产出了2 654艘，而日本只有248艘。同年，美国生产出17 565辆坦克，日本仅生产出401辆。最后分析可见，在每一项重要的军工生产指标上，日本都远远落后于美国。

这种差异也意味着，美日之战也如同美国在东亚进行的其他战争一样，美军在所有战争必需品乃至某些奢侈品方面的配备都远胜对手。尽管美军野战部队仅靠C类配额（罐头、豆类食品）的冷食品充饥，后备部队和轮换部队却能吃到包括牛排、鸡蛋、新出炉的面包、水果、甜点等新鲜食物，还有供应充足的咖啡和香烟。到战争后期，在太平洋甚至有一艘专门军舰为军队人员提供冰淇淋。好莱坞演员组成的前线慰问剧团也起到了鼓舞士气的作用，其中最有名的演员是鲍勃·霍普。士兵们还能看到战时专门编辑的漫画书和通俗杂志。美军医疗服务也比"一战"时大有改进，更不用说与美菲战争时期相比了。训练有素的陆军、海军和海军陆战队军医实施战场救护，携带的药品包括磺胺类药物和吗啡。伤病员由担架或机动交通工具迅速运送到海边,然后运送到能提供一流医疗水平的海上医疗船上。

相比之下,日本打的是一场食物匮乏的艰难战争。他们在野外仅靠经常短缺的劣质大米、鱼干和泡菜充饥。随着战争久拖不决,日本的供给线也濒临崩溃。许多日军,尤其是困守在太平洋孤岛上的部队,最后到了饥不择食甚至被饿死的地步。在战争圈逐渐缩小的最后几个月里,甚至还有关于日本兵人吃人的事件被报道出来。日本士兵绝少收到亲人来信,有些人甚至从来没收过。最为严重的是,野外作战的士兵还必须忍受包括常规体罚在内的严厉军纪,这反映了新兵训练营的野蛮制度。由于缺乏先进的医疗设备,受伤的日本兵比美军士兵更容易死于伤口感染和众多的热带疾病。

美国拥有数量庞大且先进的武器。因此,尽管一些日本武器确实不错,但也没有多大意义。日本海军的"三菱A6M2型"主力战机又称为"零式"战机,在速度和机动性能上优于美军战机。日本海军的巡洋舰和驱逐舰都非常优秀,其鱼雷也优于美国海军的鱼雷,射程是美国鱼雷标准射程的5倍。但日本的中型和重型轰炸机受到航程短、载弹量小的限制。日本从来没有研发出能够与美国的B-24和B-29相媲美的远程轰炸机,后者的航程超过了4 000英里。日本的坦克、步枪和机枪远逊于美国兵工厂生产出来的同类武器。更为严重的问题是制造材料严重缺乏,武器制造工厂也被炸毁。这意味着,到了战争后期,无论有多么好的武器,即使能生产,其数量也很小,而且经常是在临时简易棚里生产出来的。

日本"神风敢死队"飞行员实施的攻击手段,反映了战争最后一年日军所处的可怕困境。由于其作战部队的精英飞行员损失殆尽,航空燃料耗尽,海军也已葬身鱼腹,只剩下一些靠偷工减料生产出来的飞机。到最后能够真正应对美国军舰的,只剩下一些准备发动自杀式袭击而且缺乏飞行训练的年轻飞行员。

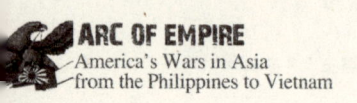

相扑策略 PK 美式足球策略

　　这些武器装备的差异意味着日本和美国在太平洋战争中采取的战略是完全不同的。一场旷日持久的战争，将不可避免地对日本经济造成沉重负担，并凸显出美国的经济优势。这就是为什么日本领导人希望打一场短暂的战争并迅速缔结和平协议的原因。

　　相比之下，美国的目标则是在一场消耗战中获得最后胜利。消耗战能使美国凭借其丰富资源，最终彻底打败敌人。日本和美国的国家体育项目——相扑和美式足球，很好地概括了两种不同方式的差异。相扑是两个运动员在一个小圈子内的竞赛，其胜利更多取决于战略的正确性，而不是身躯庞大的角斗士之间的力量比拼。从发力到结束仅需几秒钟，最多几分钟。获胜者抓住机会掀翻对手，使对手失去平衡摔出圈外即可胜利。

　　相比较而言，美式足球则是一项耐力竞赛，是一场考验运动员球技和体能的漫长战役。获胜球队必须经过从空中到地面的一系列争夺，通过不断推进对地域的占领才能获取胜利。

　　日本军政领导人在作出最后战争决定时，将希望寄托在突袭能创造成功的信念之上。根据他们的估计，综合战略袭击、胜利的决心和敌人正专注于欧洲战场等因素，他们将能实现快速征服东南亚的目标，并占领敌人在西太平洋和中太平洋的岛屿领土。占领东南亚地区将使日本能够得到其急需的自然资源并征调更多的劳动力，也将为不断扩张的日本帝国提供一个外围防御圈。他们认为，美国在士兵、舰船、飞机和设备惨遭损失之后将会尽快结束战争，通过谈判将损失降到最低。而且，美国人也会认可日本的地区主导地位，接受它的全部或大部分领土权益。这就使日军能腾出手来，在没有外部干预的情况下，集中精力结束在华战争。

　　要保卫日本新建立的亚洲边缘地带的计划，还必须依赖于亚洲民族主义者的合作。日本帝国主义者长期狂妄地把自己视做亚洲的特殊解放者。他们想要赶走或消灭白种人,将亚洲人从白种人的统治下解放出来。在珍珠港事件6个月后,日本人占领了欧洲在东南亚的殖民地。许多日本人把这一占领看做当地独立的先兆。

日本的胜利打破了西方国家不可战胜的神话,日军故意羞辱讨价还价的美、英、荷和法四国。在随后的占领中,日本争取亚洲民族主义者的方式是,在承认日本统治权的前提下承诺让亚洲各民族以各种形式呈依附性独立。日本人认为这种战术在中国也能起作用。他们认为,一个被切断了外来经济和军事支援的中国,将落入亲日的民族主义者之手,这些人会尽快结束顽固的抗日战争。

美式足球的策略是耐心、坚持,运用绝对优势力量拖垮一个较小的对手。但美国的战略家们在优先考虑哪条战线上出现了一些混乱。罗斯福和他的军事顾问们最初把对德战争放在第一位。但珍珠港事件以及日本进军澳大利亚和新西兰引发了他们的再三思考。这两个"白人国家"有可能落入日本人之手,这一可能性激怒了海军首脑欧内斯特·J.金上将。他担心这一结果"在世界上非白种人民族中造成影响"。当英国放弃早期美国十分看好的跨海攻击德国行动时,金和总统的私人军事顾问威廉·D.莱希上将便强烈要求加快开拓太平洋战场的军事行动。这是美国海军当时普遍关注的焦点,很多人都想借太平洋的军事行动报珍珠港事件的一箭之仇。

更重要的是,美国想借机重建其在太平洋地区的势力范围。陆军参谋长乔治·C.马歇尔和罗斯福都默许重新调整战略,这将促使美国在太平洋地区采取不亚于欧洲战场的战略行动。他们都对英国的缓慢行动感到沮丧,另外他们还担心,如果美国不积极参与抗日战争,中国便会放弃抵抗。过度扩张的日本战线、快速增长的美国生产率、美国早期对日本海军的成功打击都促成了这一转变。此外,美国对苏联单独与德国签订停战协定的忧虑减少了。

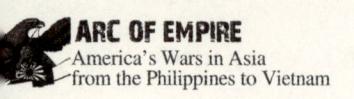

血腥岛屿战

欧洲战场的形势最终证明了美国在太平洋地区付出巨大努力是值得的。短期内，在针对德国的进攻尚处于准备阶段时，美国的大多数士兵和军事物质资源都投入了太平洋。1942年底，美国在太平洋的军力与在欧洲的军力相等，均为35万人，但第二年前者就超过了后者。绝大多数航母和海军主力部队都投入了与日本的战斗中。随着美国兵工厂迅速提高的生产率，越来越多的资源可以直接用于"西进"行动，克服了最初物资不足的问题，也使得进攻性军事行动比最初设想的时间大大提前。

尽管日本和德国是两个不同的敌人，美国的战略家们仍将他们看做拥有同样坚硬外壳的内核。美国战略家们有条不紊地着手砸开其坚硬的外壳，然后直抵内核。这一"胡桃夹战术"在两条战线上大致以平行的方式进行。在美国及其英国和苏联盟友开始渗透进德国的外围防御地带时，性急的美军指挥官已经能够在太平洋对日本发起海上进攻了。到1943年底，他们发起进攻。到1945年初，当盟军攻入德国本土时，美国空军和海军已经封锁了日本，攻下日本本土并将其彻底打败只是时间问题罢了。

1941年12月到1942年6月是战争的第一阶段。这一阶段的形势发展对日本有利，其标志是日军取得了一系列陆地和海上战争的胜利。日军凭借一系列快攻占领了东南亚地区，并对珍珠港发动了毁灭性攻击。日本对新几内亚、新不列颠和所罗门群岛北部地区的占领，危及到附近的澳大利亚和新西兰的国土安全和海上生命线。同时，日本夺取了美国在太平洋的领地——太平洋中部的威克岛和距离马里亚纳群岛西南1 300海里的关岛，这险些让太平洋变成了日本的内湖。这些巧妙实施的攻击使美国及其太平洋伙伴即澳、英、中、荷和新西兰失去平衡，为盟国的抗战蒙上了一层阴霾。日本驻军按计划将太平洋岛

第二部分
问鼎东亚霸主｜美日之战（1941～1945年）｜

屿变成防止日本本土遭到攻击的纵深防御地带。

太平洋战争一开始，美军似乎面临着一个艰巨得令人生畏的任务。如果美军退回夏威夷，那他们将面临跨洋作战的艰巨任务。所以他们不得不在守护日本腹地的所罗门群岛、吉尔伯特群岛、马里亚纳群岛和卡洛琳岛形成的岛链中夺取防御坚固的日军阵地。并且美军必须击沉将日本帝国连成一片的日本军舰和商船，然后才能使美国的轰炸机进入有效轰炸范围。然而，到1942年7月，战争形势发生了转变，美军已经能够阻挡住日军的进攻并发起反击，日军几乎一直处于守势。在太平洋彼岸的一系列海、空和陆上战斗中，美国和盟军部队收紧了对日本本土的包围圈。在这些残酷的战争中，虽然日军让美国及其盟友付出了沉重的代价，但他们遭到的惨重损失也令他们丧失了长期进行战争的能力。珍珠港事件的策划者山本五十六在取得初期重大成功之后，就不断地目睹其海军遭到耗损。到1945年初，人们都看到了灾难性的后果，但那时山本五十六已经死了。1943年4月，由于美军破译了日军电报密码，掌握了山本五十六的动向，不久就在空中将其击毙。

美国海军在1942年中期取得的胜利，反映了美日两国在军工生产能力方面的巨大差距。在澳大利亚东北部的珊瑚海战役和太平洋中部的中途岛战役中，美军开始重创日军航母舰队。在这些战役以及随后的太平洋海战中，以航母为基地的美国战斗机飞行员对消灭日本海军和摧毁日本商船起了决定性作用。随着战争的继续，这些飞行员得到了更好的锻炼，经验更加丰富，飞行技术也得到了提高。这些优势和日军训练有素的老飞行员以及备用飞机的减少形成了强烈反差。

在利用自身优势的基础上，美军指挥官设计了两条攻下日本的路线。这一进展不仅反映了两位军队指挥官自身的偏好，也反映了他们所代表的军种的偏好。海军上将切斯特·W.尼米兹从夏威夷出发向西前进，准备越过太平洋中部抵达威克岛、马绍尔群岛、马里亚纳群岛和小笠原群岛。他的行进路线得到了金和海军高官们的支持。而道格

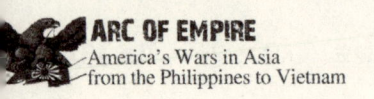

拉斯·麦克阿瑟将军负责西南太平洋战场。麦克阿瑟是一位大胆任性的军官,也是一个爱慕虚荣的人。1942年3月,他是菲律宾群岛的主岛行政长官,奉命撤退时,他曾留下"我会回来"的名言。如今,他决心兑现诺言。麦克阿瑟将从澳大利亚经新几内亚向菲律宾进军。两支军队将在九州岛的冲绳岛会合,九州是日本四大本岛最南端的岛屿,也是预期攻入东京所在地本州岛之前的倒数第二个目标。

发生在瓜达尔卡纳尔岛的战役是一场具有转折意义的战争。瓜达尔卡纳尔岛是所罗门群岛中一个酷热难当的热带岛屿。日军从1942年7月开始加强岛上的防御工事,作为他们切断美国至澳大利亚和新西兰的补给线的一个战略据点。次月,美国海军陆战队第1师和第5师的先头部队在此登陆,由此,引发了太平洋战争中一场耗时最长的遭遇战。在空战和海战日趋激烈之际,美军士兵和海军陆战队员也投入了与日军部队的近距离战斗。他们忍受着酷暑和潮湿的环境,在无边无际、充满了鳄鱼、蝎子、蜥蜴、黄蜂、蜘蛛和蚊子的热带丛林中追击敌人。热带疾病特别是疟疾,使双方队伍严重减员。由于补给线在美军攻击下逐渐瘫痪,日军还要忍饥挨饿。日军军官们感叹自己的部下沦落到了"人类最低的生存状态",并谴责将他们置于这种"超级离谱"境况的上级命令。一名日军少尉记录了发生在自己身边的苦难:

> 那些人还能够忍受30天,那些人还能够坐立3周,那些人1周后便不能再熬夜,那些人3天后便不能站立小便,那些人2天后便不能说话,那些人明天便会停止眨眼。

到1943年2月战斗结束时,有3万多日本军人在战斗中阵亡。美国和盟军阵亡人数为7 100人,其中,4 900余人是海军。日本和美国的伤亡比例差距很大,而这种差距也贯穿整场战争的始末,它反映了两国在技术、战术、医疗救护和军事行为规范等方面的不同水平。

尽管很可怕，但瓜达尔卡纳尔岛战役只是一个开始，更惨烈的战争还会发生并越来越多。美国发动了一系列强大的反攻。1944年上半年，在太平洋西南地区作战的麦克阿瑟部队夺回了新几内亚，并在秋季向菲律宾南部发起进攻。然而，直到1945年3月，主要岛屿吕宋岛和马尼拉才被解放。日军在投降前对当地平民犯下了无数暴行，约有10万菲律宾人被他们残忍杀害，城市也变成了一片废墟。与此同时，尼米兹上将所在的司令部也盯上了日本在战争初期占领的太平洋岛屿。驻守在这些分散岛屿上的日军接到命令，一旦遭到攻击，必须战斗到死，他们没有任何得到救援的可能。而且，他们也不可能得到已遭致命打击的日本海军和空军的支援。美日两方在塔拉瓦岛、塞班岛、佩莱利乌岛、硫磺岛和冲绳岛这些岛屿都展开了激战，结果均以美军的胜利而告终。战火，几乎要烧到日本本土了。

"一亿人玉碎"

这些战争几乎都是同样的模式。首先，美国的海军和空军对日军阵地进行无情的狂轰滥炸，紧接着就是美国海军陆战队员和步兵的进攻，但他们对掩藏在地下的日军无法造成巨大打击。在战斗初期，日本士兵会在美军士兵爬出登陆艇、进入登陆区的浅水水域时努力将入侵部队狙杀在海滩上。"整个世界陷入一场火光闪烁、爆炸四起和子弹横飞的噩梦中"，参加了佩莱利乌岛（西南太平洋帕劳群岛之一）登陆战，仅21岁的陆战队员尤金·斯莱奇这样写道。那些登上海滩的士兵们继续向前冲，他们或匍匐前进，或猫着腰前进，身边到处是已经倒下的伙伴们支离破碎的尸体残肢。

在后来的战斗中，日军指挥官改变了战术。他们将海滩让给来犯者，将自己的部队隐藏在山洞里，或隐藏在已巧妙伪装的钢筋混凝土碉堡、地堡、掩体和隧道内。日本守军凭借这些掩体，即使冒着美军

争夺西大平洋的战争

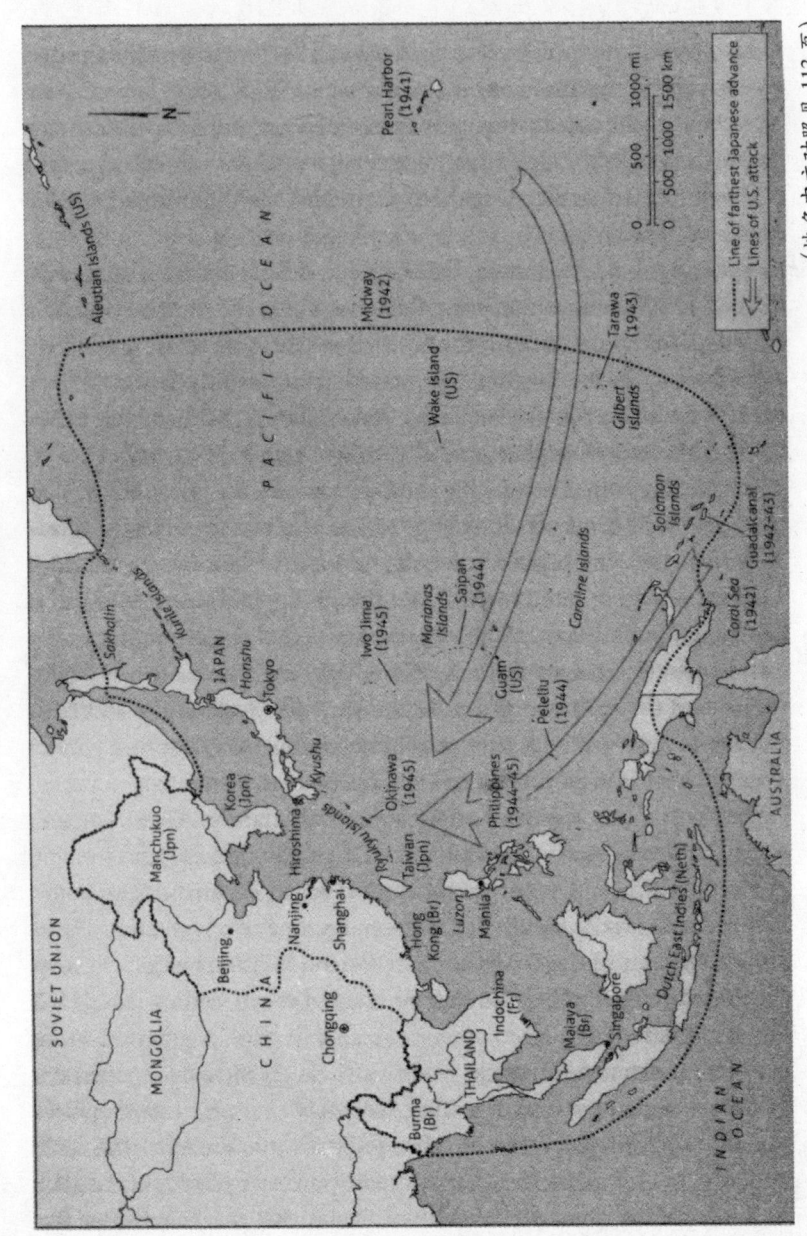

图为从1942年到1945年，美军太平洋战线变化图（地名中文对照见113页）。日本突然袭击，将日本帝国的边线线深深扩展到太平洋和东南亚地区。美军沿两条路线反击，迅速改变了日军的战果，结果使日本本岛也处于危险之中。

第二部分
问鼎东亚霸主 | 美日之战 (1941～1945年)

SOVIET UNION 苏联　Manchukuo (Jpn) 满洲国（日占）
Sakhalin 库页岛　Aleutian Islands (US) 阿留申群岛（美占）
Beijing 北京　Korea 朝鲜
JAPAN 日本　Honshu 本州岛
CHINA 中国　Tokyo 东京
PACIFIC OCEAN 太平洋　Nanjing 南京
Hiroshima 广岛　Chongqing 重庆
Shanghai 上海　Kyushu 九州岛
Ryukyu Islands 琉球群岛　Okinawa 冲绳岛
Iwo Jima 硫磺岛　Midway 中途岛
Pearl Harbor 珍珠港　Burma (Br) 缅甸（英占）
Hong Kong (Br) 香港（英占）　Taiwan (Jpn) 台湾（日占）
THAILAND 泰国　Luzon 吕宋岛
Marianas Islands 马里亚纳群岛　Saipan 塞班岛
Wake Island (US) 威克岛（美占）　Indochina (Fr) 印度支那（法占）
Manila 马尼拉　Philippines 菲律宾
Guam (US) 关岛（美占）　Malaya (Br) 马来半岛（英占）
Peleliu 佩莱利乌岛　Caroline Islands 卡洛琳群岛
Singapore 新加坡　Gilbert Islands 吉尔伯特群岛
Tarawa 塔拉瓦岛　Dutch East Indies 荷属东印度群岛
Solomon Islands 所罗门群岛　INDIAN OCEAN 印度洋
AUSTRALIA 澳大利亚　Coral Sea 珊瑚海　Guadalcanal 瓜达尔卡纳尔岛

Line of farthest Japanese advance　日军进攻最远路线
Lines of U.S. attack　美军进攻路线

113

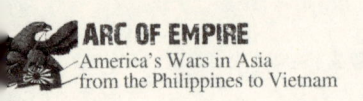

密集的炮弹和迫击炮的猛烈轰炸,仍能对进攻的美军形成准确而可怕的炮火打击。到了夜晚,日军就穿着轮胎橡胶底帆布鞋,悄悄潜入美军阵地,射杀美军士兵。白天,他们就不得不面对携带有火焰喷射器的美军步兵的攻击。喷射器喷出的火舌长约13.8米,能够将龟缩在地堡和其他防御工事里的守军逐一烧死,或使其窒息而亡。即使已经没有胜利的希望,大部分日军士兵仍然战斗到死,或集体自杀。比如塞班岛上就有大量日本平民集体自杀。日本军官经常强令包括妇女老幼在内的非战斗人员自杀,不许他们向美国人投降。在他们的宣传下,美军士兵被描绘成强奸犯和杀人犯。

　　一个美军士兵将敦促他们在太平洋地面战斗的精神力量描绘为"一种野蛮而原始的仇恨"。这位目光敏锐的美军陆战队员比前线士兵的感悟更为深刻,他在回忆录中对双方战士讲道:"这场战争是一个逃生希望越来越渺茫的恐怖行动……这场为生存而进行的激战……腐蚀了文明的虚假外貌,使我们所有人都变成了野蛮人。"战场变成了堆满了恶臭尸体的屠宰场,成了蛆虫和成群飞舞的苍蝇的狂欢盛宴,成群的苍蝇散落在珊瑚灰和火山岛土壤难以掩埋的腐烂尸体和人类的排泄物上。每夺取一座岛屿,美军都会付出数以千计的伤亡代价,但日本人的损失总是要高出许多倍。

　　在这个残酷的战争世界里,美军士兵把敌人看成人类的异类,所以他们不会因为消灭敌人而内疚。在欧洲战场上的美国士兵打的是运动战,经常和敌人远距离交火,而且有大量休息和补给的机会,参战双方都礼待战俘。相比之下,在太平洋战场则是近距离作战,战事进展缓慢,战斗艰苦激烈而且旷日持久,并且敌人都是无情的,因此战争格外残酷。被战争激发起来的仇恨又因为把日本人看做劣等民族的先入之见而被放大了,日本人不像文化相近的德国人,他们更容易被看做非人类。"我希望自己是在同德国人作战,"一位陆战队员在瓜达尔卡纳尔岛上写道,"他们是人,像我们一样……但日本人更像畜生。"

该死的日本鬼子、日本佬、黄皮肤混蛋、响尾蛇、毒蛇、害虫、人类的蟑螂、疯狗、疯狂的大猩猩、黄疸狒狒和猴人，这些都是美军将士们对日本人的蔑称，这也揭示了战争初期美军对日本人怀有的深仇大恨和蔑视。正如20世纪之交的美菲战争一样，美军带到战场上的种族主义臆断很快就在战斗中浮出水面。美军士兵经常从敌人尸身上夺取金牙齿和佩剑之类的贵重物品；一些令人恐惧的纪念品如被割下来的人耳、人手，甚至头盖骨之类的东西也被带回了国内。日军战士在令人难以置信的困难中表现出来的战斗力，只赢得了部分美国人的尊重，而且这种尊重也是十分勉强的。

在如此残酷的战争中，日军仍坚持自己的可怕做法。1942年4月，在美军和菲律宾军队投降后的巴丹死亡行军中，数万精疲力竭且遭到疾病折磨的战俘，被勒令冒着热带的炎炎烈日，在无饮水无进食的情况下步行100英里前往战俘营，数千人中途死亡。日本士兵把奄奄一息的人捆绑到树上当做练刺杀的靶子，又或者开枪射杀那些站立不稳摔倒在地的人。随着太平洋地区战争圈不断扩大，日军不再接收战俘。他们肢解美国士兵的尸体，并将他们的阴茎割下吃掉。

日军士兵因为太平洋战争而变得异常野蛮残忍，对待敌人就更凶残了。一位名叫山内武雄的日军守兵后来撰写了塞班岛回忆录，使得人们对这一座特殊地狱可以一窥究竟。他回忆道："1944年6月，入侵的美军舰队使大海完全变成了黑色……仿佛海上突然出现了一座大城市。来自海上和空中的第一轮猛烈炮击让我的队友们胆战心惊、瑟瑟发抖。我们只好紧紧趴在浅战壕内的地面上，半截身子埋在泥土里。有好几次，我的嘴里满是泥土，眼睛也睁不开。烟雾和泥土几乎令人窒息，说不定下一刻我就会被炸死！"

守军士兵又饿又渴，缺少弹药，但上司们却要求士兵宁可战死也不投降，以免遭到羞辱。信奉天皇陛下的大多数士兵都接受了如下观念：日本反对的是野蛮而不讲道义的敌人，进行的是崇高的事业，士

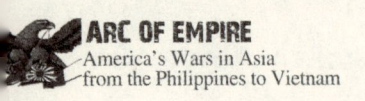

兵们负有作出最大牺牲的神圣使命。这种观念通过官方宣传而根深蒂固,在平时的基本训练中又得到强化。像山内那样打算投降的士兵也会想到投降可能带给家庭的耻辱。若是投降,他们会受到同伴的嘲笑,上司也可能从背后开枪将其射杀。

塞班岛和其他岛屿阵地上的日军士兵,很少有人能在美军的枪林弹雨中死里逃生。最后,山内所在连队的 250 名士兵,除他自己和另外两名士兵外,其余全部被歼。这种死亡比例只是所有岛屿攻防战的一个缩影。在一支近 4.4 万人的部队中,战死者超过 4.1 万;每 2 万名平民中,约有 1.2 万到 1.4 万人死亡。

日军怀着残忍而又决绝的心,坚持战斗到最后一刻。他们在一座座岛屿上构筑起一道道防御工事,进行殊死抵抗,直到阵地被彻底摧毁。日军宁死不降的行为被富有诗意地称作"玉碎"。在 1945 年 2 月和 3 月的硫磺岛战役中,随着战争变得对日本越来越具有决定性意义,日军更是毫不退让。为了保卫那座面积约 11.25 平方英里的火山岩石岛,将近 2 万名日军士兵战死。与他们一起牺牲的还有 6 821 名美国陆战队员,这是美军战史上损失最为惨重的一次战斗。一个月后,规模更大的冲绳岛战役开始了。面对集体毁灭,日军再一次毫不退缩。日本海军虽然已经被削弱到徒有其表的境地,但他们依然在战场上战斗,日军飞行员也有同样强烈的使命感。

在 1945 年初艰难时刻来临时,一位名叫板桥福田的日本老兵承认,"到秋天情况紧急时,在大和民族面临生死存亡的抉择时,将会有 100 万日本人奋起做最后的抵抗"。抱着只要日本人民有决心、日本仍有可能获胜的信念,他和其他人参与了最后抵抗。就在战争结束前 5 天,他参加了用"身体撞击"美国军舰的行动。

第 8 章
赌局背后
活地狱与社会大变革

日本人民和美国人民一样,都紧紧团结在他们的国旗之下,追随着他们的政军领袖。在日本,对帝国的骄傲和对天皇的忠诚催生出一个紧密团结的民族,这种情况几乎一直持续到战争结束,尽管战事进展得并不顺利。在美国,珍珠港事件引发了两党的爱国热情。随着美军向日本本土挺进的胜利消息接连不断,这种热情也日益高涨。但两国相似之处仅有这些。随着战争的展开,平民的生活条件越来越反映出两国在基本国力和资源方面的巨大差异。对日方来说,战争意味着越来越大的牺牲和苦难;对美方而言,牺牲有限,但好处却很多。

"亚洲圣战"的巨大代价

到 1941 年,日本已接近全国总动员。重工业昼夜不停地生产战机、军舰、坦克、大炮和其他武器,以满足战争需要。美国的工厂却仍然集中在生产汽车、拖拉机和其他民用物资上。日本帝国政府要求每个人都作出牺牲,不容有任何反对意见。他们解散工会,合并企业,强

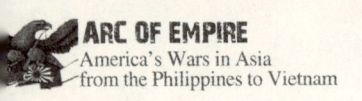

制实施生产优先权、食物配给制和书报检查制度，将一张由国家支配的组织机构网覆盖到工业场所、城市社区、农村和学校。这些举措使战争越来越多地成为每个人的生活焦点。

如此大规模的动员涉及平衡问题。日本资源稀缺，普通民众为了支持国家的战略必须作出巨大牺牲。所以，日本政府应该重视这种全民化的牺牲。早在中日战争爆发伊始，日方就建立了一个复杂的军事官僚机构，以初步实施国家福利制度。其目的在于征召体格健全的新兵补充兵源，并确保对国家战时的衣、食、住、行来说至关重要的劳动力。军事需求为实施原先受到进步人士青睐、但遭到商界反对的措施提供了借口。始于1938年的一个健康计划，到1944年覆盖了2/3的人口，士兵另计。养老保险计划成为部分劳动力的强制执行措施。对士兵家属的公共救助，后来演变成对穷人的公私救助计划。为工人和因轰炸而无家可归的人提供公共住房成为日本政府优先考虑的问题。这些始于战时的福利制度，到了和平时期也毫不间断地继续发展，结果就为战后日本的国家资本主义福利制度打下了基础。

即便如此，随着越来越多的燃料、食品和其他资源纷纷运往前线，战争需求逐渐影响到人们的日常生活。本来是为了掠夺资源而发动的战争，结果却加剧了日本国内的资源问题。在战争需求增加的非常时期，同盟国对日本商船的攻击使其货运量从1942年的500万吨减少到1945年的67万吨，来自东南亚的石油、粮食和原材料供给以及其他的海外资源供给也被切断了。日本民众和士兵们生活条件进一步恶化。尽管实行了配给制，食品短缺问题到1943年仍然非常严峻，营养不良和伴生疾病很快变得非常普遍。日本人费尽心机地收集各种可以食用的动植物，以补充他们日渐匮乏的食物。对有些人来说，抢夺食物成了挥之不去的噩梦。除了少数特权人物，日本城市上演了一场民众为夺取食物、衣物、住房和基本设施而进行的持久战，只有未遭到轰炸且更容易获得食物的农村得以幸免。

战争也摧毁了日本国内的劳动力供应体系，因其劳动力都作为义务兵奔赴前线了。而这一战争前线从缅甸以东，直至太平洋中部、从阿留申群岛以南直至所罗门群岛呈弧形绵延分布。卷入战争的平民更是不计其数，不分年龄、性别或种族。到 1945 年夏，日本上至 60 岁的老人，下至 12 岁的孩子全都加入国内守备队。这是军方部署的最后一支后备军，试图为保卫日本本土、防止美军入侵做最后一搏。在一个几乎没有健全成年男性的国家，妇女、儿童和老人填补了农民和工人在部队里的空缺。

1944 年末，美军轰炸机开始对日本城市实施毁灭性轰炸，这标志着日本民众进入更加绝望的时期。随着这些攻击在 1945 年 2 月升级，日本国内战场和前线战场已无差异，平民也变成了士兵。

这些攻击造成了日本巨大的生命财产损失，使幸存者长期处于焦虑中。城市平民为生存苦苦挣扎，农村变成了大量儿童和其他城市撤离人员的避难所。到 1945 年 3 月，近 50 万儿童撤退到了农村。许多学校变成了军工厂，10 岁以上的孩子都要被派到农场或工厂里去干活。城里组织起社区协会执法，强制执行禁止消费法和停电规定。地方管理员则负责监督民用防空洞，并组织社区消防队以防止有人点火引发轰炸的卖国行为。

然而，日本城里的房屋都是由木头和简易纸板建成的，这使消防队根本无法扑灭美军的猛烈轰炸所引发的熊熊大火。

日本国内战场也表现出和前线战场一样的决心。爱国主义、对社会统一的民众诉求和频繁的政治宣传结合起来，有利于日本当局维持稳定的社会秩序，尽管大多数日本人正在经历异乎寻常的混乱与苦难。1941 年底到 1942 年，因太平洋地区早期获得胜利而产生的乐观情绪弥漫在新兵欢送会和士兵遗骸接收仪式上。

这促使全社会开始接受经过军方审查的媒体新闻。即使在战争接近尾声时，一些日本人仍然狂妄得惊人。组成抵抗团体的儿童准备用

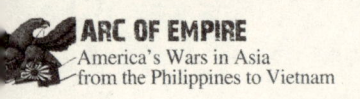

竹矛去抵抗入侵者，如一个女孩在日记里记录的那样：接到官方命令，"我们在临死前至少要杀死一个敌人"。1945年4月，荒木重子与其即将执行保卫冲绳岛自杀式任务的男友匆匆结婚。

半个世纪后，当她回忆起战争年代的精神时，仍然非常自豪。在为海军生产大米饼的工厂里，"我们将带有太阳图徽的布条缠在头上，然后朝着皇宫的方向深深鞠躬。接着，我们进行竹枪攻防训练。最后，我们开始工作。我喜欢这样做，因为这是为了日本，为了保卫我们的国家。我们将心爱的人送走，去保卫国家……我们当时对日本怀有无限信心，我们认为大和民族是无敌的。"

但是，随着"帝国圣战"的爆发，觉醒的意识逐渐在日本民众中流传。一些人开始对帝国扩张事业和它所要求的牺牲悄悄产生了怀疑。1944年中期，在京都经营台球房生意的田村常次郎，一说起那些哄抬物价的富人就情绪激动，说他们的行为破坏了帝国的团结。他对东条英机辞职的新闻显得很不耐烦，说首相抛弃了被他拖入战争的国家，是个"软骨头将军"！高桥爱子在40多岁时嫁给了一个医生，住在东京。她在早些时候就开始反对这场战争。1942年6月，她就开始担心日本做得过头了。"我们把战线扩张到那么遥远的地方，究竟要干什么？"一年之后，当看到招募的新兵在街上游行时，她在日记中吐露了自己的心声："我今天再一次产生了痛苦的念头，我看到一队活死人送葬队经过。"到1944年7月，眼见反日浪潮一浪高过一浪，她又写道："我们应该有勇气结束这场战争，哪怕是冒着天崩地裂的危险。"

到1945年春，随着争夺冲绳岛的战役进行得愈加惨烈，美军B-29轰炸机的大规模空袭也日趋猛烈，日本官方宣传再也无法像以前战争还在遥远地方进行时那样，用虚假的胜利来掩饰失败。1944年，一部宣传影片的主题歌《米英击灭之歌》用可怕的词语对这场战争进行了戏剧性描写："海浪咆哮、狂风怒吼、田野燃烧，一定要战胜邪恶卑劣的敌人，光复亚洲的圣战最终必胜。"但是，对于这个伤痕累累的民族来说，最终将胜利的宣言无异于一个空洞的口号。大和民族正面临着美国的打击、日益严峻的饥荒，他们的城市在如雨般投下的炸弹轰击之下燃烧，公路和铁路两旁挤满了觅食和寻求安全的难民。田村常次郎把遭到轰炸的城市描写为"活地狱"，高桥爱子则猛烈抨击了日本的封建思想和国民的羊群心态。

一个濒临崩溃的国家，很难让自己的臣民生活得安逸。"亚洲的新主子"大和民族将自己置于种族等级的顶层，而把其他民族作为可有可无的人群来对待。

对日本殖民地和被征服的臣民而言，他们由此产生的痛苦远远超过了日本人。即使把广岛和长崎的原子弹轰炸对日本人造成的伤害也考虑在内，也改变不了什么。日本殖民地的人民面临着贫困、饥饿和残酷的生活，成千上万的朝鲜人和台湾人被强征到日本的田野、矿山和工厂里去做苦力，他们被称为"奴隶劳工"。在中国东北和华北地区，中国劳工还被强迫到日本人控制的企业里去干活，他们赖以为生的配给口粮分量其实与奴隶没有多大差别，以致死亡率猛增。为了向武装部队提供大量稻米、石油和其他物资，日本官员和他们在亚洲的代理人横征暴敛，强征高税，甚至采取强制没收财产的措施，使得当地人民难以生存。

1944年和1945年，中国和印度支那有数百万人死亡。被占领地区的女性最容易受到攻击。日军采取引诱、欺骗、绑架等手段，逼迫近20万的女孩和妇女到为满足军队需要而设立的妓院去做"慰安妇"，其中主要是朝鲜人和中国人，也有缅甸人、菲律宾人和荷兰人。这些场所的条件千差万别，士兵嫖客的行为也是如此。在最糟糕的情况下，每一个慰安妇每天遭到40甚至50个男人的强暴。有一个名叫玛利亚·罗莎·亨森的菲律宾年轻女人回忆了自己第一天做性奴的情景："12个士兵连续强奸我，之后让我休息了半小时。然后，又有12个士兵……我流血太多，疼痛难忍，甚至没法站起来。"

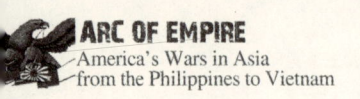

兔八哥遭遇日本异形

在日本人民为其领导人狂妄的帝国赌注付出沉重代价之时，美国后方的人民却在努力支持自己的军队，使其以尽可能小的代价在太平洋对岸和欧洲战场前进。即使在战争最激烈之时，在美国为支持多条战线的盟军战斗而努力生产时，较之日本人的牺牲，美国人的牺牲也是最小的。对很多美国人来说，牺牲仅限于人造奶油代替了黄油和菊苣咖啡。他们不像日本人那样面临着轰炸和入侵，相反，他们在战时也很繁忙。在经历了多年的经济大萧条之后，快速扩张的国防工业提供了充足的高薪工作岗位。在日本的"物价管理署"对汽油、肥皂、肉类、黄油和蔗糖一类稀缺物资实行强制配给制度时，美国人仍然可以去黑市购物，或者将钱存起来等待战后的消费狂欢。

珍珠港事件所激发的愤怒使美国人民团结到实现共同目的和保卫祖国的精神之下。接受战争信息署审查的电影和印刷媒体也协助维护这种精神。记者的报道掩盖了大部分残酷血腥的战争真相。与此相反，媒体纷纷讴歌英雄主义，促进人们形成对盟军大业的正面看法，对敌人则是轻描淡写。电影《兔八哥遭遇日本异形》，展示的是长着獠牙的啮齿动物炸死了一座太平洋岛上的日本兵。锡锅街乐队的流行歌曲也采用了类似的轻松语气：

你是一滴液体，你是杰普先生，但你不认识山姆大叔，当山姆为自己的权利而战，你只会穿着短上衣默默忍受。

没有谁能像西奥多·苏斯·盖泽尔那样，勤勉地发掘日本令人不屑的呆板形象。这位笔名"苏斯博士"进行创作的作者和画家以创作儿童书籍著称。在1941年到1943年间，他创作了400多幅支持战争的卡通图片。其他媒体则教育人们仇视敌人，把日本人描绘为近似猿

日本人想象中的战争

1941年1月，国内战线一切顺利。新年之际，一位母亲和她的儿子参加通常由丈夫执行的升旗仪式，但丈夫此刻也许正在前线履行自己的职责。这是一份总部在东京、历时久远且颇受欢迎的《支那战线写真画报》的封面标题《太阳旗映红百万人心》。(选自戴维·C.埃尔哈特，《必然胜利》)

1943年9月日本人的复仇幻想。高砂秀一在其于1944年出版的书籍《空袭美国大陆》封面加上了一幅绘制的日本轰炸机空袭美国首都的照片。(选自戴维·C.埃尔哈特，《必然胜利》)

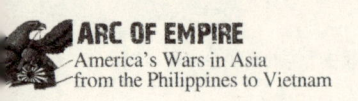

和蟑螂之类的狂热种群。媒体的这种行为传递给民众的信息是：对付敌人的唯一办法就是消灭。日本人残酷对待被征服的民族和战俘，其军人也经常自杀而不肯投降，这使得美国民众愈加排斥日本人。孩子们也被卷入到了战争的狂热之中。从父母和日本人卑鄙残忍的呆板形象中，孩子们学到了种族歧视思想。

美国战时宣传很注重在日本人和中国人之间划清界限。这种做法，一方面建立在美国长期的家长制作风这一幻想基础之上，另一方面也建立在"黄祸"的意象之上。作为阻挡残酷日军的现成挡箭牌，中国在盟国中的大国地位日益重要，甚至在珍珠港事件之前就已得到越来越多的推崇。

电影《中国战役》发行于1944年，是一部由美国政府资助，由弗兰克·卡普拉执导的纪录片。该片至少树立了中国人的正面形象，即中华民族是一个人口众多并且热爱和平的民族，具有悠久历史。他们正开始接受西方文明。他们不像日本人，日本人用一种陷入困境的军国主义方式来回应外界挑战；而中国人即使在保卫亚洲反击侵略的最前线作出牺牲时，也证明他们是有前途的好学生。由于美国民众担心难以区分这两者，《时代》周刊在珍珠港事件几周之后就提供了如何区别的要点：

★ 中国人的表达方式倾向更平和、更善良、更开放；日本人则更积极、更傲慢、更狂妄。

★ 日本人谈话时显得犹豫不决、神经质，不该笑的时候会大声狂笑。

★ 日本人走路僵直，身躯前倾；中国人走路则更放松，步履从容，有时慢吞吞的。

★ 美国的中国店主会不失时机地展示"这是一家中国商店"的招牌，许多穿着缝有纽扣衣服的中国人会说："我是中国人。"

"黑人大迁徙"

更广泛的战争影响推动了深远的社会变革，变革又以不同方式触动了各阶层的美国人，太平洋战争只是其中的一部分。年轻人很快感受到了这种影响。在高涨的爱国主义热情驱动下，一些年轻人来到征兵站，希望能在自己被征召之前实现自己入伍的想法；另一些人则在想，国会在1940年9月建立了"兵役选拔制度"，还要过多久才会召唤他们入伍。最终，在第二次世界大战期间，有1 600万美国青年入伍，18%的美国家庭提供了一名或多名家庭成员。

战争为妇女提供了新的机会。美国历史上，大批妇女第一次穿上了军服。有超过15万名妇女进入工作领域，她们担任机械师、司机、无线电报务员、气象预报员和密码译解员，还有更多妇女从事传统的女性职业，如文员、打字员和速记员。但总共只有5 500名女性在太平洋战区服役，她们大多担任行政管理工作。为保护她们免遭男兵侵扰，部队禁止她们在工作时间外离开铁丝网圈占的区域，不许她们请假，也不予通行，妇女对这些限制自然非常憎恨。与此同时，劳动力短缺也使妇女进入了制造业和采矿业这些传统上属于男性的工作领域。数百万美国妇女的工作经历可从其象征性人物铆工露丝身上可窥一斑。露丝是以密歇根州伊普西兰蒂市威洛鲁恩飞机制造厂的一名真实女铆工罗斯·威尔·门罗为原型塑造的形象。

妇女劳动力的这一发展有其局限性，而且妇女只能挣到相当于男性2/3的报酬。战争结束后，妇女又不得不为退役军人腾出工作岗位。但是这一战时经济赋予权打破了女性无能的陈年话题。虽然冒险走出家庭的妇女增加了社会的焦虑，但女性加入劳动大军的现象在战后几年继续呈上升趋势，这为20世纪60年代的女权主义革命奠定了基础。

对非裔美国人来说，战争也带来了具有长期影响的社会变革。战争加速了20世纪初就已经开始的，从南部乡村到西、北部工业城市的

"黑人大迁徙"。黑人工人进入军工厂，搬入了以前的白人居民区。尽管如此，但黑人在工作中还是经常受到骇人听闻的种族仇视，他们的子女在新学校里也遭到歧视。1943年6月，底特律和洛杉矶因为种族歧视问题酿成了骚乱。而在战争期间，美军也仍然实行种族隔离政策。入伍后被派到太平洋地区的非裔美国士兵发现，他们的任务被限制在包括修建工事、装卸物资和准备食物等低端领域。然而，美国谴责法西斯种族歧视的战时宣传，加深了这些士兵对纠正国内的种族隔离政策造成的经济、社会不公正的渴求。他们在部队服役中获得的骄傲和公民权意识，将在战后的民权运动和黑人解放运动中表达出来。

黑人迁徙只是战时约3 000万美国人大迁徙的一部分。他们从农村搬到城市，从南方迁到西部和北部。西海岸地区和西部内陆山区进入了一个新的发展阶段。像洛杉矶、长滩、波特兰和西雅图这样的城市都迅速繁荣起来，成了新的工厂和军事训练营所在地，也成了交通枢纽和前往太平洋的军队出发地。美国的政治、经济、宗教和文化重心转向西部，区域一体化程度也因此提高了。

进行战争动员的人很多是社会学家和语言学家，他们的动员行为推动美国社会科学迎来成熟期，而这种变化与美国政府有着密切却备受争议的联系。全国高等学院都开设了密集的日语课程。战争信息署雇用大量人类学家、经济学家、历史学家、政治学家和社会学家，让他们到军事训练营举办讲座，并从事对日本社会和心理的政策性研究，评估日本人的士气，制作打击日方斗志的宣传资料。听从政府指引并行动起来的专家们希望别人听到他们的最高水平，这一点也不奇怪。有些人根据研究，为"战斗至死的疯狂日本兵和平民的种族成见"披上了合理的外衣，说他们左右官僚机构。如曾在军事情报部门工作过的埃德温·O.赖肖尔则撰写了颇有影响力的文章，说日本体现了"一种威胁要在远东消灭民主、平等和个人自由思想的意识形态"。正如他所表达的观点一样，他将研究并制定帮助重塑战后日本的措施。

"日裔美国人都是间谍！"

在所有群体中，日裔美国人受战争影响最深。而后来也证明，日裔美国人在战争中遭受的经历也是美国最可耻的一段历史。在公众想象中，日裔美国人本就与"廉价劳动力"和"侵略者"联系在一起；珍珠港事件又为他们抹上了洗刷不掉的"叛国"罪名。这种累积起来的负面看法，最终汇聚成一股强大的种族歧视力量在西海岸喷发，而西海岸地区的排日情绪一直很盛行。有关日本入侵迫在眉睫的谣言甚嚣尘上，这无形中煽动民众，认为"日裔美国人都是潜在间谍和破坏者"。西线防御司令部的首脑人物约翰·L.德维特中将就是种族歧视的推动者，他把所有日裔美国人都贴上了"敌对种族"的标签，并要求当局驱逐所有在加利福尼亚、俄勒冈和华盛顿各州生活的日本人。像美国"退伍军人协会"之类的爱国组织、沙文主义出版社、当地和各州的政客以及急于接管日本邻居财产的白人农场主，合伙发动了一场致命的反日运动。

罗斯福总统本人也认为日本人不值得信任，他们是一个半开化的民族。早在战争开始前，总统先生就在考虑：一旦发生战争，要把所有日裔美国人拘捕到集中营里。1942年2月19日，他签署了"9066号行政命令"，授予军队无限权力，以清除德维特要求清除的、居住在西海岸的日裔美国人。尽管没有任何证据表明日裔美国人构成了安全威胁，种族偏见仍然让他们经历了一段残酷的时光。对比之下，夏威夷的侨居日本人或日裔美国人要多得多，他们却大多未受影响。

在美国本土，大约有11万名日裔美国人和侨居日本人。不论这些人是婴儿还是年老体弱者，都接到了简短的告示命令：只许带手提行李去指定地点报到。他们都成了太平洋战争的受害者。由于不知道自己何时才能甚至还能不能回到自己的家园，他们赶紧以跳楼价处理掉自己的财产。外界委婉地称他们为撤离者，他们被暂时安置在马厩、

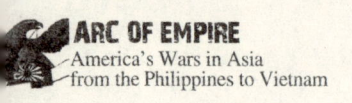

游乐场和牲畜饲养场里。然后，在武装警卫的押送下，他们被送往预先规划好的难民营里。难民营大多位于偏远的西部内陆地区，由1942年3月成立的一个民营机构"战时迁置管理局"管理。

到了那里，他们就挤住在用偷工减料的木料和焦油纸建成的营房里。每一个营房住4到6户家庭，每个家庭挤住在一间四面透风的房间里。在附近城镇官员的一再坚持下，难民营被铁丝网围起来，并且有武装岗哨巡逻。晚上他们用探照灯照明，营房就活像监狱里的院子。

营地正常运转起来后，难民营的管理者努力使生活变得可以忍受，而且他们其中一些熟悉日本文化的人甚至反对拘留。比如，人类学家莫里斯·奥普勒就将拘留描写为"纳粹式、歇斯底里的荒唐行为"。随着1943年政策有所缓和，大约有4000名日本年轻人被允许去上大学，而其他人做一些临时农活，有些人甚至恢复了平民生活，但也只是再一次面对歧视。

拘留导致的社会动荡、美国人对这些日本人的公开羞辱以及艰难的日常生活，使这些人的家庭内部和难民营内都出现了紧张关系。从中分化出了一部分人，他们同情在美国出生并接受美国教育的人，即第二代日裔美国人；但他们反对老一代移民即第一代日本移民，因为第一代移民与日本有强烈的文化联系；他们也反对那些生于美国却在日本学校上学的人，即第二代移民，因为这些人的同化程度较低，而且这些人更同情日本。

与此同时，占难民营居民2/3的第二代日裔美国人也产生了分裂。他们感觉自己是美国人，对自己背负的不忠罪名感到不同程度的迷茫、愤怒和失望。一些日裔美国人决心要证明自己的忠诚，另一些人则被"一日为日本人就永远是日本人"的看法所触怒，以至于他们抵制难民营的管理人员，甚至痛苦地放弃美国国籍。

约瑟夫·嘉祐栗原是在夏威夷出生的第二代日裔美国人，他来自南加利福尼亚。虽然他是"一战"的老兵,是一名成功的商人,也是一个与日本没有任何联系的虔诚的基督教徒,但他也被拘留了。他对此深感愤怒:"发誓要成为一名100%的日本人,绝不为美国打这场战争做一天的工作。"他后来真这样做了,加入了反抗难民营的队伍,并在1946年重新迁回日本。

1943年,华盛顿决定在难民中征兵,这加剧了第二代日裔美国人之间的紧张关系,导致了一些像嘉祐栗原一样的人的反对。他们质疑,为什么"背叛了国家的公民"还有义务为国服务?另一些人则自愿报名参军,总共有3.3万人加入了美国武装部队。他们大多在欧洲服役,被编入具有明显特征的442团,该团全部由第二代日本人组成。但有6 000人被派往亚洲和太平洋地区,担任日语口译员、翻译员、审讯人员和侦察员。具有讽刺意义的是,对一个亚裔美国人群体的虐待,却为别的亚洲人提供了机会。

中国人是其中获益良多的人群。他们打破了只能从事低薪工作的局面,不再仅限于餐馆里的工人和洗衣工,他们可以在国防产业领域找到收入更高的工作。中国人为战争所做的贡献和他们在军队里服役的模范作用,减轻了美国白人对中国人的偏见。1943年,为反击日本人关于"太平洋战争是白种人和黄种人之间的种族战争"的宣传,国会废除了1882年通过的《排华法案》,并给予中国微小但颇具象征意义的移民配额。中国移民现在也可以成为美国公民了,在一个仍然存在种族歧视的社会里,这是走向平等的一小步。

包括菲律宾人和印度人在内的亚洲人种,在职业和地位上也取得了同样的进步,因为他们也是抵挡日本侵略的挡箭牌。而且他们新发现的优点衬托出日本人有多险恶。对朝鲜人的看法则有点模棱两可。珍珠港事件之后,虽然官方仅因为他们的国家成为了日本殖民地就将其归入敌人盟友之类,但他们的日语知识对于需要教师、翻译、播音员和军队审讯员的美国政府来说,仍然是有价值的。

图为漫画《当心凶猛的日本老虎》，1941 年 8 月 22 日。西奥多·苏斯·盖泽尔制作的这幅漫画发表于珍珠港事件发生的几个月前，漫画指出美国大大低估日本人，把他们描述成可笑的纸老虎。而之后的珍珠港事件表明对日本人产生刻板的轻蔑印象将产生严重的后果。(本图由圣迭哥加利福尼亚大学曼德维尔特殊收藏图书馆供稿)

第二部分
问鼎东亚霸主 | 美日之战(1941～1945年) |

图为漫画《等待家里的信号》，1942年2月13日。西奥多·苏斯·盖泽尔创作的这幅漫画发表于联邦政府授权搜捕西海岸的危险"外国人"几天之前，描述了从同一模子里铸造出来的日本人，无论已取得美国国籍还是侨居者都没有分别，他们都不忠诚。（圣迭哥加利福尼亚大学曼德维尔特殊收藏图书馆供稿）

131

第9章
日本投降
原子弹轰炸事件

1945年4月到8月,太平洋战争不可避免地走向终点。一场大屠杀终于使战争谢幕。早在1944年秋天,以塞班岛为基地的B-29轰炸机已经开始对日本城市工业基础设施的密集轰炸。在一些小规模的轰炸中,炸弹也经常散落到平民住宅区。1945年2月,柯蒂斯·勒梅将军指挥其司令部管辖的飞机实施低空袭炸。1945年3月9日晚到10日凌晨,334架B-29轰炸机携带燃烧弹轰炸了东京,10多万人因此丧生,近30万个家庭因此破碎,而近16平方英里的城市被夷为废墟。当时,关于轰炸有过这样的论述:从城市上空飞过的飞行员能够闻到被烧焦的肉味,那些"位于长达200英里轰炸机群末尾的人,看到了一幅可怕的景象——从100英里外的地平线上升起一团巨大的黄色火球"。而这仅仅是美军轰炸机群将对日本首都发起的9次空袭之一。几乎每一个重要的人口中心,包括名古屋、神户和大阪,都可能遭受类似的破坏。

对于像勒梅将军这样的人来说,在军工厂努力工作的平民,和那些挥舞着武器战斗的人一样可恶。在这样的战争中,用传统方法对军事目标和民用目标加以区分是毫无意义的。持这种观点的绝不止他一个人。1937年8月，日本飞机就已经在上海对平民进行扫射和轰炸，后来更是扩大到全中国，这种行为遭到国际社会的强烈谴责。欧洲战场上，英国轰炸机和后来的美国轰炸机也对德国城市采取了不分青红皂白的连续轰炸。到1945年，人们的道德责任感都已经严重下降，以至于炸毁城市并杀害平民这样的事情，都被认为是很普通的事情。广泛运用美国空军力量，已经成为美国军事战略的一个明显特征。

6月底，守卫日本本土的最后一道屏障冲绳岛陷落，这标志着距战争结束已经为期不远。这一战役与珍珠港战役、中途岛战役和瓜达尔卡纳尔岛战役有着同样重要的意义。冲绳岛长约60英里，最宽的地方18英里，最窄大约2英里。它让美国人想到，再往北350英里就能攻入日本本土。日军指挥官并没有奢望能击溃庞大的美国海军舰队，因为美军的海军舰队拥有1 200多艘舰船，其中包括40艘型号不等的航母和18艘战舰，能容纳近20万名士兵投入战斗，而日军的防守兵力大约仅相当于美军的1/3。为此，日本人采取了拖延战术，以便为日本的本土防御准备赢得时间。

为达此目的，他们不阻挠美国人登陆，而是躲在很深的掩体里准备作殊死抵抗。美军在4月初开始向前推进，但直到6月中旬才取得胜利，沿途约有1.2万名士兵阵亡。其中包括在神风敢死队一波又一波接连不断的报复性攻击中损失的将近5 000名海军士兵。但这与7万日军的损失（还不算岛上7 000人的守卫部队）和约8万平民的伤亡比起来，简直是小巫见大巫。

战斗到底还是无条件投降？

随着空中歼灭战系统化进行和美军攻入本土的日益临近，东京领导人在应对措施的问题上僵持不下。首相铃木贯太郎4月初上任，他是一位年老的海军上将，主持了僵持不下的内阁正式会议。6月中旬，冲绳岛陷落的消息传来，内阁的僵持局面变得越来越令人绝望。政府的最高决策机构是一个叫做"最高战争委员会"的六人内阁，此委员会中试图延长战争的人和希望结束战争的人成了势均力敌的两派。无论主战还是主和，委员会成员不过是舞台上的演员，他们只表演给一个观众看，这个观众就是裕仁天皇。天皇掌握着帝国的最终决策权，但他几乎从来没有行使过。日本的政治体制融入了日本人喜欢的迂回表达传统，这就产生了一定程度的戏剧性，因为他们必须凭直觉去领悟那些没有说出来的话，这些未言之语和说出来的话同样重要。

军队最高统帅部拒绝带有耻辱意味的投降。陆军大臣阿南惟几、参谋长梅津美治郎和其他主张继续抵抗的人知道，无条件投降的话，帝国军队将难逃厄运，而幸存的军队领导人也必将蒙羞，最终将被收监或不光彩地死在敌人手中。出于自我保护的本能和利益的算计，这些最后的受难者产生了这样的观点。他们指出，硫磺岛和冲绳岛的日本守军已经使美军付出了惨重的代价。

现在日本被逼入了绝境，他们指望通过一场史诗般的战斗击溃将在最南端九州岛登陆的美军。那里的美军攻击部队兵力预计为75万，而日军也将以同等数量的正规军予以抵抗，而且日军还有民间预备队的支持。战斗将在海滩上开始，然后在准备好的内陆防御阵地上陆续展开。

通过给美军造成严重伤亡，日本相信能够说服华盛顿修改其无条件投降的要求，同意和平谈判，以保留日本的帝国机构及其军队。天皇裕仁也很矛盾，但他还是紧紧抓住了这一虚幻的希望。

另外，急于寻求外交援助以免加深灾难的人，在外相东乡茂德、海军大臣米内光政和内大臣木户幸一的带领下，采取了非常谨慎的行动。东乡和他的盟友敏锐地意识到军队对政治的影响。他们知道，如果过分刺激，阿南惟几可能会辞职，甚至会搞垮内阁并引发一场政治危机。还有一种更可怕的可能性,即军队有可能夺权。而主战派一旦夺权,他们可能会不惜一切代价,打着天皇和国家的名义战斗到死。由于意识到过早暴露自己的底牌有可能招致这种危险,主和派的人便顺势而动,在幕后暗中进行操作。他们拼命地寻找一些能够得到广泛支持的计划,以期从美国越来越紧的老虎钳中拯救自己的国家。

让日本同意投降原本就已经很困难,而美国坚持要求无条件投降更增加了迫使日本投降的难度。在1943年1月的卡萨布兰卡会议上,罗斯福宣称不接受轴心国的投降谈判,因为他要努力避免重蹈"一战"遗患的覆辙。"一战"之后,战败的德国未经过任何改革,对失败心有不甘,因而轻易受到了法西斯主义的影响。这一次,胜利者将彻底根除军国主义的根源。为达此目的,同盟国必须对轴心国的文化、社会和政治生活行使不受约束的权力,以实现根本改革。盟国的目标威胁到了日本帝国的生存,因为这一目标威胁到了其明显的核心,即以天皇为代表的日本帝国制度。

东乡外相一开始寄希望于让莫斯科出面调停,通过谈判结束战争,以达到保留国家和天皇的目的。由于《苏日中立条约》还有一年才到期,又听到苏联与其盟友之间关系紧张的谣传,因此日本完全有理由假定莫斯科会作出积极回应,特别是在远东对其许以领土和经济让步的情况下。东乡驻苏联的大使佐藤尚武对此表示怀疑。他使用非外交性的生硬语言反复告诫东乡,希望莫斯科伸出援手无异于白日做梦。

但即使在得知莫斯科无意续签《苏日中立条约》之后,东乡仍未知难而退。最后,在6月22日,日益绝望的裕仁天皇批准了请苏联帮忙的请求,但斯大林无意充当调停人。

在2月召开的雅尔塔会议上,斯大林就已经向罗斯福重申了在德国投降3个月后对日宣战的承诺。作为回报,他获得了库页岛的南半部、南满铁路和港口外加千岛群岛的转让。苏联领导人一边巧妙地与日本人周旋,一边在做攻打日本的准备。

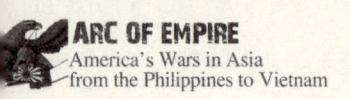

"世界上最可怕的武器"

与此同时，美国的政治和军事领导人正在审查进攻日本本土的详细计划。6月18日，杜鲁门总统批准了预定于11月初开始进攻九州岛的"奥林匹克行动"。如果到时日本仍不投降，进攻本州岛的"小王冠行动"就将于次年3月展开。一份呈递给参谋长联席会议的简报预计，美军在这两次战斗中将会阵亡2.5万到4.6万人。这时，马歇尔给杜鲁门的一份评估暗示，九州岛的军事行动将会造成1.6万到1.9万的伤亡。

在考虑这些计划时，美国的决策层也在考虑修改他们提出的要求日本无条件投降的条款，以避免一种血腥的进攻方式。史汀生与副国务卿约瑟夫·格鲁极力倡导降低条件，前者作为陆军部长进入了罗斯福内阁，后者曾于1931年到1941年担任驻日大使。他们认为，如果日本领导人事先得到保证，同意保留以天皇为基础的政治制度，就很可能同意投降。而以新任命的国务卿詹姆斯·F. 伯恩斯为首的一部分人却反对这一建议，他是前南卡罗来纳州参议员。在1944年大选时，罗斯福对其不予理睬，选择了与自己亲近的杜鲁门做副总统竞选伙伴。1945年7月，伯恩斯进入杜鲁门的内阁并成为杜鲁门的亲信。他宣称，赦免天皇很可能在国内引起轩然大波。因为美国公众认为，裕仁天皇和前首相东条英机是日本军国主义的代表，所以必须清除这两人。美国、苏联和英国三国首脑会议定于7月中旬在柏林废墟中的波茨坦召开。在此之前，杜鲁门对在华盛顿讨论的问题采取不置可否的态度。

原子弹的出现，吸引了全世界的目光，而它集中体现了美国贯穿整场战争的资源优势。一群杰出的欧美科学家在原子物理学方面取得了具有划时代意义的进步，这获得了国际公认。但也必然产生如下结果，即各种具有前所未有破坏力的武器有可能登上历史舞台，而那些具备理论知识、工程技术和财力资源的工业化国家将实现对这些武器的掌握。日本研发核武器的小规模努力毫无结果，而罗斯福总统批准了一项绝密计划，并且将大量所需资金和技术人员投入了这一计划，但只有极少数美国和英国政府的高级官员知道这一计划。大多数参与制定进攻日本预案和讨论投降条款的人，并不知道这一秘密进行的计划。

罗斯福的副总统暨继任者杜鲁门，将成为这一计划的实际受益者。杜鲁门生于1884年，在密苏里州的一个农场里长大，第一次世界大战期间曾在法国服役，担任野战炮兵上尉。他在堪萨斯州民主党核心组织的支持下进入政界，先是被选为法官，后在1934年进入参议院。作为温和的"新政"支持者，杜鲁门政敌较少，所以在1944年被罗斯福选作自己的竞选伙伴。罗斯福总统在1945年4月12日逝世，使得这位喜欢直言不讳、好勇斗狠又争强好胜的普通美国人一下子成为了白宫的主人。对于被送到新墨西哥沙漠中的洛斯阿拉莫斯国家实验室研制的新武器，他一无所知。实际上，新总统对外交事务和战争策略也知之甚少。因此，一开始他还必须依靠罗斯福的主要顾问给他带路。

到杜鲁门对原子弹的秘密略有所知的时候，两种类型的武器——铀弹和钚弹已经接近完成。杜鲁门任命了一个临时高级委员会，向他介绍原子弹各方面的情况。6月1日，该委员会在一次会议上，通过了一项决定，即一旦作好准备，立即对日本使用原子弹。这一决定引发了一系列事件，最终导致对广岛和长崎实施无情的原子弹轰炸。与总统本人后来的解释相反，没有任何记录说明杜鲁门总统是否做过扔原子弹或者在哪里扔原子弹的决定。炸弹一旦准备完毕立即使用，这是建立在军事考虑基础上的既成定局。杜鲁门的回顾性说法似乎是正确的，"我认为炸弹就是军事武器，从未对它应该被使用产生过怀疑"。最接近杜鲁门的研究者也同意，"首先关注的是美国人的生命，原子弹被视为一件合法的武器，特别是用来对付一个讨厌的敌人，日本人的生命似乎并不重要"。

波茨坦会议为原子弹轰炸创造了条件。7月17日，杜鲁门收到了

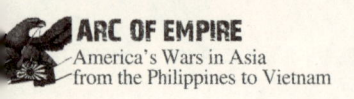

原子弹在新墨西哥州的阿拉莫戈多第一次试验成功的消息，而且还被告知，这种武器在8月初即可投入使用。杜鲁门对此消息肃然起敬，他在日记中写道："我们发明了世界上有史以来最可怕的炸弹。这可能是在幼发拉底河时代，在诺亚和他那著名的方舟之后，新火种将诞生的预言。"随着进攻计划向前推进，如今又有原子弹在手，杜鲁门给了敌人最后一次投降的机会。伯恩斯反对史汀生修改无条件投降条款和允许日本保留天皇制的努力。现在，总统加入了伯恩斯的阵营。《波茨坦公告》于7月26日告知日本，重申了无条件投降的要求，并且警告日本，如果不投降，只要盟国一点头，日本就将面临可怕新武器造成的"迅速而彻底的毁灭"。日本政府并未对此给予重视，而且它还没有做好接受无条件投降的准备，但也不拒绝《波茨坦公告》。杜鲁门急于结束战争，将东京的这种无反应理解为拒绝。于是，使用原子弹的准备工作继续进行，并且由一个专门委员会从常规轰炸尚未摧毁的极少数中心城市中选择一个作为轰炸目标。

日本浩劫

8月6日上午，广岛的居民们像平时一样，他们并未察觉到危险正在靠近。突然，他们看见一架美国轰炸机从头顶上飞过，紧接着就看到一道闪光。闪光过后，城市被震得晃了起来，市中心被炸为平地，炸弹引发了熊熊大火，在很大范围内愈烧愈烈。被严重烧伤的人在呼救，受伤和惊呆了的幸存者在废墟里徘徊，搜寻亲人的踪迹。第二天，一位名叫富吉艾的农村妇女冒险进城寻找她的丈夫。她看见到处是被烧焦了的尸体，眼前的一幕幕景象在她看来"简直就像人间地狱"。活着的人在"呻吟着要水喝……他们十分痛苦，你能听到他们一遍又一遍地大声呼唤'妈妈呀！……妈妈呀！'"

美国对广岛和长崎的原子弹轰炸，坚定了日本主和派结束战争的决心。8月10日，裕仁天皇提议立即结束战争，唯一条件是保留天皇的特权。美国的答复没有明确保证这一点，因此，日本领导层依然僵持。苏联参战及随后的长崎被毁才最终结束了这一痛苦漫长、充满折磨的战争。斯大林决定在日本投降之前将参战，这样他就能够要求获得领土和其他特权。8月9日午夜刚过，苏联的机械化部队越过边界进入中国和朝鲜，朝着所剩无几的日军部队迅速进军。苏联参战打破了《苏日中立条约》，也击碎了裕仁和东乡紧抓不放的苏联调解幻想。同一天的晚些时候，长崎被第二颗原子弹摧毁。到这时，杜鲁门才意识到他摧毁的是整座城市，而不仅仅是军事目标，这唤醒了他的良知。他告诉他的内阁，"他已下令停止原子弹轰炸。他说消灭另一个民族10万人的想法太可怕了。他不喜欢杀人的念头，正如他所说，'那些人都是些孩子'"。

现在，只有陆军大臣阿南一人仍然反对投降，他仍可阻挠决定。在随后的几天，木户、铃木和东乡成功说服了天皇结束这一僵局。裕仁天皇之前对斯大林会介入调停结束战争的希望紧抱不放，但这一薄如蝉翼的希望如今已经被苏联参战彻底摧毁。天皇终于下定决心，行使他的帝王权力。

8月14日上午，在皇宫的地下室防空洞里召开了一次御前会议。裕仁身穿元帅制服，戴着白手套，向集合在一起的政治军事领导人宣布接受《波茨坦公告》的决定，双方达成的条件是保留帝国制度。裕仁天皇的干预结束了这一典型的日本悲剧。陆军大臣阿南和军队最高统帅部服从天皇的意志。8月15日，天皇用令人惊讶的轻描淡写的语气，通过广播承认，战局"对日本不利"，要求他的人民对即将到来的事情"忍人所不能忍，承受人所不能承受"。第一次听到他的声音时，日本全国人民都陷入了沉默，他们起身肃立，毫不掩饰地低下头，恭恭敬敬地听着。就连早已幻想破灭的人也情绪涌动。"因为每一个字和词组都铭刻在我的心里，我两眼温润，热泪盈眶。"坚定的战争批评者高桥爱子

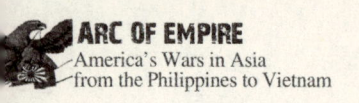

在当天的日记里这样写道。"与此同时,宣布投降让我们兴奋地意识到,我们又恢复正常生活了"。

但是,游戏并未完全结束。一群顽固的帝国部队中下级军官试图发动政变。他们占领了皇宫,在天皇投降诏书的录音向全国广播之前,徒劳地搜寻录音。但是,包括阿南将军在内的上层军官拒绝支持他们。8月15日清晨,就在天皇的午间广播播出前几个小时,在一个武士剖腹自杀的仪式上,阿南切腹自杀。亚洲各地的日军指挥官们无可奈何地放下了手中的武器,以服从天皇的命令。

1945年9月2日,在停泊在东京湾的美国战舰"密苏里号"的后甲板上,麦克阿瑟将军主持了正式投降仪式。现在,战争真的结束了。保罗·福塞尔曾经说过"感谢上帝的原子弹"的有名俏皮话。在回忆美军意识到战争结束时的兴奋心情时,他说道:"我们如释重负,喜极而泣。我们将要活下去。我们总算能够活着长大了。"这是在战争中死去的9.3万名美国参战人员和158.9万名日本士兵无法实现的希望,还不包括日本死去的65.9万名非战斗人员。

第10章
帝国成形
谁敢再争锋?

日本领导人通过发动这场战争打开了一个缺口,而他们的对手美国将会把这一缺口利用到极致。胜利使美国在东亚获得了显著的优势。希特勒第三帝国刚垮台后不久,日本又彻底战败,这似乎为美国凭借军事力量来实现其帝国梦想提供了有利机会。更广泛地说,胜利代表着美国广大具有强烈太平洋使命感的人的胜利,这些人可以追溯到麦金莱和塔夫脱,并一直延续到史汀生、道格拉斯·麦克阿瑟和亨利·卢斯。随着时间的推移,卢斯的设想日渐实现:美国要做"全世界的撒马利亚好人",致力于"提升人类生活,使其脱离野蛮文化"。如今,卢斯的设想成了一个广泛共享的愿景:要按照美国的自由、机会均等、自立、独立和合作的理想线路,来重塑和平世界。因为在全球范围内都被证明是正确的东西,在东亚就一样是正确的。

魔鬼罪犯改造

因为失败而变得顺从的日本,就是美国着手建设一个大东亚共荣

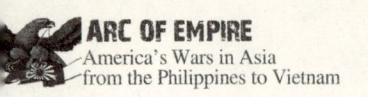

圈的最佳试验点。当然，这只需消除日本军国主义，使日本退回到四大本岛，并取消按 1889 年《明治宪法》规定建立起来的政治制度，代之以美国式民主政体就能做到。

战争期间，当美国的决策者及其顾问们在考虑如何消除日本军国主义根源的时候，就开始讨论这些影响深远的目标了。他们认为，日本已经准备好翻开新的历史篇章。他们在相当大程度上是正确的。日本的战争经历激起了广泛深刻的不满，从暴虐的政治文化氛围到傲慢腐败和无能的官员；从战争的残酷浪费和反人类，到日本民族的性格缺陷。这就使得日本变成了美国占领者发起改革的试验地。

对日本的占领从 1945 年 9 月一直持续到 1952 年 4 月，这基本上是美国一家之事，其他盟国在其中只起了象征性的作用。麦克阿瑟将军担任盟军驻日本最高统帅，他秉承了帝国的最佳传统。

这位 65 岁的将军正是将魔鬼罪犯改造成美国式好学生的最佳人选。他是 1900 年到 1901 年菲律宾美国殖民总督阿瑟·麦克阿瑟将军的儿子，是毕业于西点军校的高材生。第一次世界大战期间，他在法国服役，1930 年至 1935 年担任陆军参谋长，此后作为陆军首脑回到菲律宾。他对殖民地菲律宾的民俗十分着迷，对美国东亚计划投入的心力甚至超过了史汀生，而且他深信自己了解"东方"。他是一个怀有弥赛亚情结和戏剧天赋的人，他冷漠而狂妄。他利用自己作为西南太平洋地区最高司令官的地位和政治影响力，来确保自己主管日本重塑工程的地位。

日本人民既把这个最高领主视做天皇的替代者，又把他视作圣诞老人，还把他视做"亲爱的阿比"。他们一方面向麦克阿瑟表示适当顺从，同时也把他看做经济复苏和民主进化的恩人；他们在私人事务方面也征求他的意见，邀请他参加婚礼，还献给他许多收获的果实和地方手工艺礼品。

写给麦克阿瑟的信所涉问题范围的广度和深度令人惊讶，既有反映占领军问题的，也有表示对麦克阿瑟的敬畏。有些人祝麦克阿瑟身体健康，颂扬他对日本的帮助，或者宣称美国的文化和政治影响有助于改变他们的政治观点。有些人则抱怨美军士兵的偷窥行为，或日本官员对人民的侵权行为。"困扰我的问题是那些身居高位的人利用他们的权势和金钱养情妇，在黑市上购买昂贵物品，过着骄奢淫逸的生活。"另一封信本着同样的精神，告诉麦克阿瑟"那些迫使我们参加战争而且至今还让我们受罪的前军事领导人"所犯下的罪孽。

还有一些人希望麦克阿瑟能帮助他们找到工作，或者让子女前往美国。有一些人祈求为自己在海外服役的亲属提供帮助。有一个人担心失去自己在缅甸的儿子，他在信中承认，"我担心是因为他接受了日本战斗到死的教育"。另一封信称她的丈夫因为战争罪在菲律宾将被处以死刑，但她请求让丈夫知道自己为他生了一个儿子、一个继承人。

1945年9月初，从华盛顿来到日本占领区担任幕僚的新施政者们在一条广泛的阵线上开始工作，这一阵线是在杜鲁门批准的指令下建立起来的。他们开始拆毁日本的战争机器，清除一部分日本的政治精英和官僚。他们的设想是，推翻旧日本社会，建设民主和平等的新社会，而这一新社会以小农、小商人、店主和手工业工人为民众基础。他们依据一种信仰行事，力争在美国的支持下建立受民众欢迎的日本政府，使其对军国主义和帝国主义的痼疾产生免疫力。

在这种情况下，选举权扩大到了妇女群体，而包括共产党在内的左翼政党也首次获得合法权利。美国依据"人民拥有主权和民主平等"的原则撰写的一部新宪法——《日本国宪法》在日本议会上通过。宪法第六条是一条具有决定性意义的新条款，它宣布放弃把战争作为国家政策，规定日本不再拥有军队。天皇从虚拟的神降为国家的象征。工业大亨和农村地主的权利被合法工会和土地制度改革分化。一个美国式的反托拉斯计划，使财阀、拥有寡头垄断地位并与军方狼狈为奸的企业集团开始解体。

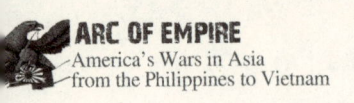

不完整的东京审判

　　旨在彻底消除军国主义的计划将曾经煽动军国主义的领导人列为主要目标。这些领导人被以战争罪送上军事法庭，而这些法庭是仿照审判纳粹战犯的纽伦堡国际军事法庭而建的。审判回避了纠缠不清的广义上的国家责任问题。像其他被诱骗或拖入战争的民族一样，日本人既是其领导人野心和幻想的受害者，也是他们所犯罪行的同谋，美国人也不例外。只追究相对较小一部分日本精英的政治和法律责任，做起来要容易得多。在包括曾被日本占领的城市和东京在内的51个地区，总共对5 600名战争犯进行了2 200多次审判。这些审判绝大多数都指控日本军官犯下的一长串的常规罪行，包括使用酷刑、虐待战俘、对平民施暴和使用奴隶劳工。

　　审判集中在远东国际军事法庭进行。美国政府组织了该法庭，并设置了法庭的执行条款。审判始于1946年5月，最后于1948年11月休庭。来自各同盟国的11名法官组成了一个专门小组，对超过28名被指控犯有侵略罪、危害人类罪和战争罪的高级战争犯进行审判。这些被告包括前首相东条英机、内大臣木户幸一和前外相东乡茂德。他们由盟国和日本指派律师，律师们也作了有力的辩护，但最终并未洗脱他们的罪名。所有被告均被判有罪，其中7人被判处绞刑。虽然已经搜集了裕仁天皇的罪行证据，但为了保持政局稳定，华盛顿最终指示美国首席检察官约瑟夫·基南，不指控天皇。尽管人们错误地认为，麦克阿瑟将军在保护裕仁的问题上负有个人责任，但事实上在这件事情上他是跟随华盛顿的意见。

　　东京审判并非绝无漏洞。它提到的太平洋战争真正起源说法是值得推敲的。此外，由于胜利者坐上了审判席，一些学者已经将审判过程作为胜利者审判的例子来加以谴责，说这是在毫不掩饰地进行报复。然而，法庭并未披露对大量极其严重的战争罪行所做的审判。审判有助于从公共生活中消除军国主义分子，并教育公民有关责任和义务的重要经验。更广义地说，东京审判和纽伦堡法庭审判一样有助于使国家领导人对其官方行为承担个人责任，并将此确立为战后国际司法制度的一部分。

随着东京法庭对战争做出正式裁决，麦克阿瑟也乐于将野蛮的日本帝国计划搁置一旁。为什么要不断重申战争罪行，让其破坏美国要占领日本所依赖的合作精神呢？日本只是在被占领之后才开始就战争造成的基本道德问题进行反思。直至现在，他们在记忆中也一直在从不同政治视角进行这样的反思。战争的历史一直在反复冲刷着日本的公共生活，就像倾倒在沿海水域里的垃圾，每一个浪潮都会把它冲回到岸上重新堆积起来。

最有争议的问题是战争罪。从20世纪50年代以来，持续活跃的战后和平运动支持者谴责军国主义独裁者，说他们破坏民主、欺骗人民、陷人民于长期贫困并蹂躏被征服国家。这些谴责让人们注意到某些人想要忽略或否认的事情，比如南京大屠杀、虐待敌国士兵和在中国进行生化试验等，这些都是野蛮、残酷的战争行为。同时，和平运动的支持者援引广岛和长崎以及其他轰炸事例，来证明他们的观点——日本人民也是无辜的受害者，而他们的痛苦是对威胁世界的核战争的一个严重警告。对死者的缅怀和幸存者的证词成了日本发动反对核武器、核扩散运动的动力。

日本右翼却拒绝接受东京审判的判决，并以此来反对那些向日本帝国政府提出战争索赔的要求。他们把珍珠港事件认定为一个处于守势的国家在遭到外来强国的威胁时作出的本能反应，反对军国主义思潮泛滥成灾的指控。他们喜欢强调日本是努力将亚洲从西方殖民统治和剥削下解放出来，并美化其军事胜利和战亡的光荣记录。他们信奉以靖国神社为象征的民族精神，靖国神社是250万日本战死者的灵魂居所。政府官员们，包括一半的战后日本首相，都在那里向为保卫国家和天皇而牺牲的士兵致敬。同样的，日本教育部官僚们批准采用新撰写的教科书，以取代旧教科书，因为日本右翼认为后者"太过悲观"或"过分批评日本在'二战'中的立场和行为"，而学校需要向学生灌输维护民族信心和自尊的教材。日本的主流历史学家和左派历史学家纷纷抗议篡改教科书、否认诸如南京大屠杀等事件的行为，并就新教科书为日本战前政策狡辩提出了严重抗议。但实际上，很少有学校选择使用右翼分子编写的教材。在强迫为日军提供性服务的"慰安妇"问题上，日本官方持否认态度。数十年来，日本政府竭力掩盖这些慰安妇羞于当众提起的战争罪行。当其中一些人在晚年勇敢地走出来时，日本法院又以事件早已结束为由，驳回了她们要求日本官方作出道歉和赔偿的诉讼要求。

日本政府高级官员一再试图用各种手段来掩盖丑陋的历史，这激怒了曾经遭到日本侵略的邻国。例如，在1994年，日本司法部长驳回了一名妇女对战时虐待"公共妓女"的诉讼，而且补充说南京大屠杀是一个"谎言"。

这样的言论促使参加见证了战争的中国、韩国、朝鲜和菲律宾人民将反日情绪和敌意传给后辈子孙。在民族主义政治家们的影响下，这些仇恨的情绪一直流传着，影响后来人。

日本公众对于这些有争议的历史有着自己的看法。他们对过去50年的日本殖民和侵略史选择集体失忆，以回避对于战争罪的争论。根据1991年进行的一次民意调查，有一半受访者同意就珍珠港事件向美国作出正式道歉，这是日本公众在这一问题上的唯一让步。而真正影响日本民众想法的，是普通日本人在原子弹轰炸中遭受的苦难，以及战争最后一年里美军对日本城市进行狂轰滥炸造成的伤亡。反映这一强烈情绪的，是在1991年的民意调查中，有2/3的受访者认为，美国应该就原子弹轰炸向日本作出正式道歉。这种痛苦使得他们对珍珠港事件的愧疚感有所减轻。可以在小说、回忆录、诗歌、博物馆展览和电影中找到更多表现这一受害者心态的证据。自20世纪50年代以来，这些作品用大量生动的细节来精心展现普通日本人在战争期间遭受的各种苦难。

1997年，一部名为《一个名叫H的孩子》的自传体小说成了畅销书，书中集中描写城市平民的苦难，他们无助地面对来自空中的死亡弹雨。在不经意间，小说突出批判了官方用"一派谎言"来误导公众的做法。

和日本一样，美国也选择性地保留记忆，而且这两国的观点是明显对立的。占领期间形成的差异分界线，半个世纪后仍然十分牢固。但对于日本是战争受害者的看法，美日两国存在很大的分歧。由于美军占领日本后禁止对原子弹轰炸的后果和情景进行讨论，所以丝毫没有涉及上述问题的评论。各种通过暗示使美国人关注日本受害论的行动也引发了争议，最引人注目的行动发生在珍珠港50周年纪念日上。为铭记这一时刻，华盛顿史密森国家航空航天博物馆计划围绕"艾诺拉·盖伊"轰炸机举办一次展览，意在探讨围绕原子弹爆炸所造成的一系列难题，结果引发了非常强烈的批评。

驾驶"艾诺拉·盖伊"轰炸机的飞行员声称展览是"一系列的侮辱"，美国军方也对此表示认同。在同情退伍军人的媒体的煽动下，敌意迅速蔓延最后失控。《华尔街日报》宣称，史密森博物馆"落入了一些学者之手，这些学者并未将美国历史看做是对世界上无辜人民所犯罪行和侵略的不幸记录"。共和党保守派急忙进行指责。总统候选人帕特·布坎南声称，在展览中将看到的是"在向美国青年灌输、抹黑美国历史"。参议员温德尔·福特担心，"在你开始将其他国家的观点混为一谈时"，美国民众的历史观会出现什么变化？愤怒的国会作出威胁，称要举行长时间国会听证和减少资助。在此情况下，一位不坚定的博物馆负责人辞职了，展览被迫清洗，以避免再次发生像"反思美国战时对敌国平民做了什么"之类的棘手问题。

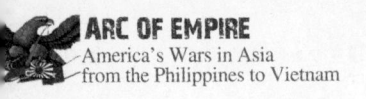

美日两国在涉及战争罪行的问题上又产生了分歧。东京审判确立了世界对日本侵略行径和野蛮的战争行为的基本认定。好莱坞影片也为这种认定起到了传播的作用，《珍珠港》就是最佳的例子。

在 2001 年，影片《珍珠港》渲染了日本军国主义的行径，也将美国描述成无辜的受害者。这是使美国民众都接受了的历史认定，因此电影具有强烈的公众感染力。

相反，1970 年拍摄的《虎！虎！虎！》则从进攻一方提供了一个双方看待这一事件的不同视角，但后者在商业上却是一部失败的作品。在美国人的记忆中，战后对日本的占领是替珍珠港事件画上句号，同时也是为了帮助独裁的日本帝国实现社会变革。如同教科书里宣传的"美国对菲律宾进行殖民管理"的观点一样，美国人也把自己想象成无私的人，他们把自由、民主和繁荣带给了刚愎自用的日本，而最终日本也会对美国充满感激。

在战时将日裔美国人关押在难民营的行为，也引起了人们对公民权制度的质疑。这也证明了一个观点：在道德评断上，面对战争责任比承担战争责任更为容易。战后，美国对难民营制度进行修改并对无辜被关押的民众给予了一定的补偿。但对由此造成的高达 4 亿美元的实际财产损失，美国仅作出约 3 800 万美元的象征性赔偿。20 世纪 60 年代，民族解放运动达到了全盛时期。在此背景之下，年轻的日裔美国人将战时剥夺公民自由的问题作为他们的运动依据。

此后，这一问题才得到更为严肃的关注。面对越来越大的压力，杰拉尔德·福特总统在 1976 年公开承认，将日裔美国人关押在难民营是一种错误的做法。这一判断在 1981 年被一个总统委员会所证实。该委员会宣布，关押行动"并非出于军事必需"，而是由"种族偏见、战争因素和失败的政治领导"所引起的。最后，国会在 1988 年作出正式道歉，并对幸存的受害者追加赔偿，每人赔偿 2 万美元，总数达 16 亿美元。

第二部分
问鼎东亚霸主 | 美日之战(1941～1945年)

一场战争，两种意义

图为位于弗吉尼亚州阿灵顿的美国海军陆战队战争纪念馆。这一献给夺取硫磺岛军人的礼物是以战场摄影师乔·罗森塔尔在岛屿残酷战斗期间拍摄的标志性照片为基础修建的。纪念碑由费利克斯·德·韦尔登在1954年设计并公开展览。它唤起美国人对总是与"好战"联系在一起的军人道德的联想。(美国国会图书馆版画和摄影部提供)

149

图为广岛和平纪念馆。俗称"A-弹穹顶",是1945年8月6日几乎在其正上方引爆的原子弹毁灭城市后留下的唯一遗迹。日本广岛市议会于1966年决定保留该建筑,一开始是作为一个商业展览大厅。1996年,联合国教科文组织不顾美国反对,宣布其为世界保护遗产。纪念馆立即成为对笼罩全人类的核武器危险的警告,并提醒人们日本几乎每一座城市都遭到过来自空中的破坏。(来自维基共享)

下一个挑战者

"二战"快结束时，以歌曲《这是你的国土》而闻名的美国民间左倾歌手伍迪·格思里，准确地把握住了时代精神，他在当时唱道："啊，一个更好的世界正在到来。"正如格思里所描述的，美国及其盟国的确"在陆地、海上和空中打败了敌人"。经过45个月的艰苦战斗，战争结果终于决定了谁才是西太平洋的霸主。整个大洋成为了美国的内湖，或者用一首流行歌曲歌词来说："具体而言，是我们的太平洋。"有了这一可充分利用的机会，美国决策人开始推行的帝国替代计划，就远远超出了日本的范围。

美国至此在东亚确定了成弧形分布的广大势力范围，其在东亚的势力也达到了顶峰。麦金莱推动了美国帝国大业的进程，并且宣称这是为了完成天赋使命。他紧紧抓住菲律宾和夏威夷这两个前哨阵地，准备在未来对中国采取行动。最开始，在面对强大的对手——也在进行帝国扩张的日本时，麦金莱的继任者显得犹豫不决，但最终还是选择了付诸武力。美国宣称自己拥有亚洲地区的主导权，但这与日本的利益产生了冲突。如今，日本帝国不复存在，残余的欧洲帝国尚在挣扎求生，这就更利于美国在沿太平洋西海岸国家中采取扩张行动，也给隐秘的美国特工提供了很多机会。他们秉持着天赋使命的民族责任感，到处推广美国的自由价值观，为亚洲国家提供"民主教育"，并帮助他们建立与美国相关联的市场经济。在这种情况下，美国可以趁机控制这些国家，令他们尊重美国，服从美国。家长制统治的其中一个表现就是在所有领域指导并提携亚洲人。美国在太平洋对岸拓展大业过程中，这种变现从一开始就显而易见。

但是，世界历史上最大的流血冲突，并没有带来和平以及亚洲、美国所谓自由进步的拥戴。相反，紧随其后的是新的战争。美国刚获得霸主地位就面临两大挑战。较小的挑战来自苏联。斯大林在最后时

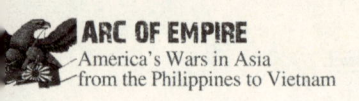

刻加入太平洋战争，占领了远东地区的战略要地。这标志着他和他的继任者将在东北亚有所行动。但正如当时有先见的观察家所察觉的，更大的挑战来自东亚内部。到战争结束时，反帝国主义侵略、反殖民统治的革命运动进行得如火如荼。哈罗德·R.艾萨克斯在1947年曾写道："亚洲没有和平。""只要社会、政治和经济问题没有得到解决，亚洲就仍然是冲突之地。亚洲没有和平，美国和全世界就不会有和平。"1945年到1975年间，汹涌的民族主义和共产主义浪潮淹没了美国的地区霸权，击碎了美国掌控亚洲的梦想。然而，美国想要凭借力量控制太平洋地区的观念根深蒂固以至于在后来的25年里美国又发动了两场战争，第一次在朝鲜，第二次在越南。之后，美国的决策者们才极不情愿地接受令人不快的现实：就像此前所有的帝国一样，美国的力量也是有限的。

第三部分

帝国转折点
朝鲜战争（1950 ~ 1953 年）

拥有航母、轰炸机编队、地面机动部队等强大武力的十六国联军居然输给了只有"小米加步枪"的中国？！这仿佛扇了东亚霸主一记狠狠的耳光，它开始意识到，中国，在历经了百年衰弱之后，已在一步步重新崛起。

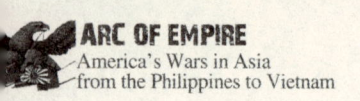

ARC OF EMPIRE
America's Wars in Asia
from the Philippines to Vietnam

　　1953年7月27日上午10点整,美国将军威廉·K.哈里森和朝鲜人民军南日将军从边界村庄板门店两侧进入一个专门修建的建筑物,这是为结束朝鲜战争而进行长期停战谈判的现场。他们分别代表着以美国为首的联合国十六国联军和苏联支持的朝鲜和中国。威廉·K.哈里森将军和南日将军都不发一言,分别在9本蓝色封面和栗色封面的停战协议副本上签署了自己的名字。12个小时后,停战协议正式生效之时,美国陆军第15步兵团的无线电侦察员威廉·D.丹棱梅尔很不安:

　　"四周寂静得可怕,黑暗也一样,不再有炸弹爆炸的亮光。然后,灯光开始慢慢地出现,这里点燃一支香烟,那里亮起一支手电筒……我从未感到过自己的生命如此荒凉和空虚……没有欢呼,也没有笑声。"

　　尽管战争双方都声称自己获得了胜利,但丹棱梅尔的反应更接近士兵们的真实心理。

　　1950年6月25日,朝鲜战争爆发。在此之前,朝鲜半岛上已经发生过长达数年激烈的内部冲突。随之而来的战争使半岛遭到3年多的战争蹂躏,并迅速将美国及其盟友,还有中国一起卷入到这场战争里。陆地拉锯战、双方的野蛮暴行和美国空军的狂轰滥炸,大量平民和战斗人员因此而死亡。最后,因为交战双方惧于战争扩大的风险,最终在三八线附近熄灭了战火。停火线设在战争爆发前临津江附近。这场没有结果的战争,注定了它们在未来将继续对立。

从广义上说,朝鲜战争的失利,动摇了美国在东亚地区的霸主地位。在这之前,随着日本的臣服和各欧洲老牌帝国战后衰退,没人能撼动美国的霸主地位。但事实上,朝鲜战争证明,在一个正在经历深刻变化的地区里,即使是美国,其影响力也很有限。到1950年,南亚、印尼、菲律宾、马来西亚和印度支那的民族独立运动都已取得重大进展,部分地区甚至都已实现民族独立。新生的中国在亚洲地区革命形势的推动下,将目光投向防卫边境地区。而美国的主要冷战对手苏联,也与中国结成了盟友。在这些不利背景下,美国决策者们第一次发现自己被卷入朝鲜战场,因此受挫,最后还被迫接受一个令人沮丧的解决方案。

第 11 章
动乱地带
躁动的亚洲，热战的前兆

1945 年后，美国领导人的情绪由高度乐观迅速陷入到恐惧和悲观之中。1945 年底到 1946 年初，克里姆林宫加紧控制东欧，并试图在伊朗和中国东北夺取势力范围。此举导致"二战"时候还互为盟友的美苏两国关系开始恶化。渐渐地，杜鲁门总统决定表明立场。他对莫斯科日益增长的敌意，在与亲密顾问的私下交谈中第一次明确爆发出来。接着，在 1947 年 3 月，他向民众公开了这种敌意。在一次具有里程碑意义的国会演讲中，杜鲁门宣称全世界陷入了意识形态的严重分裂之中，并承诺对遭受共产主义威胁的国家予以全面支持。他的戏剧化承诺迅速落实为确保西欧经济复兴的《马歇尔计划》。到 1949 年，杜鲁门政府已经联合西欧国家构筑起一个反苏阵营，并建立了以军事合作为基础的"北大西洋公约组织"。

虽然杜鲁门政府将西欧作为重点地区加以防守，将东亚视做次要地区，但由于其承诺的范围太广泛，以至于很难维持在不同地区间的力量。美国领导人确立了一整套强而有力的整齐划分主次要区域的理论。"二战"前夕，英国首相张伯伦与希特勒签署了标志着绥靖主义的

《慕尼黑协定》造成了极大危险，而现在美国领导人则将此危险内在化。很快，他们从斯大林和其他共产主义领导人身上看到了与希特勒相似的扩张精神。他们相信，软弱和犹豫只会让集权主义者的野心无限膨胀，而要确保国家安全与和平，就必须勇敢地面对他们。20世纪30年代末，"安全不可分割"的地缘政治理论在富兰克林·罗斯福的思想中已经非常突出——安全是不可分割的。

就像多米诺骨牌效应一样，一个国家的失败肯定会影响到全世界。既然现在任何斗争在本质上都是全球化的，那么保卫亚洲也就和保卫欧洲一样，具有同样重要的意义。最后，或许也是最重要的一点，杜鲁门和他的顾问们都相信，他们正在从事一场利害攸关的意识形态斗争。总统在1947年3月断言，以苏联为首的社会主义国家与资本主义国家存在根本矛盾。这一断言废除了地理限制。人类命运似乎悬而未决，杜鲁门政府将共产主义在世界任何地方取得的胜利都看做是潜在的巨大灾难。

构筑反共阵营

这些原则性观点促使美国采取了遏制战略。很快，美国的决策人注意到了10多个资源争夺点，而东亚也逐渐成为美国最重视的地区，其危险指数急遽上升。华盛顿一步步加强对这一地区的控制，以防随时可能发生的危险。最早也是最有决定意义的局势剧变发生在日本。1947年到1948年，美国对日本的占领政策发生了急剧逆转。原先，美国着重进行日本战后社会政治改革工作，而如今，他们更重视的是同其他资本主义国家建立冷战阵营。

美国的殖民地总督道格拉斯·麦克阿瑟曾经设想过的"亚洲的瑞士"，如今将成为一座反共堡垒。为确保日本的堡垒地位，美国当局开始打击日本的工会和左派，并停止解散被列为财阀的企业集团。为加

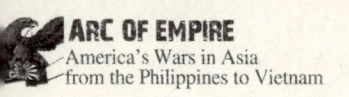

速日本的经济复苏，美国停止了对日本侵略战争受害国的赔偿，并鼓励将东京的权力重新集中到保守派人士吉田茂手中，后者曾是前日本帝国外交部的高级官员。美国如此反常的真正原因在于，吉田与美国一样反对共产主义，只不过在细节上有时与美国意见相左。

美国观察家们发现，除日本之外，亚洲的一些小国需要一个更成熟、更仁慈的大国来担当指导人角色，这是由当时不稳定的环境决定的。甚至在战争尚未结束之前，美国的决策者们已经开始担心，共产主义者和激进的民族主义者会如何利用这一过渡时期来扩大其影响。于是，美国开始着手建立一张由军事占领、军事基地、各种贸易协定和联盟结成的地区网络。这一新的势力扩充范围曾一度因菲律宾战略地位弱势而受到限制，它沿着太平洋西海岸南北延伸长达3 000英里。

日本凭借其恭顺的政治精英、日益复兴的经济、重要的海陆空军事基地而成为美国在亚洲北部的反共桥头堡。而在亚洲南部，菲律宾成为反共桥头堡的不二之选。为了实现这一目的，华盛顿决心兑现之前的承诺，让菲律宾正式独立。如此一来，美国不仅因为结束殖民统治取得了良好经济效益，而且还给了大量亚洲民族主义者实现民族独立的信心。更重要的是，美国通过让菲律宾独立，向那些疑心重重的欧洲人证明，美国的殖民主义是如何开明。但是，美菲两国之间仍然保持着很强的殖民关系。

新菲律宾主要由旧家族势力集团统治，他们依赖美国的军事和经济援助维持统治。美国军方的思维方式也在转变，他们同样认为保持两国的密切关系十分重要。由此看来，当时的菲律宾似乎不再是美国的战略负担，反而成了其战后防御体系的一笔巨大财富。但美国是以一份租约作为菲律宾实现独立的交换条件的，该租约规定美国租借菲律宾23个军事基地，为期99年，其中包括克拉克机场和海军基地苏比克湾。

华盛顿敏锐地意识到，亚洲其他地区的殖民政权力量也日渐削弱，各国民族主义者实现民族独立的心情也愈加迫切，这就容易产生令地区动荡的矛盾。英国殖民者认识到这一点后，趁早从殖民地撤离，之后其殖民地迅速分化成巴基斯坦、缅甸、锡兰和印度。但是，欧洲其他帝国在东南亚的殖民当局迟迟不肯撤离，这让华盛顿左右为难。美国战时对民族自决的支持与如下假设发生了冲突：在允许殖民地民族独立之前，需要对其进行长期监护。共产主义的崛起，杜鲁门政府倍感压迫，开始逐步放纵欧洲对保留残余殖民政权的要求。

荷属东印度群岛使华盛顿陷入了两难的境地：要么继续同意欧洲盟国在当地殖民，要么兑现让当地民族实现独立的承诺。但是，为了遏制共产主义的发展，华盛顿默然支持荷兰重新夺回殖民地，并着重构筑稳定的美欧反共阵营。但是，美军占领日本又为长达20多年的民族独立运动打开了一道缺口。1945年8月日本投降后，印尼的民族主义者很快利用这一契机建立印度尼西亚共和国。华盛顿随后发出恢复殖民地的呼吁，但这与荷兰恢复旧秩序的愿望一样，为时已晚。因为担心斯大林会利用东南亚的反殖民主义情绪，国务卿乔治·C. 马歇尔在1948年改变策略。苏加诺领导的印尼温和派民族主义政府和穆罕默德·哈达也承诺将约束国内的共产主义发展，绝不让苏联有机可乘。他们也承诺保证这些作为战略据点的岛屿的安全，并提供丰富的石油、橡胶和锡资源。由于要依赖美国进行战后复兴，加上美国的频频施压，1949年荷兰殖民政权终于勉强同意撤离。

20世纪40年代后期，英属马来亚民族运动势头正劲，加剧了美国对共产主义突破重围的焦虑。1952年，英国采取了多种平叛战术，到年底终于化解了危机。这次起义仅局限于农村的华人少数民族，其要求比较狭义，因此在很大程度上帮了英国人的忙。马来亚最终平稳地走向独立，并成为英联邦的成员。

相比之下，共产主义运动汹涌的印度支那，形势看上去却前景黯淡。因为法国拒绝放弃殖民地，而法国在欧洲防线中的重要性又使华

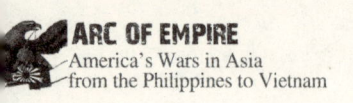

盛顿不可能像对荷兰那样对其随意施压。同时，华盛顿也越来越担心，法国撤离只会让胡志明领导的共产主义队伍趁机夺取政权。在继续就最终民族自决权进行谈判的同时，杜鲁门政府也越来越倾向于支持法国保留其殖民地。1950年初，印度支那终于在反共防线内正式赢得一席之地，标志着它在该地区成为美国新的反共前沿阵地。

中国，帝国的老对手

　　1949年，共产主义在中国取得胜利。对此，华盛顿倍感沮丧。中国知识分子为了民族复兴，经历了半个世纪的曲折探索、争论与行动，共产党新中国的胜利最终为这一系列探索画上了完美的句号。这些知识分子曾目睹世界列强将他们周边的国家变成殖民地，并将另一些国家划归为非正式势力范围。最为严重的是，列强正逐渐将其魔爪伸向中国。中国的知识分子和政治领导人得出了一个结论：应对这一危机的前提条件是建立一个强大的政府，该政府能够有足够力量收复台湾、东三省、蒙古、新疆和西藏等地区。同时，减少在华外国人数量，恢复中国人的民族自豪感，并重建中国世界强国的地位。在清朝最后10年里，这一民族复兴计划的力量越来越大。1912年满清政权垮台，取而代之的是一个软弱的共和政府，中国进入了政局动荡的局面。为了解决他们国家所面临的国内外问题，该政府引导中国民族主义者转向西方的各种思想流派，其中就包括革命的马克思主义。该政府也鼓励民族主义反帝反侵略。

　　20世纪40年代，中国发生了翻天覆地的变化，这一变化对美国造成了可怕的影响。20世纪20年代末和30年代初，蒋介石曾是中国民族主义的代表，但抗日战争严重削弱了他的实力。而他的对手——共产党则在毛泽东的带领下发展成一股强大的军事政治力量。1946年6月，中国国共内战爆发。3年之后，共产党取得了胜利。他们建立了新政权，将美国视为头号国际敌人。在国内，新政府致力于消除自美国实行"门户开放"政策以来积累的影响。在国际上，新政府支持越南胡志明革命力量，谴责美国在日本的占领行为，并支持金日成领导的朝鲜共产主义政权。作为忠实的马克思列宁主义信仰者，毛泽东和他的同志们期望苏联能在建设和保卫新中国方面给予支持。新中国在1949年10月1日举行了开国大典，两个月后，毛泽东即动身前往莫斯科。1950年2月，毛泽东和斯大林在莫斯科签署了正式的同盟条约，其中包括安全承诺，苏联提供3亿美元低息贷款，以帮助战争废墟中的中国复苏经济。

主导这一中国命运重大转折的人正是毛泽东，他1893年出生于中国湖南省的一个中等富裕农民家庭。在接受马克思列宁主义思想之前，毛泽东曾经接触过西方自由主义和无政府主义的思想。1921年，中国共产党成立。毛泽东作为创始者之一，很快认识到中国农民的革命潜力。他们被夺走了土地，被迫四处漂泊，无家可归，因此更迫切地想改变现状。在接下来的10多年间，毛泽东被其政治对手——莫斯科培养的领导人多次打击。这些人认为他是个没受过良好教育的乡巴佬，只能对政党学说作很肤浅的理解，而且热衷于政治斗争。但他们低估了毛泽东的政治才能，也低估了他的游击战术和作为领导者的个人魅力。1935年，毛泽东击败所有政治对手，取得了中国共产党的领导权。

斯大林注意到了毛泽东的才干，承认他是中国共产党的领导人。作为回报，毛泽东明确承认克里姆林宫是世界共产主义运动领袖，接受苏联的指导。并表示他对这一革命事业很忠诚。但是，这并不意味着完全遵从苏联的指示。早在中国国共内战最后阶段，毛泽东和斯大林就已经在战略上产生了分歧，毛泽东有时会按照其想法行事。像所有联盟一样，一方表示从属，但并不表示消除所有不同的优先考虑、不同利益甚至不同的世界观。

到20世纪40年代后期，毛泽东的成功开始对美国在亚洲的主导

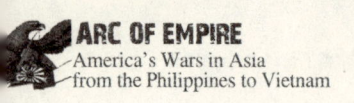

权构成巨大的障碍。人口众多、土地广袤而又积贫积弱的中国,一直是美国想掌控亚洲的主要目标。早在 20 世纪 20 年代初,自布尔什维克主义传播到中国以来,共产主义统治就已成为美国决策层挥之不去的噩梦。他们认定中国是受了苏联共产主义的影响,才发起一系列针对不平等条约的反帝运动。美国声称这些运动威胁到了美国的传教活动、商业和外交利益。因此,美国的目标就必须是"将中国从这一烂摊子里拯救出来"。

蒋介石是基督教信徒,而他也坚决反对共产主义,这使得他成为了美国遏制共产主义的支持对象。1927 年成为名义上的全国领导之后,蒋介石开始着手清除共产主义对手,并培养美国传教士、教育工作者和外交官。富兰克林·罗斯福总统早就选定蒋介石为战后盟友,并支持蒋介石以稳定亚洲局势。1943 年,罗斯福声称,"中国至少是一个潜在的世界强国,而无政府主义将带给中国不幸,因此,必须给予蒋介石充分支持"。1945 年的整个秋天,美国政府都在想方设法地支持在八年抗日战争中势力遭到严重削弱的蒋介石。华盛顿向中国华北地区派出美军陆战队,提供人道主义救援和重建援助,并将国民党军队运送到指定位置去接受所有在华日军的投降,以此来打击其共产党对手。

当中国共产党人在 20 世纪 40 年代末奋力夺权时,美国领导人也在努力挽救蒋介石。1945 年 12 月,总统派乔治·C. 马歇尔将军前往中国,希望通过斡旋和平解决迫在眉睫的国共内战。但这是个不可能完成的任务。到 1946 年中旬,国共内战席卷中国。马歇尔指责国共双方顽固不化,在 1947 年 1 月放弃调停。此后,华盛顿疏远蒋介石,但又固执地敌视毛泽东。华盛顿向国民党提供少量的经济和军事援助,同时试图推动蒋介石进行改革。国民党内部政治腐败,贪污成风,这使得国民党民心大失,只有改革才能挽救当下颓势。到 1949 年,约 30 亿美元的美国援助都未能拯救国民党。杜鲁门政府此时也需要调遣更多军队去欧洲,遂拒绝向中国派出美军作最后救援。

第三部分
帝国转折点|朝鲜战争(1950～1953年)|

被打败的国民党军队撤退到台湾,这使得美国改变了计划。毛泽东的人民解放军将目光投向了这一岛屿,正准备收复该岛,将之重新归入新中国版图。由于台湾横跨西太平洋海上交通要道,美国将台湾视做一个战略要点。但是,由于美国军力分散至全球,力量被削弱,所以杜鲁门对于是否要对劣迹斑斑的蒋介石政权作出承诺仍然犹豫不决。但华盛顿仍然保持着与蒋介石"中华民国"的外交关系,并承认它是全中国唯一的合法政府。与此同时,国会内强大的共和党人在亨利·卢斯媒体帝国的支持下,谴责民主党政府"丢掉了中国",并要求采取有力措施挽救中国这个长期盟友。

杜鲁门对中国大陆的政策并不存在秘密的意见分歧。蒋介石的失败不仅仅使华盛顿失去了在华的反共附庸政权,也在遏制共产主义的阵线上被撕开了一道巨大的裂口。美国冷战分子们担心,联系如此密切的中苏同盟将会对美国产生前所未有的战略威胁,这种威胁甚至超过了1940年轴心国崛起所带来的威胁。新中国政权对美国的态度是友好呢,还是轻视?这些人都在焦虑着。杜鲁门感叹,中国的亲美"自由派"已经失败,现在的中国变成了一个"集权主义国家"。它的新领导人是一群"困惑又被严重误导的人",他们对西方怀有"傲慢和蔑视之意"。接替马歇尔担任国务卿的迪安·艾奇逊把中国革命看成是苏联已经接管了中国。他指责"中国共产党的领导人已经发誓要抛弃自己的遗产了"。但他仍然怀着一线未来中国会回归到美国阵营的希望。同时,他宣称"中国的悠久文明民族主义将重新发挥影响力,使中国摆脱外来桎梏"。

在杜鲁门的支持下,艾奇逊制定了在外交和经济上孤立中国的强硬政策,并不时公开指责中国的新领导人,试图破坏中国人民对其新领导层的信任。同时,他们诱使中国共产党内的民族主义者与莫斯科决裂,希望最终达到将共产党人从中国国家政权中排除的目的。到1949年,在一番渲染之下,美国公众在中国问题上已与政府持有同样

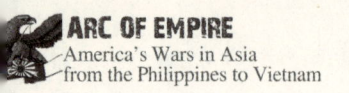

观点，虽然他们对政府援助国民党人持怀疑态度，但又反对承认共产党新政权。

被撕裂的朝鲜

较之中国的巨变，朝鲜战争对美国更广泛的阵线来说似乎只是一个影响有限的插曲。然而，在美苏冷战较量和中美关系紧张的背景下，为了国家的未来，朝鲜内部发生了激烈斗争，这为美国在亚洲打响第三场战争创造了条件。朝鲜半岛环境恶劣，山多、资源相对贫乏，一向以地区冲突而闻名。它的地理位置使它成为东北亚和日本之间的要冲。19世纪末，朝鲜面临来自北方的俄罗斯扩张的压力，东边出现了一个具有帝国扩张倾向的现代化日本，还有一个试图扮演保护者角色却已衰弱不堪的中国。自此之后，它就变成了地区冲突的焦点。朝鲜王朝是一个历经500多年的儒家君主王朝，在内部改革派挑战和宫廷派系残酷斗争的不断摧残下，朝鲜王朝渐渐失控。1905年，日本在日俄战争中取胜，夺得了这一半岛的绝对控制权。1910年，日本正式吞并朝鲜。

长达40年的日本殖民统治给朝鲜留下了深深的烙印。它遏制了朝鲜本土领导阶层和政治自治组织的发展。殖民统治期间，日本实施文化灭绝政策，压制朝鲜语言和文化的发展，并对这一拒不服从的民族实施强制同化和奴役政策。东京将朝鲜的经济与日本帝国捆绑在一起，迫使数百万朝鲜人从事等同于奴隶制的强制劳役。虽然日本也将少量工业带入朝鲜，但殖民地以农业经济为主，教育和技术水平十分低下，所有人都在死亡线上挣扎着。

日本在1910年入侵朝鲜时，美国袖手旁观，一开始甚至还对日本的"文明使命"抱同情态度。但"二战"使他们下定决心要摧毁日本帝国，因此他们不得不去考虑战后朝鲜的未来。罗斯福设想过让朝鲜

第三部分
帝国转折点|朝鲜战争（1950～1953年）|

独立，但前提是朝鲜必须在大国托管下接受几十年的"民主熏陶"。这与美国对菲律宾的模式一样，因为美国认为亚洲人没有成熟的政治体制，他们需要一个漫长的"仁慈监护和民主熏陶"过程，然后才有能力管理自己。这种植根于美国精英和普通民众思想中的主观论断，深深触怒了接受过教育的朝鲜爱国者。

不管怎样，罗斯福的计划最终胎死腹中。随着太平洋战争结束，杜鲁门政府不得不制定临时政策。由于预见到在朝鲜的日本军队即将投降，8月10日，包括未来国务卿迪安·腊斯克在内的两名美军军官奉命选择一条旨在划分美苏军事占领区的分界线。他们选择了"三八线"，这条线在朝鲜以往的历史中没有任何重要意义，并将当时的首都汉城划在了美军占领区内。8月初，苏联军队击溃日本军队，迅速占领了三八线以北地区。一个月后，由约翰·R.霍奇将军指挥的美军从冲绳岛奔赴三八线以南的美军占领区。

没有专家提供建议，美国军方和文职官员针对这一动荡地区草拟了一套管理措施。当时的经济情况一团糟，高地租现象在农村严重泛滥，以至于这一地区成了无地农民和地主之间的战场。政治上活跃的精英分子也分成了两派：曾经与日本合作过的人和在抵抗运动中起领导作用的左派。战后，政治倾向不同的双方如今都已支离破碎。由于害怕引起政治动荡，霍奇将军撇开了朝鲜的激进民族主义者，其中包括各类信仰不一的左翼分子和共产党人，这些人几乎全部要求立即实现民族独立。为维持秩序，他联合了虽被打败但建制仍然完整的日本军队，拉拢朝鲜的合作者，尽管他们曾经相当鄙视这些人。

一位名叫李承晚的政治家在美国的支持下被选为朝鲜半岛南方临时政府的首脑。1875年，李承晚出身于朝鲜北部的一个贵族家庭。他早年接受过儒家教育，后进入了一所卫理公会学校（卫理公会是基督教新教卫斯理宗的美以美会、坚理会和美普会合并而成的基督教教派。——译者注），在那里李承晚成了一名虔诚的基督徒，并掌握了

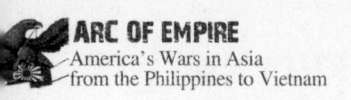

流利的英语。因为其民族主义立场，李承晚在年轻时蹲过 7 年监狱。1904 年获释后前往美国留学。1910 年，也就是日本吞并其祖国那一年，他在普林斯顿大学获得政治学博士学位，并结识了当时的大学校长伍德罗·威尔逊。在长期流亡美国期间，他不知疲倦地游说，希望赢得美国支持朝鲜民族独立。

太平洋战争结束后的动荡政局为李承晚提供了一个机会。尽管他是一个难以控制的保守派人士，但他拥有有利的美国资历、流利的英语和强烈的新教信仰，这使他得到了霍奇将军和美国政府的赏识。李承晚和狡猾的保守派民族主义同盟将和美国人一起，在三八线以南共建一个反共堡垒。李承晚与地主、当地名人结盟，这其中许多人以前曾效忠于日本殖民政府，但李承晚也借此集中力量消除左翼反对派。军队、警察和亲政府的治安团体对左翼激进组织、工会和农会进行野蛮镇压。到 1950 年 6 月战争爆发前，约 10 万人的生命因此被夺走。

当李承晚政权在南方艰难地建立威信之时，苏联支持的共产主义者夺取了三八线以北的地区控制权。虽然名义上成立了一个包括朝鲜民主党和青友党在内的三党联盟，但北方政府实权始终掌握在朝鲜劳动党手里。该党与苏联占领东欧国家过程中夺取政权的政党一样，都是共产党的兄弟组织。

朝鲜劳动党的领袖是年轻的金日成。1912 年，他出生在朝鲜一个收入微薄的基督教家庭，取名金成柱。在他 8 岁时，他们一家越过边界进入满洲。在那里，他学会了中文，并在中学时对共产主义产生了兴趣，而这也是他接受过的最高正规教育。20 世纪 20 年代末，还是青年的金日成参加了地下抗日活动，后来在中国共产党领导的游击队里担任了政委和军官，最终指挥着一支约 300 人的队伍。1935 年，他以金日成的假名，作为游击队的领导人取得过一些小规模的胜利。1940 年，他被日本的平叛部队赶到了苏联的东西伯利亚。在苏联，金日成接受了军事训练，并担负起红军远东司令部赋予的重大使命。不像比他年长37岁的李承晚，金日成在其追随者圈子之外默默无闻。从西伯利亚乘船回国之后，金日成于1945年10月在苏联主导的平壤聚会上首次公开亮相。

此后，在特伦蒂·F.什特科夫将军的引导下，金日成平步青云。什特科夫是苏联使者，后来成为苏联驻朝鲜的首任大使。不到两个月，金日成已经成为朝鲜共产党的领袖。1946年2月，他被选为朝鲜临时人民委员会委员长，成为未来朝鲜民主主义人民共和国的核心人物。

在这两个相互竞争的政权竞相巩固自身时，原先仅划分为军事占领区的地方就凝固成了两个独立的国家。到1947年，美苏之间关于建立一个统一的朝鲜的谈判已经陷入僵局。这一僵局与其说是为了满足各自支持的政权，不如说是为了继续控制潜在战略区并避免发出任何有可能示弱的信号。因此，尽管美国的决策人认为整个朝鲜半岛"政治上都不成熟"，没有值得"美国为之开战的理由"，但他们仍着手加强李承晚政权。

他们首先组建了"联合国朝鲜临时委员会"，然后迫使李承晚保证韩国将在1948年5月举行全民选举。李承晚在选举中胜出，但其实该选举是一次被操纵的选举。苏联支持的北方政权拒绝参加选举，也拒绝承认选举结果。李承晚被任命为大韩民国（简称韩国）第一任总统，韩国在1948年8月15日正式成立，定都汉城。尽管披着民主合法性的外衣，但韩国实际上是一个由警察控制的政权，这是在冷战期间甚至在冷战之前华盛顿支持的许多右翼独裁政权的典型例子。朝鲜正式分裂的最后一步在9月9日完成，金日成领导的朝鲜民主主义人民共和国在当日发布成立公告，定都平壤。随着两个政权表面上趋于稳定，华盛顿和莫斯科都将注意力转向其他更具有战略意义的地区。

莫斯科和华盛顿达成的默契并未考虑到各自所支持政权的强烈的民族主义情绪。半岛上的这两个国家不仅没有被三八线分隔开，反而像是被三八线拴在一起的连体双胞胎。它们都深信，自己的长久生存

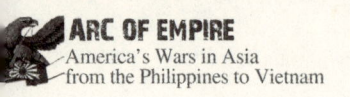

必须以消灭对方和重新统一朝鲜为前提。李承晚和金日成这两人，虽然身世背景差异很大，年龄也不相同，但都经历了反日本殖民控制的艰苦斗争。像其他爱国者一样，他们都对自己国家悠久、独特、同质的民族文化和悠久的历史感到自豪。对于曾经贬低朝鲜文化和干扰朝鲜统一的外来者，他们都怀有根深蒂固的不信任感。李承晚和金日成一样，都想充分利用战后机会赢得独立。他们认为国家分裂不正常，这是任何朝鲜爱国者都无法接受的历史。刚刚摆脱日本的控制，却又因为大国冷战而遭受国家分裂之苦，这使得朝鲜南北爱国者们的民族感情深受打击。因此，统一也就成了平壤和汉城领导人的最高奋斗目标。

在 1946 年至 1950 年，韩国和朝鲜都试图推行自己的统一方案，而且双方都准备动用武力。韩国政局不稳定，为朝鲜扩展其控制区提供了有利机会；而朝鲜采取的手段是支持韩国境内叛乱，开展游击战并进行越境袭击。然而，到 1950 年春，虽然李承晚越来越不受欢迎，但还是在很大程度上成功粉碎了对手的进攻，也发起越界军事行动来回应挑衅。李承晚还拥有一个独特的资源优势，即拥有 2 100 万人口，这个数字是朝鲜的两倍；此外，南方韩国的经济产量也是北方朝鲜的两倍。

在这一致命的争夺势力范围的过程中，朝鲜与韩国都向其庇护者寻求援助。甚至在外国军队开始撤离的时候，美苏两个大国都试图通过输送武器和开展军事训练计划来支持各自的附庸政权。最终，苏联在 1948 年底彻底从朝鲜撤离，而美国也在 1949 年 6 月完成撤离。1948 年 8 月，一支 500 人的美国军事顾问团开始按美国模式创建一支韩军。为预防朝鲜全面入侵，美军向韩军提供了武装 10 万人的装备，主要是轻型武器。

美国决策人决定暂时不提供坦克、装甲车和重型火炮，这些东西过于昂贵，而且似乎也没有必要。因为这非但不能协助韩国防卫，反而有可能诱使李承晚向朝鲜发动全面进攻。但即便如此，美国对韩国的援助也达到了 1 亿美元。苏联的行动更早就开始了。1946 年，当朝鲜军队在苏联的支援下诞生时，苏联顾问就交给了他们一些武器装备。1947 年 9 月，苏联顾问在平壤开办了一所学校，专门培训在韩国开展行动的游击队领导人。1950 年 6 月的前几个月，莫斯科大大提高了支持力度，更意味深长地交付了火炮、装甲车和飞机。美苏双方在冷战中的角力使世界之战火药味更浓，也为朝鲜战争的爆发埋下了导火索。

第 12 章
胜利幻象
一场没有赢家的拉锯战

朝鲜半岛，同一个国家同一个民族，却在冷战对抗的格局以及不可调和的国家路线矛盾下一分为二。1950 年 6 月，朝鲜韩国陷入了内战。随后一年中，胜利的幻觉反复诱惑着双方指挥官。最初，战争的局势对朝鲜领导人相当有利，他们也试图结束这场战争，统一朝鲜。但美国却想介入这场战争，确保可以按李承晚的方式统一朝鲜，并遏制共产主义力量。共产主义的新力量中国因安全问题，也想在这次战争中取得决定性胜利。最后，交战各方都精疲力竭，不得不认真考虑和平解决方案。

金日成的筹码

革命者总是先估算胜率何时有利于自己。金日成在 1949 年和 1950 年初就在作如此打算。他估量着李承晚在国内不受欢迎，而且其军队也存在不少弱点，更重要的是韩国政局动荡。因此，他得出结论：朝鲜军队可以在几周内征服韩国。他认为，美国似乎不大可能干预这场战争。杜鲁门政府已经默认了中国共产党的胜利，中国这么大的国家在美国的战略天平上也都那么微不足道，那么朝鲜的分量肯定会更轻。美国国家安全委员会也证实了这一观点。1949年3月，美国决定在6月前撤出全部美军，以便将它们部署到其他更重要的战略地区，为将来可能会与苏联发生的战争作准备。1949年12月和1950年1月，美国的远东司令道格拉斯·麦克阿瑟和国务卿迪安·艾奇逊分别在讲话中阐明了这一战略安排的意义。基于对太平洋外围防线的详细考察，艾奇逊放弃了朝鲜。平壤和莫斯科都对美国的选择了然于心。

金日成要确保斯大林同意并得到苏联的物质支援才会发动进攻。克里姆林宫对这位趾高气扬、纠缠不休的朝鲜领导者倍感困扰，因此它的回答很谨慎。斯大林庞大的苏联仍然处于遭受德国侵略之后的复苏过程。美国及其盟国却远比摇摇晃晃的社会主义阵营要强大得多，所以苏联没有理由匆匆忙忙地选择直接对抗。事实上，斯大林的共产主义信仰告诉他，时间站在苏联这一边。因为困扰资本主义社会的固有矛盾必然会加剧，最终导致这一制度在全球崩溃，胜利最后自然属于社会主义。但70岁的斯大林内心深处也牢记着列宁主义——革命者不能等待历史发展，而应促进历史发展。他已经作好促使朝鲜半岛历史进一步发展的准备，但前提条件是将苏联为此付出的代价、所冒的风险降到最小。

1949年，降低风险开始转向冒险。这一年春天，莫斯科同意了一项捐助主要武器的一揽子计划，并应平壤的要求，将在中国国共内战中与共产党并肩作战的朝鲜军队转送回朝鲜。据此，毛泽东将近7.5万名身经百战的朝鲜退伍军人，连同他们的武器装备一道遣送回朝鲜。1949年7月和8月，第一批回国部队到达，1950年春第二批到达。这些人占了金日成手中士兵的一半多。

在如此巨大的鼓舞之下，金日成要求开始行动，但斯大林嘱咐他要有耐心。1949年9月，苏联政治局告诉金日成，袭击韩国"不合时

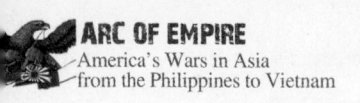

宜"，苏联"不同意"。袭击将会失败，而且会为美国人提供干预借口。但金日成不停地催促，还再三保证说他的正规军和在韩国的游击队能够迅速取胜，美国根本来不及干预。到 1950 年 1 月，美国干预的可能性看起来很低，特别是在艾奇逊发表了"将朝鲜排除出美国战略防御圈"的讲话之后。斯大林的焦虑有所缓解，所以同意发起攻击。4 月，斯大林在莫斯科会见金日成时，只是让自己的得意朝鲜门生先征得毛泽东的同意。"万一你被打掉门牙，我连手指头都不会动一下，你只能去向毛泽东求援。"与此同时，莫斯科加快了运送包括 T-34 作战坦克和远程火炮等重型军事装备的速度，远程火炮将使朝鲜拥有了韩国所缺少的军事能力。

为了清除统一朝鲜的后顾之忧，5 月中旬，金日成尽职尽责地赶往北京征求共产主义同僚们的意见，他同中国共产党领导有着不错但也很疏远的关系。直到此时，毛泽东才知道苏联和朝鲜事先已经作好了计划，但他对此并不看好。他在当时就已明白，如果计划不成功，那么他的家门口将会发生一场大战，美军也很可能卷进来。更重要的是，朝鲜危机会干扰他解放台湾的计划，那是仍然掌握在国民党人手里的最后一个地区，而这一计划需要取得苏联海军和空军的支持。同时，中国人民解放军正忙于重新控制国内的动乱地区，特别是西藏和新疆。尽管有这么多的考虑，毛泽东最后还是告诉金日成："如果美国人参与军事行动，那么中国将向朝鲜派出军队。"

1950 年 6 月 25 日是一个下雨的星期天。当天凌晨 4 点，朝鲜军队 10 个师约 9 万名士兵，以坦克和移动火炮打头阵，向韩国展开了多层次进攻。他们越过三八线向南推进，抓住了一些在周六晚上离开营房到城镇过夜的韩国军官。情况很快明朗起来，这表明朝鲜的行动不再是一次有限的试探，而是全面的开战。于是，李承晚向美国求援。进攻发起的第四天，李承晚的防御体系已摇摇欲坠。当朝鲜军队出现在汉城近郊时，李承晚政府向南溃逃，身后跟着超过 1/4 的城市人口，其中绝大多数是来自朝鲜的难民。6月28日凌晨，韩国工兵在仓促撤离汉城时炸毁了城市的主要桥梁。他们事先并未发出任何警告，因此导致数百名正在桥上的平民被炸死，同时也切断了韩军的退路。

在撤退时，韩国警察和军队清除了监狱里约3万名政治犯，将他们草草处决。其中仅大田市政治犯就多达7000人，这些受害者的遗体被胡乱扔到集体坟坑里。在接下来的几个月，李承晚军队非常冷血地围捕并屠杀了成千上万的左派嫌疑分子和他们认定的亲共分子，其中包括庆山市附近的3500人。这些人的尸体都被密封在钴矿矿井内。目睹这些暴行的美国军事人员并没有阻止他们，美军上层也没有阻止。相反，这些出于军事必要性而执行的杀戮行为，随后被栽赃给朝鲜人。直到几十年后，这一真相才被揭发。

当金日成的赌博即将胜利时，哈里·杜鲁门已经悄悄掌握了韩国的命运。在决定是否授权尽快提供军事援助时，杜鲁门主要接受了迪安·艾奇逊的建议。艾奇逊是个举止优雅的亲英人士，深为共和党人所厌恶。受冷战局势影响，总统和国务卿都认定朝鲜的进攻不仅仅是朝鲜民族内战的升级，更是一次明目张胆地跨越国际疆界的侵略行为。他们推断，如果不作出强有力的回应，那么不仅会形成绥靖之风，还会导致其他某些国家侵略成风，并削弱美国的全球地位。

迫于情况紧急，杜鲁门稍作犹豫便断定，朝鲜的攻击并非苏联授意的广泛而公开的挑战。6月27日，没有任何迹象表明一场全球性的战争即将爆发。杜鲁门授权给麦克阿瑟，命他率领以日本为基地的美国空军和海军展开行动，保卫韩国。6月30日，朝鲜军队仍在向前推进，总统授权驻扎日本的美军地面部队投入战斗。由于不希望激怒美国公众，不愿去捅共和党这个大马蜂窝，也不愿惹恼莫斯科，杜鲁门拒绝要求国会宣战。在调遣美军之前，他只咨询了少数立法会领导人。杜鲁门拒绝将朝鲜冲突称作战争，他同意一个记者提出的定义，即将其定义为"联合国警察行动"，但这一术语后来也令美军的脆弱神经备

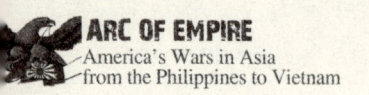

受折磨。杜鲁门独自行使其作为三军总司令的权力。在此时，他和他的顾问们，尤其是艾奇逊都深信，美军可以迅速阻止金日成的进攻。但他们低估了金日成军队的力量和动力。麦克阿瑟军队开往朝鲜前线的同时，杜鲁门按照艾奇逊的建议，将美军第七舰队部署到台湾海峡，阻止中国共产党解放台湾，并加大了对在越南同共产党军队作战的法国的支援力度。

杜鲁门政府迅速转向联合国，为此次行动寻求合法根据。联合国成立于1945年，是富兰克林·罗斯福倡议为维护战后世界和平与安全而设立的机构。它现在处于美国实际控制之下，只有安全理事会例外。因为安理会中有苏联，它可以行使否决权。对杜鲁门来说，值得庆幸的是，由于共产党中国无法获得联合国的合法席位，自1950年1月以来，苏联代表团就一直在抵制安理会会议，所以不能否决美国呼吁在朝鲜采取行动的提案。

克里姆林宫将持续缺席安理会会议，以此表明苏联与其中国盟友是团结一致的，同时以此来削弱联合国采取任何行动的合法性。让美国人冲在前面，耗光他们的资源，毁坏他们的声誉，将他们的注意力从欧洲主战场上转移开，并在讨价还价中加强亚洲革命的浪潮。斯大林吹嘘，结果将"使我们获得全球力量平衡的优势"。

6月27日，在苏联首席联合国代表雅各布·马立克缺席的情况下，安理会以9票对0票（南斯拉夫弃权）通过了杜鲁门的决议。决议谴责朝鲜，要求平壤从南方撤军并恢复原状，同时呼吁联合国成员国向韩国提供必要的援助。根据这项决议，杜鲁门任命麦克阿瑟将军为联合国部队的总司令。最终有16个国家提供作战部队供他指挥，另有5个国家派出医务人员。美国提供了迄今为止最大数量的参战部队。战争期间，总共大约有160万美军士兵在韩国服役。1953年7月签署停战协议时人数最多，达44万人。其他出兵的主要国家有英国、加拿大、土耳其和泰国。

漂亮的仁川登陆战

现在轮到麦克阿瑟表演了。作为一个喜怒无常而又冷漠的七旬老人，麦克阿瑟避居东京市中心的帝国第一大厦，遥控指挥朝鲜战争。他很少飞去韩国，而且从未在那里过夜。他将证明自己是一个顽固的指挥官，不适合指挥一场华盛顿设定的有限战争[①]。"二战"并没有教会他管理复杂的联合作战，尤其是和紧张不安的盟友拴在一起之时。麦克阿瑟具有独狼气质，相信自己的直觉胜过华盛顿参谋长联席会议的集体判断，而且他私下里很轻视他的总司令，那位前密苏里州国民警卫队队长——杜鲁门。

在头两个月的战斗中，美韩军队都没能阻止朝鲜军队向南快速推进。7月间投入战斗的第一批美军特遣队，仅保留有"二战"辉煌岁月里100个师的影子。到1950年，美国军方只能部署10个师。在日本执行占领任务的3个师人员严重缺编，缺少装甲车和炮兵，训练不足，各师的战斗水平参差不齐。更严重的是，他们更多时间是待在日本舒适的家里，而不是在战场上。尽管尽了最大努力，这些军队也只能进行有限抵抗，而且还要借助"二战"中出现的能够炸毁敌人坦克的反坦克火箭筒。到7月底，第8军指挥官沃尔顿·沃克将军率领的联合国军被压缩到韩国东南部一个面积4 000平方英里的矩形地带，即所谓的釜山边缘地带。在那里，由于补充了兵员、物资给养和升级的武器装备，特别是有了3.5英寸反坦克火箭筒，他们坚持了下来。朝鲜军队不仅面临着力量大大增强了的对手，还面临着补给线过长给他们造成的巨大障碍，美国空军经常袭击朝鲜补给线，朝鲜因此深受打击。朝鲜军队的进攻已经失去动力。到目前为止，他们只获得了短暂的胜利。

麦克阿瑟这时对战线过长的敌人发起了猛攻。他制定了一个近乎完美的两栖登陆作战计划，目标是距汉城以西25英里、距敌军北方战线150英里的港口城市仁川。参谋长联席会议曾对此深表怀疑。他们

半岛跷跷板战争

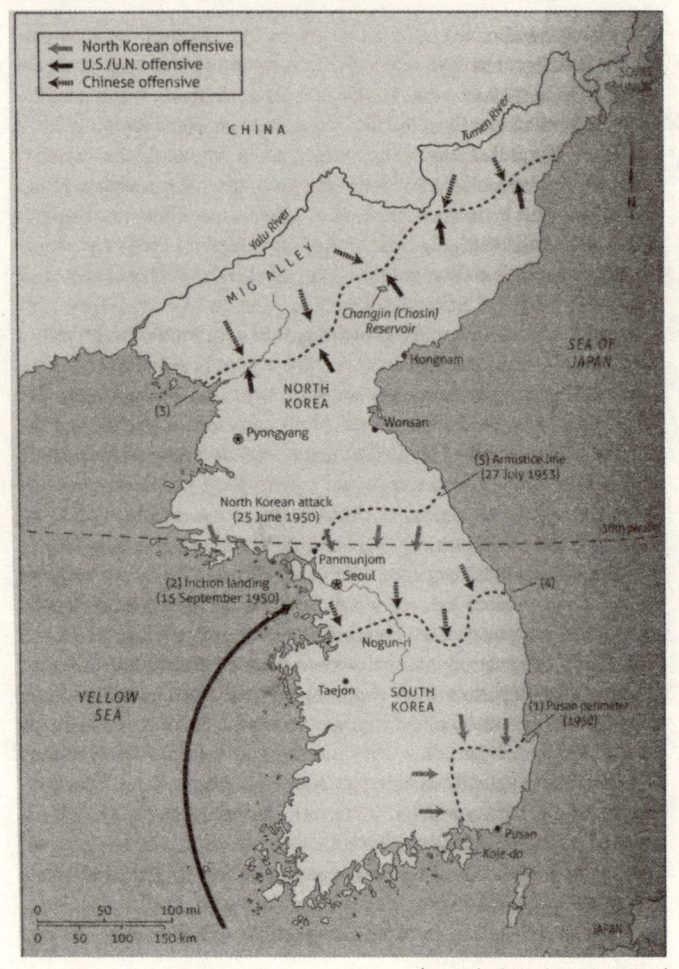

(地名中英文对照见177页)

　　1950～1953年朝鲜战争阶段划分。(1) 战争始于1950年夏朝鲜军队发起的突然进攻,这次进攻将韩军和美军赶到了釜山的边缘,但并没能将他们赶出去。(2) 1950年9月中旬,麦克阿瑟在仁川成功登陆,开始了战争的第二阶段。10月到11月间,他的军队追赶逃跑的朝鲜军队,一直追到靠近中国边界。(3) 11月底,中国派兵进入朝鲜震惊了世界,联合国军溃不成军开始向南撤退。1951年1月底,他们设法阻止了中国人民志愿军的前进。(4) 1951年2月,战争局势在半岛中间胶着,开始了最后阶段。(5) 半岛中间线成为实际停火线,1953年7月战争双方签署停战协定宣告朝鲜战争结束。

第三部分
帝国转折点 | 朝鲜战争 (1950～1953 年) |

North Korean offensive　朝鲜进攻路线
U.S./U.N. offensive　美国、联合国进攻路线
Chinese offensive　中国进攻路线

CHINA 中国　Tumen River 图们江
SOVIET UNION 苏联　Yalu River 鸭绿江
MIGALLEY 米格走廊　Changjin (Chosin) Reservoir 长津水库
Hongnam 红南港　SEA OF JAPAN 日本海
NORTH KOREA 朝鲜　Pyongyang 平壤
Wonsan 元山　Armistice Line (27 July 1953) 停火线（1953 年 7 月 27 日）
North Korean attack (25 June 1950) 朝鲜发起进攻（1950 年 6 月 25 日）
38th parallel 三八线　Panmunjom 板门店
Seoul 汉城　Inchon Landing (15 September 1950) 仁川登陆(1950 年 9 月 15 日）
Nogun-ri 老斤里　YELLOW SEA 黄海
Taejon 大田　SOUTH KOREA 韩国
Pusan perimeter (1950) 釜山边缘地带（1950 年）　Pusan 釜山
Koje-do 巨济岛　JAPAN 日本

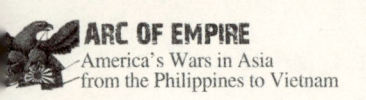

担心仁川港平坦的滩涂和变幻不定的潮汐会干扰登陆，但最终还是通过了这位执著指挥官的计划。麦克阿瑟集结了一支 260 艘军舰的舰队和 7 万人的登陆作战部队。9 月 15 日拂晓，这些部队实施了军事史上最大胆、最成功的一次两栖登陆行动，结果大败敌军，迅速解放了汉城。战争因此发生了巨大转折。南方的朝鲜军队被切断了增援和给养，因此开始拼命地向北撤退，留下不少溃散部队在敌后开展游击战。金日成自以为胜券在握的赌博变成了一场大灾难。在这一游戏阶段，麦克阿瑟证明自己的赌技更高明。

看起来似乎是这样，成功使麦克阿瑟将军自信心膨胀。现在，轮到麦克阿瑟去攫取全面胜利的金色铜环了。他没有在三八线上停下来，没有在战争开始的地方结束战争，而是打算向北推进一直打到中国边界，彻底消灭金日成的残余军队及政权。麦克阿瑟自称洞悉亚洲人的思想，声称他的进攻会瓦解中苏联盟。他认为："东方人总是跟着赢家走。如果我们赢了，中国人就不会再追随苏联。"9 月 28 日，仁川登陆刚过 13 天，韩军越过了三八线，其他联合国军队也迅速跟进。10 月 19 日，他们占领了平壤，只遇到一些零星抵抗。第二天，他们与美军会合，北上鸭绿江之路已经打开。

向北进攻的决定得到了汉城和华盛顿的强烈支持。李承晚急于利用这一天赐良机，准备将朝鲜重新统一到他的版图之中。杜鲁门政府也同样急于接受一个声望如日中天、具有强烈政治动机的指挥官的计划。热衷于北进的人还辩称，金日成的开战使作为国际疆界的三八线失效，他必须为他的行为付出代价。这一办法能够一劳永逸地解决有关朝鲜未来政治前途的长期争论，他们怎么会放弃呢？9 月 27 日，参谋长联席会议经过杜鲁门同意，对麦克阿瑟的军事意图表示正式支持："消灭朝鲜军队。"但华盛顿同时又想避免被苏联或中国干预。麦克阿瑟接到的命令规定，美军要远离苏中边境地区，只能将韩军部署到以鸭绿江和图们江为界的中国边境接壤地区。国防部长马歇尔随后在 9

月 29 日写给麦克阿瑟一封信，似乎又让麦克阿瑟放开手脚干，结果把事情弄糟了："我们希望你能感觉到在三八线以北的行动毫无战术或策略方面的阻碍。"

中国出兵

就在这个非常时刻，麦克阿瑟的克星出现了，这是他迄今为止遇到过的、比所有其他对手都要强大得多的敌人。毛泽东目睹金日成的计划引火烧身，这正是他先前担心会发生的事，所以他有充分的理由警觉起来。作为一位经验丰富的军事战略家，他敏锐地意识到朝鲜在地理上对中国具有的战略意义。此外，他还非常敏感地意识到美国沿朝中边境线对中国直接施加军事压力的可能性。东北三省是中国大部分重工业集中地，那里还有丰富的自然资源和肥沃的土壤，是中国经过 20 年毁灭性战争后现代化社会主义经济发展的基础。中国首都北京距离朝鲜边境不到 400 英里，约相当于洛杉矶到旧金山的距离。麦克阿瑟军队若是再深入挺进，便会严重威胁到诞生刚一年的中华人民共和国，这个新生政权是中国人经过几十年惨痛的斗争和牺牲才换来的成果。

无论是作为民族主义者还是国际共产主义者，毛泽东都对朝鲜有着极深的关切。早些时候美国干涉中国国共内战，毛泽东对此十分愤恨。面对美国威胁，他不仅不屈从，反而多次声称将利用朝鲜危机"打垮美国人的傲慢"。毛泽东还担心，美国成功入侵朝鲜会产生多米诺骨牌效应。"如果朝鲜被美国完全占领，朝鲜革命力量会遭到严重破坏，而美国侵略者将更为猖獗，这种情况对整个东方都非常不利。"照这种形势发展下去，越南、菲律宾乃至全亚洲共产主义革命都将受其影响，困难重重。另一方面，阻止美国人前进也能表明他对斯大林和国际共产主义事业的忠诚。

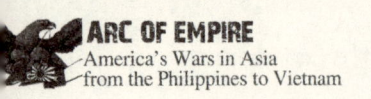

毛泽东一步一步地作出了回应。从7月中旬开始，他从中国南方和中部地区调集了三军部队到达东北，成立了东北边防军。这一调动紧随杜鲁门6月27日决定派遣第七舰队入驻台湾海峡，此决定导致毛泽东解放台湾的计划被迫取消。在朝鲜军队向南推进时，他就预见到美军在仁川实施两栖登陆的可能性，并警告过金日成，但没起任何作用。在准备介入战争的同时，其实毛泽东也在努力避免战争。北京开始通过第三方，特别是印度驻中国大使私下向美国及其伙伴发出警告，同时也发出公开的警告。负责协调外交事务的周恩来总理明确表示，中国希望和平解决朝鲜危机，同时断然警告道，"我们将进行干预。"与此同时，毛泽东定期与斯大林商讨，尽管金日成不想让中国领导人插手。金日成把莫斯科看做自己的恩人，但这位任性而又年轻的民族主义者不愿倾听中国人的意见，除非斯大林坚持要他这么做。

10月初，当朝鲜军队在麦克阿瑟的强烈攻势下四处溃散时，毛泽东和他的同僚不得不就中国是否要采取行动作出决定。10月1日，行将崩溃的金日成终于向毛泽东发出了绝望的求救。斯大林打定主意隔岸观火，希望北京来拯救他的倒霉附庸。10月1日，苏联领导人向毛泽东和周恩来分别发出一封电报，敦促中国向朝鲜派出5~6个师，对苏联援助却只字未提。毛泽东一反常态地犹豫起来，与他亲近的人，包括资深的将军们，都普遍反对干预朝鲜战争。

10月2日，毛泽东准备了两份电文回复斯大林。一份未发出的草稿表达了扭转所谓"反革命潮流"的决心，因为这一潮流威胁到中国和整个亚洲地区。但草稿也强调了苏联军事援助对于中国入朝军队取得成功的重要性。毛泽东实际发出的另一封电报却使用了模棱两可的语言，只是确切表达了他的大多数同僚内心的疑虑，强调了中国介入战争的风险、中国军事装备的不足以及对国内政治局面巩固和经济重建的优先考虑。毛泽东表示，他将推迟作出最后决定，以便与党内其他领导人及克里姆林宫进行进一步磋商。斯大林在回电中勃然大怒。

为显示他的手段，他表示从一开始就已经考虑到可能将美国、中国甚至支持社会主义阵营的其他国家都拉进来打一场更大战争的可能性。"如果战争不可避免，那就现在打，不要等到几年后美国的军国主义盟友日本复活后再打。"

10月5日，毛泽东站到了苏联领导人的立场上。那一天，他主持了政治局会议，会议最后决定向朝鲜出兵。在那天的会议上，毛泽东对持怀疑态度的同僚讲道："你们所说的都有道理，但如果另一个国家——我们的邻居处于危机之中，而我们却袖手旁观，我们也会感到很悲伤。"5天之后，以周恩来为首的代表团从莫斯科发来电报，报告斯大林避而不谈"代表团请求苏联空中掩护"的问题，言明至少两个月内得不到这样的支援。面对斯大林的闪烁其词，毛泽东再次犹豫起来。因为敌人很强大，而他的国家仍然很脆弱。

与此同时，毛泽东加紧了向朝鲜派遣志愿军的准备工作。10月5日，他委任彭德怀为人民志愿军总司令。彭德怀是一位历经抗日战争和国共内战的著名将领，是一位能与士兵们同甘共苦并深受士兵爱戴的豪爽军人。他在10月初被召到北京参加军事会议，他主张进行干预。彭德怀后来回忆道，"老虎总是要吃人的，至于它什么时候想吃，这取决于它的胃口。同老虎是不可能讲商量的"。中国除了直面美国威胁，别无选择。就这样，彭德怀率领着一支准备不足的军队与美国这只老虎展开了正面较量。

朝鲜战争爆发时，中国人民志愿军正处于复员期，在朝鲜边境附近几乎没有军队驻扎。到8月底，彭德怀指挥的军队才开始集结并划分战斗建制。彭德怀10月初接手这支军队时，他手下的工作人员还没有完全到位，他也从来没有指挥过这些匆促集结起来的部队。毛泽东不停地向他发出详细指令、提建议，意在敦促行事谨慎的彭德怀尽快大胆行动起来，这使他的处境愈发艰难。彭德怀以前习惯于让手下军队采取自主行动，这次在陌生的土地复杂的地形下进行大规模常规协

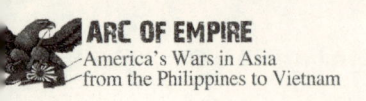

同作战对他来说是一个挑战。此外，他们还必须学会部署现代武器和保护军队赖以进行战斗的补给线。最后，彭德怀与在中国指挥下作战的朝鲜指挥官之间的关系也将注定变得敏感起来。

10月18日，毛泽东向彭德怀下达了派兵入朝的最后命令。这支军队的将士都是从正规军里挑选出来的，但最后被命名为"中国人民志愿军"。像杜鲁门为朝鲜战争贴上"警察行动"标签一样，这一巧妙的用词也可以使北京否认它是在同美国交战。这一名称还暗示，中国人民是在自发地履行他们对一个身处险境的社会主义兄弟国家的"国际义务"。10月19日，联合国军队还在继续最后的推进时，中国步兵在夜色掩护下越过了鸭绿江，分散占领了朝鲜最北端隐蔽的森林阵地和积雪覆盖的山峰。10月26日晚上，大约30万中国士兵同敌人进行了第一次接触，然后又退回到山里准备更大规模的战斗。

最寒冷的冬天

华盛顿和东京的决策人都没有作好应对中国干预的准备。他们对北京的再三警告置若罔闻，艾奇逊甚至将其斥为"很可能是中国共产党人在虚张声势"。情报官员和决策人们都认为，莫斯科仍然控制着局势，会避免让苏联或中国大规模干预这场战争，除非他们下决心打一场全球战争。经过杜鲁门批准，参谋长联席会议再次给了麦克阿瑟一剂定心丸，称只要他的行动能"成功"，他就应该继续行动。10月15日，仁川顺利登陆1个月后，在太平洋中部的威克岛杜鲁门与麦克阿瑟进行了一次匆忙的会面。在一个半小时的会晤中，麦克阿瑟将军向杜鲁门保证，战争很快会结束，不存在中国干预的风险。任何向南进攻的企图都会导致"最大的屠杀"。中情局也同样乐观，它预测中国人民志愿军力量仍然很弱小，会"在鸭绿江以南"建立"一个有限封锁线"。麦克阿瑟仍然自信满满，但此时他又犯了一个致命错误——将美军分成了两支相距甚远的军队。第 8 军在西线，X(第 10) 特种兵团在东线，两军冒着严寒前进。当时，夜间的温度已下降到了零下 20 摄氏度。

很快麦克阿瑟就发现，他的赌局已经发展到了极其糟糕的局面。11 月 25 日晚，已经增加到 45 万人的中国人民志愿军，包括援兵与补给，都已经离开了隐蔽地点，并对两支联合国军队同时发起猛攻。只配有轻型装备的中国人民志愿军惯于利用人数上的绝对优势和顽强的决心，一位中国军官后来回忆道，第一个月的激烈战斗和严寒把他所在的部队都"变成了治疗士兵枪伤和冻伤的大型野战医院"，他们"实际上都受了伤，要等到 1951 年春才能重新参加重大战役"。

麦克阿瑟的部队惊呆了。在西线，第 8 军迅速溃败，狼狈地向南逃窜，短短几天就损失了 1.1 万人。在一首流行歌曲里，海军陆战队士兵如此轻蔑地嘲笑步兵："你听那噼里啪啦雨点般的脚步声，那是美国陆军全面撤退发出的声音。"与此同时，一场史诗般的战斗发生在东线的长津水库附近。那里有人数处于严重劣势的美国海军陆战队第 1 师，其中一些人都是被父母当做宝贝一般养大的，他们冲破了包围圈，冒着敌人的枪林弹雨，成功有序地撤到洪南港等待他们的船上。一位跟随海军陆战队第 1 师指挥官奥利弗·P. 史密斯少将的随军记者记下了那一句令人难忘的话，"撤退，离开这个地狱，我们现在改向另一个方向进攻！"在沉重的压力下，晕头转向的联合国军在 12 月 5 日放弃了平壤，汉城在 1951 年 1 月 4 日第二次陷落。

恐慌逐渐笼罩了联合国军。麦克阿瑟从他成功登陆仁川的胜利回味中惊醒过来。11 月初的时候，他还一再坚持前进，而不是要面对"自由世界最近遭受的最大失败"。到 11 月底，他承认自己在打"一场全新的战争"，并呼吁作出强烈反应。他想把战争扩大到中国，使用核武器，并利用蒋介石的国民党军队。11 月 30 日在华盛顿举行的记者会上，总统慌乱地强调加大赌注的前景，即"敌人的侵略可能会波及全亚洲、欧洲甚至美洲半球。我们在韩国是在为自己国家的安全和生存而战"。

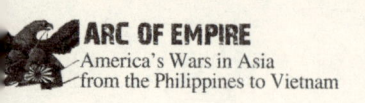

他承认可能会在朝鲜使用核武器。由于这一惊人的军事逆转,他周围的人都处于一片惊愕之中。杜鲁门好几次用他直接、朴素的方式公开宣布,他"不愿放弃,不愿让韩国人被杀"。

将军扩大战争的提议和总统的核战争言论在伦敦引起了恐慌。首相艾德里对战火即将席卷欧洲的预测大惊失色,急忙赶往华盛顿去见杜鲁门、艾奇逊和马歇尔。马歇尔在1950年9月取代被普遍轻视的路易斯·约翰逊任国防部长。杜鲁门团队用虚伪的承诺来安慰艾德里,说没有考虑过主动使用核武器。实际上,五角大楼从战争开始到结束一直保持着使用核武器的应急计划。艾德里怀着美国长期重视英国领导人的幻想回国了。他与美国之间的关系证明,英国虽然与美国"力量不均衡,但仍能进行平等协商"。

英美之间的紧张关系也反映了盟国内部更深层次的利益矛盾。艾德里这样做并不仅仅是为了将战争冲突控制在朝鲜半岛内,也希望以此作为与中国共产党人进行和谈的基础。1950年1月,英国已经在外交上正式承认了毛泽东的新中国政权。到12月底,杜鲁门政府勉强放弃了统一朝鲜的想法,但仍然无法容忍与一个"受苏联人指挥的"政权打交道。自"二战"大同盟以来,伦敦对华盛顿的影响力下降了。随着大英帝国的衰落,伦敦与华盛顿之间的力量差距进一步扩大。"特殊关系"的神话之所以能够延续,是因为杜鲁门不想一个人在韩国唱独角戏。他需要艾德里和英国的合作,以此作为国际支持和美国冷战阵营团结的象征。

到1951年1月底,联合国军已经度过了战争危机。1950年12月底,在沃尔顿·沃克将军因吉普车事故死亡之后,中将马修·邦克·李奇微,一位经验丰富、不喜欢出风头而又头脑冷静的领导人接管了第8军的指挥权。李奇微评估了战争形势,制定了一些撤退的措施,稳定了战线,并在1月底发动了一些小规模进攻,一定程度上恢复了美军士气和华盛顿的信心。对朝鲜工业区和人口密集地区进行的猛烈空袭也起到了作用。柯蒂斯·李梅的空军司令部曾建议实施"一次消防工作",重演5年前对日本的轰炸。在中国介入战争后,美国空军其实就已经着手那样做了。1951年1月初,美军对平壤实施了两次空袭,而且事先都没有发出警告,大火烧毁了1/3的城市,朝鲜民众提前感受到了轰炸带来的残酷后果。杜鲁门政府在外交上努力巩固其与联合国盟友的合作关系,1951年2月1日召开的联合国大会上,与会成员国纷纷给中国贴上了"侵略国"的标签。

这时,中国人民志愿军就像5个月前的朝鲜军队一样,前进速度超出了其补给能力。军队因缺少必要的棉衣、棉鞋、食物和避寒处所,正遭受着朝鲜冬天令人难忘的可怕折磨。战争头4个月,中国人民志愿军的伤亡人数就高达10万。但为了阻击美国,毛泽东只能把眼泪往肚子里吞。1950年11月25日,美军对彭德怀司令部实施了一次空袭,毛泽东的长子毛岸英也在此次袭击中牺牲。但是,毛泽东对这一噩耗仍是咬牙忍着,假装无动于衷。他对彭德怀说:"是一名普通士兵阵亡了,不要仅仅因为他是我的儿子就小题大做。"但私底下,他伤心了很久。当彭德怀请求让其精疲力竭的军队稍事休整时,毛泽东坚持继续进攻。然而,在冰天雪地的朝鲜战场上,军队的进攻效果却并不能都如毛泽东所愿。事实上,联合国军在初春时就夺回了战争主动权,3月14日夺回了汉城,此后就再也没有丢失过。1951年4月,毛泽东下令发动新的进攻,但中国人民志愿军已经筋疲力尽,因此没有取得任何新的进展。胜利最先抛弃朝鲜,随后远离了联合国军;现在,中国人民志愿军也遭到了同样的挫折。

残酷且充满变数的战争在一年内从半岛的一端延伸到另一端,这让华盛顿、伦敦、北京和莫斯科的决策人都领会到了一些心照不宣的规则,这些规则将限制此后的战斗。尽管这时他们当中还没有人明确承认,但僵局实际上已经形成。

5月份,参谋长联席会议任命李奇微为第8军指挥官。詹姆斯·A.

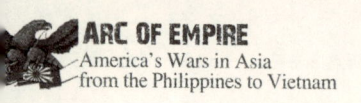

范弗里特中将的任务是阻止共产党发动任何新的进攻，并迫使敌人回到谈判桌上来。他在行动中必须遵守如下指令：禁止将战火引入中国；禁止使用核武器；禁止动用台湾的中国国民党军队。苏联也不得直接干预战争，除了只能为共产党军队提供武器、军械和空中支援外，苏联的军事行动范围也局限于朝鲜半岛北部。这距离毗邻中国的苏联军事基地只有很短的航程。而且为了保持低调，苏联飞行员都穿着中国军服，并且禁止在对讲机中使用俄语。

第 13 章
僵 局
傲慢的代价

此后两年中，战争双方屡次爆发令人沮丧的中小型战役和冲突。这些战役导致双方付出了高昂的代价，但丝毫没改变彼此的平衡力量和实际控制的领土。这令人想起第一次世界大战中那些残酷而又毫无进展的堑壕战。詹姆斯·布雷迪是一名海军陆战队士兵，于1951年至1952年在朝鲜战场上服役。他向另一名陆战队士兵总结了这一阶段的战争，"我们从来没有打过一场真正的大仗，我们既不赢也不输，但不断有人死亡，我们把他们的尸体包裹起来送到南方的某个地方。我们吃得多，睡得更多，然后又有更多的人牺牲，有些人失去一条腿，有些人双目失明，我们从来没有进行过真正的战斗，但战争却仍在继续"。

凭借着财富、工业和技术优势，美国一开始希望在朝鲜战场上取得像在菲律宾和日本那样的完全胜利。他们的显著优势也使得大多数美国军事领导人都相信，尽管一开始可能会遇到一些困难，但美军最终一定能获胜。这样的傲慢是帝国的痼疾。1950年11月至12月间，中国人民志愿军发动了第二次战役，令麦克阿瑟的军队目瞪口呆。凭此战役，中国人民志愿军及其朝鲜盟友成功让僵局得以继续维持，这

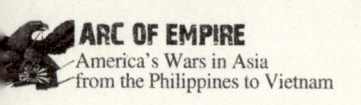

是菲律宾起义者和日本帝国军队从未做到过的。中国人民志愿军能够做到这一点预示着东亚出现了一股新的平衡力量。

联军是"纸老虎"?

但中国人民志愿军和美军之间实力悬殊,美国的工业能力和先进技术都是当时的中国无法抗衡的。陷入战争的中国基本上还是个贫穷的农业国,现代工业少之又少。而且中国还饱经沧桑,其人民经历了30年断断续续的内战和8年抗日战争的折磨。这些战争夺走了近2 000万人的生命,战后中国经济凋敝,基础设施几乎被破坏殆尽。1950年,中国的农业和工业复兴任务才刚刚开始。因为突如其来的朝鲜战争,北京不得不把它那以重工业为重点的第一个五年发展计划推迟3年。

相比之下,美国工业总产值在20世纪50年代初几乎占了全球的45%,大约是中国的20倍,苏联的4倍。朝鲜战争中,苏联甘愿做中国的军火库,但它在飞机工业、造船业和汽车生产行业方面仍然远远落后于美国。杜鲁门本是个保守主义者,虽然美国在20世纪40年代末许下了"增加军事预算"的承诺,但仍然与和平年代的水平大致相同。决定介入朝鲜战争后,他几乎将军事预算增加了3倍,确保在朝鲜作战的美军得以维持充足给养,同时还将在欧洲的军队进行升级。如同第二次世界大战一样,经济实力将证明美国能迅速调动生产力。

除1950年7月第一批部署到韩国的步兵准备不充分、装备较差以外,美军地面部队在火力上占有压倒性优势。他们配备有屡经战场检验的M-1式步枪、卡宾枪、每分钟发射500发子弹的布朗宁自动步枪和30毫米口径的机关枪。美军军火库中的武器火力更强,包括火箭筒、无后坐力炮和迫击炮等,迫击炮发射的白磷弹足以摧毁敌军阵地上的所有建筑。美国步兵得到来自后方阵地、空军和海军的密集炮火支援,而海军战斗机控制了朝鲜战场的制空权。大规模交战通常使敌军大量死亡,其尸体在冰天雪地里像柴火一样堆在一起,有时也被用做防护墙。战场指挥官经常命令空军用凝固汽油弹轰炸敌军阵地,一个有"特殊"审美情趣的陆战队士兵称之为"非常美丽的景象,在雪地里腾起阵阵橙色的火焰和滚滚黑烟"。凝固汽油弹是"二战"期间发明的一种残忍武器,它能将受害者烧为灰烬,或使受害者窒息而亡。受害者大多是农民,他们的村庄也遭到美国空军的蓄意轰炸。另外,美国空军在阻断朝鲜军事补给运输线方面也起了重要作用。在战争的头几个月,朝鲜的军事补给运输主要沿着公路和铁路进行。

美军使用的后勤补给是建立在"二战"基础上的,这给人留下了很深的印象。在朝鲜半岛寒冷刺骨的冬天,来自富裕国家的军人身穿暖和大衣,脚踏暖鞋,吃得也不错。他们通常住在坚固的地堡里,有的还备有火炉,士兵能享受到香烟,甚至还有啤酒。前线部队也可以定期轮换进入保护区休息、洗热水浴。他们一日三餐都能吃到热饭,早餐有熏肉、鸡蛋、土豆煎饼、饼干和咖啡。可靠的邮政服务还能够缓解士兵与国内亲人分离带来的孤独感。对美军服役人员来说,最难得的是可以定期得到短暂假期,还可以趁机去日本娱乐休假。在庞大的佐世保海军基地和其他地方的基地里,只消花一小笔钱,美军士兵就能从日本性工作者那里得到短暂慰藉,暂时忘记其国内的妻子和情人。而对于努力挣扎着从太平洋战争中恢复生机的日本来说,这些性工作者可能是家庭收入的主要来源。

战场救护医疗取得的长足进步可以追溯到美菲战争时期。除了运送伤员离开战场的车队和流动医院外,直升飞机可以迅速将那些头部、胸部和腹部受重伤的伤员从战场运送到军队流动外科医院进行急救。那里有训练有素的外科医生,向伤兵提供远优于"二战"期间所提供的医疗服务。血浆和全血供应充足也有助于挽救将士的生命。这些进步使美国在朝鲜战争中的士兵死亡率降低到了2.6‰。

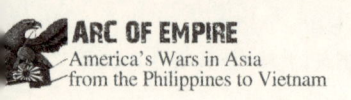

但是，在强大的火力和完善的支援背后，却是大量士兵的不满。这些应征入伍的士兵大多数都是不情愿的。在旧金山出发的运兵船上，士兵诗人威廉·切尔德里斯这样说道："背上的帆布包，和我们的思想一样都是沉甸甸的，我们的心灵受了伤，像巨大金字塔里的奴隶，被法老选择去陪葬，这违背了我们的意愿。"

士兵们很难在这场战争里找到充足的理由，去证明自己在这个陌生国度里作出牺牲是值得的，特别是当战争陷入僵局的时候。1952年的一首圣诞小曲讽刺道：

圣诞快乐，来自韩国的问候，那里的土地令人腹泻，充满虱子；圣诞快乐，来自我们掌握了一半的泥泞海岸的问候。你这个幸运的混蛋。

士兵们渴望返回安全舒适的国内。在那里，压抑已久的消费支出引发了19世纪20年代以来前所未有的繁荣。少数"二战"的退伍老兵特别不满。他们已经履行了自己的职责，应该享受一段美好时光，但现在却被丢到这个陌生的国度来。这场被杜鲁门延长的战争看不到结局，一位"二战"老兵在回忆时说出了当时许多战士的心里话："我不想去韩国，但又不得不去那里，我想快点打胜仗然后回家。"为提高士气，美国陆军在1951年夏决定效仿海军陆战队的做法，服役一段时间后，允许军队定期回国轮换。前线的任务比后方或后勤服务更重要，因此在前线服役的士兵可以享受一年到一年半的旅游假。士兵当中最喜欢讨论的话题就是还要隔多久才能领到回国的船票。

更影响士气的是具有侵蚀性的种族歧视问题。某种程度上，这是一种内在的侵蚀，是军队中长期实行正式或非正式种族隔离政策所产生的结果，它反映了美国社会的全貌。通过1948年7月第9981号行政命令，杜鲁门总统终于尝试在军队内废除不公平待遇，但废除种族隔离的措施在军队里实施起来却非常缓慢，因为参战士兵以南方人居多，他们很多人不愿改变这种局面。朝鲜战争迫使这种改变的步伐得以加快。促使野战部队不同肤色士兵融合的是补充战斗减员的迫切需求，而非出于正义感。尽管指挥官是按智慧而不是按肤色来划分的，但朝鲜战争确实是接受并推进反种族歧视政策的一个突破点。

士兵们对亚洲人的种族主义看法同样明显，丝毫不见减弱。这些看法源于国内的传统观念，又被半个世纪以来领导人不断声称要掌握亚洲人命运的行为所强化。多数美国军人很难区分亚洲人的不同族群，所以就不加分辨地一律轻蔑对待。这种轻蔑的态度可以追溯到美菲战争时期。现在，"棒子"被用来统指朝鲜人，不论是盟友还是敌人。另一个专用来指中国人的词是"中国佬"，这一恶劣称谓可以追溯到19世纪末，在19世纪50年代仍然很常见。这种优越感使美军对他们的韩国盟友持有一种矛盾态度。

大多数人都认为韩军是依附他们的军队，即所谓的"KATUSAS"（"依附美军的韩国人"的首字母缩略语），认为他们无能又野蛮。一队队身材瘦削的韩国老人和另一些不能参战的韩国人背负着给养，攀山涉水来到连卡车都不能到达的前线，而美军士兵们却将这些人蔑称为"棒子专列"。美国军人甚至还违反规定，经常雇佣男孩和成年男子为他们做家务事，把韩国人看做奴仆或更低贱的人。美国大兵为了取乐，有时会"坐在吉普车里，趁着身边没有军官，朝着所经过的稻田里劳动的平民开枪点射"。终于，大批衣衫褴褛的肮脏孤儿激起了一些人的同情。在家书里，威廉·切尔德里斯写道：

妈妈，他们成排站在公路旁，
像折断了根茎的植物一样毫无生气。
孩子们一个个腹部肿胀，
啊，脸上的花儿和花瓣，

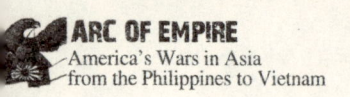

全都破碎了。

他们褴褛的衣衫，

破成了晃来晃去的旗帜。

……

啊，妈妈，我多么想回家！

哪怕只有一块堪萨斯的玉米地，

我也能为他们做些什么。

尽管美军在接受训练时得到保证，说韩国人是反对共产主义的，对美国人很友善。但实际经历却证明问题要复杂得多。一个美国步兵准确地指出，"很多韩国人不喜欢美国人，不希望我们待在他们的国家。只要一有机会，他们就会表现出这样的感情"。美国人不喜欢肮脏和贫穷的韩国，这也激起了韩国人同样的反感。在他们眼里，这些野蛮的外国人打着保卫他们国家的旗号在糟蹋他们的国家。美国军人强奸韩国妇女的事情屡见不鲜。贫穷迫使许多韩国的妇女卖淫，这与被占期间的日本和后来的越南一样。

陆军下士保罗·塔迪夫回忆起他在1952年7月一个晚上见到的情景时写道："一小群韩国妇女，有的背着婴儿，有的牵着很小的孩子……她们在我们的垃圾堆里找吃的，找出来就当场吃掉。"难怪韩国人对美国人怀着既怨恨又感激的复杂感情。

中国的优势

朝鲜战场上形成的僵局不仅仅是因为联合国军一方存在弱点。可以肯定的是，毛泽东和他的将士们决定介入的时候就已经敏锐地意识到自己与敌人在资源和技术方面存在的巨大差距。但是，在经过最初的疑虑之后，毛泽东相信他能够打败美国人。关键是要制定好战略战术，以抵消敌人固有的优势。他拥有攻击拥有技术优势的敌人的经验，并作好了长期抗战的心理准备。他还有另外一个优势：拥有一支庞大、经验丰富而又灵活的军队。这支军队擅长打非常规战争，又在国共内战里积累了大部队常规作战的丰富经验。该军队的政治信仰也非常坚定，其指挥官更是非常了解政治信念的重要性。

此外，为了赢得胜利，保家卫国，中国士兵可以大批地英勇献身，美国人却做不到这一点。中国军事指挥官的战术是以技巧、毅力和人数来抵消敌人强大的技术优势。他们擅长隐蔽、突袭和进行耐力比拼。在地面面对武器装备更好的敌人时，他们可以在丘陵地带和山地挖掘地下通道。在此情况下，联合国军无法实施有效的空中支援，他们却可以在夜间出来发动突袭，令联合国军防不胜防。由于只有最基本的战场通讯设备，中国军官们就采用古老的指挥方法，如吹口哨、军号、牛角甚至敲锹，这些奇怪的声音常常令联合国军士兵不寒而栗。中国和朝鲜步兵携带步枪、冲锋枪、手榴弹、迫击炮和利于近身作战的轻型机关枪，他们用一波又一波的密集攻击来弥补自己火力的不足，即使面对连续炮火打击时都仍然能保持严格的纪律。由于有良好的征兵制度支持，彭德怀的军队总是能够及时弥补严重的兵士减员损失。

为了在敌人的持续封锁打击之下保证给养运输正常进行，彭德怀采取了不少策略，其中包括大量部署防空火炮、隐蔽运输、夜间运输、使用诱饵和征用大量民工等。越来越多的支援飞机在中国边境两侧机场起飞，这些飞机也对其防御措施起着越来越重要的作用。早在1951年，他们就使美国人难以对铁路和公路卡车实施封锁行动。此外，中国的给养需求相对较低，大约为美军的1/5。这些因素综合起来就使得朝中方面的战争机器运转得越来越轻松。

对中国这支由农民义务兵组成的军队来说，战争的条件异常艰苦，特别是在早期阶段。他们许多人是经历了国共内战的老兵，其中包括被整编入毛泽东军队里的国民党军队。士兵们穿着棉服过冬，但大多数普通士兵穿的帆布鞋,在零度以下的严寒里起不到什么保暖作用。精疲力竭的士兵为了保护自己,纷纷将猪油涂抹在脸上,用稻草包裹住脚。但被严重冻伤的现象还是很常见,医疗条件过于简陋,导致士兵们即使受的是轻伤也很容易死亡。彭德怀的军队依靠一条漫长且贫穷的补给线,运送的食物主要是大米、大豆和玉米。士兵们通常携带6~8天的食物,这限制了他们持续战斗的时间。但在战场条件下,即使最好的补给供应也无法确保按时供给。

到1951年春,中国人民志愿军面对的困境有所改善。其补给系统变得更加强大,增援部队的到来使志愿军总兵力提高到大约100万;老部队有机会休整和补充;苏联运来了更好的武器,包括坦克、高射炮等,志愿军带入朝鲜的各种杂牌武器开始让位于标准化的苏制武器。随着战线的稳定,军队能够得到隧道和其他坚固防御工事的保护。朝鲜军队渐渐从头一年的溃败中缓过劲来,进一步减轻了中国人民志愿军的压力。从1952年秋开始,中国人民志愿军采取了轮番进出朝鲜以传授战斗经验的策略,因而缩短了士兵们服役的时间。

在各种艰难的条件下,驻扎在朝鲜半岛的中国人民志愿军仍然努力保持着高昂的士气。志愿军是中国人民解放军的一分子,因而政治教育成为他们平时训练和日常生活中不可分割的一部分。与之形成鲜明对比的是,美国军事指挥官对政治不感兴趣,因此对军队的政治教育往往是撒手不理。

中国人民志愿军的每一支部队都配有政治指导员,在每一次战斗之前,这些指导员都会向普通士兵们解释他们为什么而战。他们的口号是"抗美援朝,保家卫国,反对步可恨日本人后尘的美国侵略者"。文工团总是从一个部队转移到另一个部队,为士兵们表演爱国歌曲、舞蹈及强化保家卫国信念的简单戏剧,团员们还会向士兵们发放装有洗浴用品、袜子之类的慰问袋,这些都是由后方参与支前工作的学生们制作的。

第三部分
帝国转折点 | 朝鲜战争(1950～1953年)

与孤军作战的菲律宾人和日本人不同,毛泽东参战的另一个有利条件是得到了一个强大盟友的支持。他可以从苏联那里获得大量军事与政治支援,以此补充自己的资源。

1952年至1953年大量苏联武器和其他物资的交付,使得中国人民志愿军的战斗力迅速提升。到战争结束时,尽管苏联配备的喷气式战机、坦克和大炮并不比美国的更强大,但中国人民志愿军和朝鲜军队的武器装备还是比战争开始时优良多了。

为了换取苏联的支援,中国领导人不得不付出20亿美元贷款的巨大代价。中国代表社会主义阵营在朝鲜战争中付出了巨大的人员牺牲,并遭受了沉重的物资损失。所以,当后来苏联要求中国全部偿还这笔贷款时,中国人表示极度愤恨。

苏联的空中支援对中国非常重要。总共有大约7.2万苏联士兵在朝鲜服役,包括飞行员和机械师,他们大多从事与空战有关的工作。1950年11月初,苏联的喷气式战机从上海防御基地转移到了东北。在那里,他们开始拦截美国的轰炸机,并在"米格走廊"上空与美军展开空战。苏联飞行员驾驶的"米格-15s"型战机,其逆向发动机的制造技术购自英国。比起美国的"F-86"军刀战斗机来,其飞行速度更快,爬升能力更强。但后者自诩为机动性更强,电子设备更优。经验丰富的飞行员和先进设备使美国在早期占有优势,特别是对付由苏联人训练出来的中国飞行员新手时。

1951年1月,这些新手参加了空战,但因经验不足一触即溃。经历挫折后,这些飞行员又返回学校继续学习。到9月,他们驾驶着100~150架的"米格-15s"战机重新参加战斗,在实战中不断提高其战斗技能。随着苏联和中国飞机的不断增加和飞行质量的提高,美国轰炸机的损失也就相应增多。美国飞行员的士气开始直线下降,一种被称作"飞行恐惧症"的综合征在美国空军中流行开来,令指挥官们倍感沮丧。

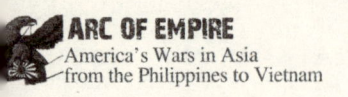

反战浪潮 vs 全民皆"兵"

美国和中国国内情况差异是朝鲜战争陷入僵局的重大原因之一。在中国，中国领导人能够发动起全国人民共同抗争；而在美国，公众却对发生在远方的这一场冲突越来越失望。其实，美国在这方面的弱点从一开始就显现出来了。除了因仁川登陆战胜利而获得的快感以外，美国公众对在远方一个所知甚少的国家发动的朝鲜战争毫无热情。它仅仅起因于幻想中的危险。因此，绝大部分公众对于这场战争的感觉和参战美军一样。

陷入夹缝中的战争

1950年8月28日，在鹤洞里地区的战斗中，两位美国陆军士兵因失去一名战友而难掩悲痛。背景中，一位医务兵在尽职尽责地填写阵亡士兵信息登记表。（美国国家档案馆供稿）

第三部分
帝国转折点 | 朝鲜战争 (1950～1953 年) |

1951 年 1 月上旬，难民纷纷逃离韩国东海岸。在战争第一年，随着战火在南北半岛相继蔓延，整个朝鲜半岛都陷入了剧烈动荡。战争所造成的迁徙、抢夺、伤害和死亡损失超过了战场损失。(美国国家档案馆供稿)

ARC OF EMPIRE
America's Wars in Asia
from the Philippines to Vietnam

战争僵持期间,一支中国人民志愿军部队在前线挖得很深的防空洞中集合,聆听一位党政干部的讲话。(摘自电影《光荣的中国人民志愿军》)

在战争开始时,公众这种不温不火的反应已经很明显。1950年6月朝鲜战争开始时,杜鲁门犹豫不决的反应已经为朝鲜战争定下了基调。一旦作出承诺,杜鲁门将不得不介入这场象征性的战争。其原因不在于韩国的内在价值,而这场战争是对美国反共决心的考验。在发动战争时,杜鲁门试图让国会保持安静,以免在公众中引发战争狂热。相比于"二战"时期的战争总动员,在朝鲜战争中杜鲁门的经济动员同样是不温不火的。直到12月中旬,在中国正式介入战争之后,总统才宣布全国处于紧急状态。为获得民众对战争和随之而来的国防建设的广泛支持，杜鲁门政府这才大肆渲染共产主义侵略的威胁，并在韩国建立新闻检查制度，以钳制极少数具有独立思想的记者。

由于"警察行动"变成了一场看不到结局的真正战争，杜鲁门总统在国内的支持率开始下降。最初（1950年7月上旬）的盖洛普民意调查显示，81%的公众支持杜鲁门援助韩国的决定。到9月中旬仁川登陆之后，64%的公众赞成越过三八线继续北上。但紧随中国干预之后所做的调查显示，公众对战争的支持率下降，与中国和谈并恢复朝鲜半岛原状的支持率却开始上升。到1951年2月，杜鲁门所获支持率已经降到了26%。

到1951年初，美国内阁中的党派斗争已经明显成为战争的包袱。中期选举中，民主党人还能控制国会。但随着中国在11月下旬发动猛攻，共和党人也就总统选举对民主党人发起了攻势。共和党内起领导作用的"孤立主义者"加强了对杜鲁门全球干预政策的抨击。美国前总统赫伯特·胡佛和参议员罗伯特·阿尔方索·塔夫脱呼吁采取一种以大陆为主要导向和我行我素的策略。1951年1月的投票结果显示，共和党从韩国撤军的主张对民主党构成了更为沉重的打击，这也反映了民众的不满情绪。

1951年4月，美国民众对于朝鲜战争收尾问题的分歧越来越大。当总统解除战场指挥官麦克阿瑟时，戏剧性的转折发生了。总统与麦克阿瑟之间的矛盾由来已久，并在这场战争中彻底爆发。从战争一开始，杜鲁门就不得不忍受麦克阿瑟的一再抗命。中国干预之后，这种情况愈发严重，并一直持续到1951年初春。

1950年10月的威克岛会议是两人唯一一次面对面会晤，总统却把它弄成了一次公关活动，这令麦克阿瑟感到十分沮丧。麦克阿瑟毫不掩饰他对杜鲁门的轻视，行事说话之间表现得仿佛他才是三军总司令，而非杜鲁门。最后，1951年4月5日发生的事终于彻底惹恼了杜

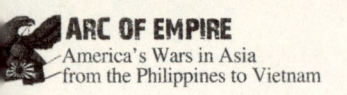

鲁门。当时，参议员约瑟夫·马丁在参议院会议上宣读了他收到的麦克阿瑟来信。信中，麦克阿瑟对杜鲁门的有限战争战略发出直接挑战，并坚持认为亚洲是反共斗争的主战场。"亚洲才是共产主义阴谋家选中的征服全球的最初博弈地点。"他断言，"如果我们在亚洲输掉了对共产主义的战争，欧洲的陷落就不可避免……胜利没有替代品"。这一煽动人心的论断得到不少沙文主义者的支持。

即使面对麦克阿瑟的挑衅，杜鲁门仍然纠结于是否要面对。这一最新挑衅不仅对他的欧洲战略产生了越来越严重的威胁，同时还威胁到"文官控制军队"的宪法原则。在国防部长乔治·马歇尔将军和参谋长联席会议的支持下，杜鲁门下定决心采取行动。

杜鲁门是一个狂热的知识分子，他认为，历史证明了干预将军指挥战斗是不明智的。所以，平时的他一般都给予将军们最大的自主权，基本上不干预将军决策。但由于最终意识到自己的职责，并有他的偶像马歇尔将军的支持，总统果断地行使了他作为三军总司令的权力。4月11日，杜鲁门召回了不服从命令的麦克阿瑟，用马修·李奇微将军取而代之。

总统的行为使得朝鲜战争变得更像一场政界的足球比赛，其中充斥了多种战略，但却没有一个最富有成效。在回国时，愤愤不平的麦克阿瑟将军受到了英雄凯旋般的欢迎。旧金山、芝加哥和纽约都为他举行了盛大的游行，他还获得了在参众两院联席会议上发表演讲的难得机会。

麦克阿瑟不是政界的明星，反而更像是一颗行将陨落的流星。他的命运激怒了公众，后者纷纷批评杜鲁门。美国公众中只有 1/4 的人支持杜鲁门解除麦克阿瑟职务的决定，而超过 2/3 的人表示反对。共和党的支持者们诘问白宫：在对外战争中百战百胜的美国，怎么能接受与衣衫褴褛的亚洲共产主义者打成平手？批评者们支持麦克阿瑟"胜利没有替代品"的观点，要求不管敌军是谁都要使用原子弹。

政府为其有限战争策略辩护,它不仅要面对巨大的公众压力,还要应对赞成战争升级的五角大楼鹰派人士。在国会听证会的冗长证词中,杜鲁门的高级助手们设法淡化这些政治攻击。而来自参谋长联席会议主席奥马尔·布拉德利的证词是对鹰派人士最有效的反击。他警告说,扩大朝鲜战争将使美国"在错误的时间、错误的地点与错误的敌人进行一场错误的战争"。全球冷战和核战争风险要求美国政府建立一条耐心且可识别的防线,而政府目前正在为此努力着。

围绕麦克阿瑟被解职所引发的争议加深了公众的失落感,他们开始意识到朝鲜战争并非其他战争一样,而是标志着美国世界大国的地位正逐渐下降。杜鲁门赢得了与麦克阿瑟的较量,但也成为了他总统生涯的致命伤。由于杜鲁门的公众支持率降到了最低点,所以他放弃了在1952年连任的竞选。他的政治生涯证明,要在民主制度下协调好不同党派提出的争议,管理好其过分扩张的东亚帝国有多么困难。如果帝国高层提不出令人满意的解决方案,就必然造成引起反感的牺牲。

美国民众对朝鲜战争的排斥不仅体现在杜鲁门支持率的下降上,也同样体现在流行文化中。根据一项统计,在战争期间和战后,好莱坞尽职尽责地拍了91部反映朝鲜战争的影片。其中,大多数都是低成本投入产品,基本上都是在"二战"爱国模式基础上仓促而成的,这些平庸影片的票房普遍不佳。在众多影片中,《钢盔》颇具现实主义色彩,它讲述了美国步兵在战斗中的不光彩事迹。在20世纪50年代,讲述"二战"故事的电影反而拥有更多的票房。

锡锅街乐队歌曲得以流行则是民众反对朝鲜战争的另一表现。《亲爱的约翰》是基恩·谢泼德和菲林·赫斯基在1953年录制的一首二重唱。这首歌传达了一位士兵因执行海外任务而遭遇恋情失败的痛苦。这首歌的歌名指妻子或恋人写来的一封可怕的告别信。闷闷不乐的士兵因为见到未婚妻的来信而大喜过望,他打开信念道:"亲爱的约翰,啊,真讨厌写这封信。亲爱的约翰,今晚我必须让你知道,我对你的爱已经死去，就像草坪上的枯草。今晚，我嫁给了另一个人，亲爱的约翰。"考虑到草坪在 20 世纪 50 年代美国郊区的标志性作用，枯草也就成为了心灰意冷的完美暗喻。芝加哥布鲁斯系作曲家 J. B. 利诺在其作品《韩国布鲁斯》中哀叹，"山姆大叔接到召唤去朝鲜战斗，却不知自己的情人会与谁躺在我的床上"。劳文兄弟是一个颇受欢迎的福音音乐和布鲁斯音乐组合，他们创作的《祈祷武器》却表达了一个与众不同的主题，它说服那些"相信上帝并正在祈祷"的人，在那场与无神论共产主义者的激战中，上帝会再一次站在他们那一边，"地球上任何人都不能与'他'抗衡"。

战争漫画是 20 世纪 50 年代初盛行的一种漫画类型，它对朝鲜战争表达的看法也最为积极。漫画主要针对年轻读者，其特点是讲述个人如何在正邪对立的战场上通过个人英雄行为来获得或者证明男子汉气概。

在 1953 年开始发行的漫画《叛乱与谋杀》里，会说中文的美国大兵哈利·巴克斯特自愿渗透到关押敌军的战俘营里，希望找出战俘营里的领导人。巴克斯特浑身涂满稀泥，混入其他犯人中，却被该领导人识破了，"你不能像我们一样蹲下，你一蹲下我就知道你是个奸细！没有哪个美国人能够用我们这种姿势蹲下，即使他会说我们的语言"。但巴克斯特最终还是完成了他的任务。

在《只有死人才是自由的》的漫画里，主人公金是天主教村庄遭到敌方军队攻击之后唯一幸存的男性。他组建了一支游击队，在对方将修女和其他被俘妇女运送到满洲之前，和美军一道炸毁了铁路桥。金具有史泰龙一样的体格，而一脸病态的黄皮肤敌人周少校则蓄着一脸浓密的大胡子。虽然在战时流行文化和士兵们思想中，中国人的印象很不讨好，但华裔美国人并未受到太大影响，这与太平洋战争中日裔美国人深受打击不同。美军与共产党中国在朝鲜战场上相互拼杀并没有引发美国国内对再一次拘留敌方侨民的呼吁。同情新中国的左派

第三部分
帝国转折点 | 朝鲜战争（1950～1953年）

大后方流行的主题

图为海报"感恩祖国"，制作于1951年。这是与张必武（音译）所演戏剧相关的一张海报，在当时的中国前线和后方宣传品中都很常见。海报反映了"参军光荣"的主题，乡亲们前来欢送一位志愿军士兵上前线。（阿姆斯特丹国际历史研究所收集）

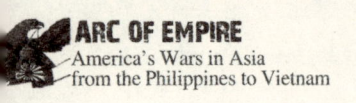

华裔美国人确实受到了官方的怀疑，一些人甚至被联邦调查局骚扰。但华裔组织的领导人和大多数成功商人仍继续支持台湾反共政权，因而有助于打消将华裔美国人统统看成亲共产党人士的看法。

中国的国内阵线向美方提供了一个可作对比的研究。中美两国之间的基本差异体现在一个非常简单的事实上：战争发生在中国家门口，这对中国构成了明显而直接的威胁。在大胆而经验丰富的领袖的领导之下，中国决策层很快就对这次威胁作出了具有重大意义的决定，而全国人民都对这个决定没有任何异议。这与相对公开、略有些乱哄哄的美国决策过程形成了鲜明对比。

毛泽东和他的同僚们并没有公开他们之间关于朝鲜内战的战略分歧，包括是否要干预这一首要问题和是否要一直坚持到1951年。彭德怀并不总是同意毛泽东的战略决策，但这位奔赴朝鲜战场的中国人民志愿军司令并非麦克阿瑟，他在私下向毛泽东陈述了他的个人看法之后，总会默默履行一个士兵的职责。

为了赢得这场战争，中国领导人一开始就坚决动员有限的全国资源。这一动员对全国，特别是与战区毗邻的东北地区的资源以及国家预算都是过度索取。1950年，中国有一半的国家预算用于军费支出，而军费支出中有超过一半用于应对朝鲜危机。到1952年，随着战争陷入僵局和中国经济从多年的战争破坏中恢复过来，中国军方表示预算开支已降到了1/3，其中大部分仍是用于支持在朝鲜的中国人民志愿军。

中国共产党的领导人意识到，战争既为后方创造了机会，也提出了挑战。他们接管的中国是一个倔强而又四分五裂的国家，而且还受外国制度和价值观影响甚深。

出于巩固新政权的需要，中国共产党利用朝鲜战争发起了一场全国性的"三反五反"运动。这场运动主要针对城市人口。城市对于经济复苏起着十分重要的作用，但也容易成为滋生资产阶级反革命情绪的温床，因而新中国的领导人对此颇为担忧。"三反五反"运动既利用

第三部分
帝国转折点 | 朝鲜战争 (1950～1953 年)

和平宣传工具，也会实行强制手段。这场与中国人民志愿军在朝鲜前线厮杀遥相呼应的国内战役，其针对目标是资本家、贪腐官吏和大发战争财的不法商人。此外，"三反五反"运动也有意清除资本主义国家，特别是美国的影响。政府关闭了西方教育和文化机构，驱逐西方传教士和商人。曾经接受过美国教育的大学教授及其他知识分子迫于压力，也纷纷宣布与美国朋友、同行断绝关系。抵制这场运动的人会被强制进行思想改造，这种做法导致西方民众给共产主义中国贴上了"集权国家"的标签。

政府支持的战时主题信息通过大众媒体广泛传播，其形式从艺术海报、政治漫画、小册子、儿童游戏、歌曲到小说不等，当时的电影也多是宣传民众熟悉的爱国观念，至于宣传马克思列宁主义的反而少了些。在这些电影里，主要是歌颂中国人民志愿军的英勇，军队士兵都是不惧与西方帝国主义者对抗的热血爱国青年们。孩子们在校园里玩战争游戏，歌唱反美歌曲。在游戏中，山姆大叔或美国大兵一般由可怜兮兮的孩子来扮演。大学校园里，受到爱国主义思想激励的大批学生都要求奔赴前线参战。

但这样的人力资源太宝贵了，消耗在战场上太可惜，所以很少有人获得批准。当时最常见的口号是"保家卫国"。在经历了国共内战的流血冲突之后，中国人现在可以借这一口号来表达他们面对受到美帝国主义威胁的爱国主义情感了。资产阶级大老板在幕后操纵美国政策的暗示在中国很流行。

这场全国性运动的主题思想也具有国际主义性质，但没有民族主义主题那样强大。它赞美中国与朝鲜之间同志加兄弟的友谊，其中一部分原因是源于都追求共产主义，而另一部分原因则是因为中国领导人深切地意识到这样一个事实：自 20 世纪初以来，中国的命运与其他同样被外国统治和剥削的国家和民族紧密相连。这种观念导致中国人与朝鲜人间发生了矛盾，后者被认为是日本侵略者的帮凶，因为他们

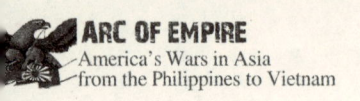

曾在日占时期为日本服务。因此，即使官方宣传美化了中朝两国军民之间的团结，但现实情况却是，中国共产党像联合国一方那样，他们都瞧不起自己的盟友。

第 14 章
停 战
谈判桌上的明争暗斗

美国以前在东亚的战争都是以完胜告终,继之以军事占领。阿奎纳多、摩尔瓦和其他被捕或投降的菲律宾民族主义者纷纷宣誓效忠,都与1945年9月2日日本官员在"密苏里号"战舰上签署投降文件的情景很相像。盟军最高司令官麦克阿瑟主持了日本的投降仪式,他曾希望在朝鲜战场上也赢得同样的胜利。但是在战争头一年的年底之前,他就已经被撤职。朝鲜战争是美国人在帝国前线打的一场新型战争。它不可能通过武力打败东亚乃至全球的国家,而赢得最终胜利。所以,最后华盛顿不得不接受一个外交解决方案。

停战谈判:看谁耗得起时间

在中国出兵干预之后,英国和以印度为首的不结盟国家提出了第一批和平提议。他们提出停火并恢复到战前状态的条款,希望这些条款最后能终结这场战争。1950年12月初,英国首相艾德礼访问华盛顿时,就提议承认北京政权的合法地位,同意恢复北京在联合国的席

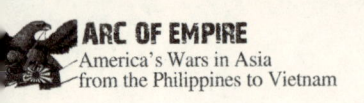

位并将台湾归还给北京。杜鲁门当即拒绝了这一提议，他和艾奇逊都坚决反对将对华政策和朝鲜问题联系在一起。在朝鲜战争期间，他们一直坚持这一立场。他们认为，联合国代表席位和台湾的前途是不容商量的，他们甚至不愿意与被他们贴上了国际"贱民"标签的北京政府谈判。总之，在1950年底和1951年初，战争双方都认为自己能获得最终胜利。

美国的两个附庸国却在私下破坏所有外交解决方案。即使在北京对保存金日成政权作出明确承诺之后，韩国总统李承晚仍然坚持要统一朝鲜，拒绝接受任何会分裂朝鲜的和平提议。同样，台湾的蒋介石主张要捍卫其自封的"中国统治者"的权力。他知道他可以指望美国国会中的共和党友人为他举办一场充满同情的审讯；可以依靠美国行政部门，因为后者迄今为止仍希望台湾成为美国而不是中国大陆的战略支撑点。

1951年6月下旬，随着战争僵局逐渐清晰，苏联发起了一个外交提议，促使交战双方坐下来谈判。苏联驻联合国大使雅各布·马立克明确提出"停火及恢复战前分界线"的停战协议。此前中国为取得军事突破而发动的第五次战役以失败告终，因此莫斯科提议的最低要求是确保其附庸国朝鲜能存活下来，并且不遭受任何领土损失。与此同时，斯大林和毛泽东都不急于结束战争，因为他们都认为在这场战争里美国比他们应该承担更大的责任。

正如斯大林预计的那样，这场战争转移了华盛顿以欧洲为美苏冷战中心的注意力，加剧了美国与其盟友之间的紧张关系，尤其是英国和加拿大。朝鲜战争消耗美国大量人力，损害了美国在后殖民地时代的声誉，同时导致美国政府在国内的支持率越来越低。但对中国的领导人及其苏联同行来说，继续进行战争的成本却是可以接受的。而对朝鲜来说，如雨般投下来的炸弹却对其国土和人民造成了极大的破坏。1952年初，金日成已经放弃了统一朝鲜的所有希望，并迫切要求尽快

第三部分
帝国转折点｜朝鲜战争 (1950～1953 年)｜

与对方开展谈判，以结束这场战争。在作出了致命的误判之后，他在共产主义阵营中的地位就下降了。

尽管杜鲁门政府对苏联的外交提议作出积极回应，但对于如何实施却仍然三心二意。政府公开驳斥麦克阿瑟及其共和党同情者提出的战争策略，并考虑与朝中方面谈判，但又暗中考虑这些策略。1951 年 4 月和 6 月，政府曾两度认真考虑使用包括原子弹在内的现代化武器，将战火扩大到中国东北，解除对朝鲜轰炸目标（如水坝和灌溉工程等）的限制。在政府内部，五角大楼要求将战争升级；强大的公众政治舆论也想利用美国在原子弹和远程轰炸机方面的优势，他们将"妥协和让步"诋毁为"衰弱、可耻，并将置国家于危险之中"。共和党人对 1948 年总统选举失利记忆犹新，他们想夺回政权，将政府的任何灵活处理方式都指控为"绥靖主义"。

就连杜鲁门本人也禁不住在私下发泄沮丧和愤怒，他在日记里琢磨着如果要结束朝鲜战争的唯一方式是对中国和苏联发动"全面战争"的话，那他也会照做不误。但是，正如他和他的继任者都清楚的那样，核威胁是没有用的。它只会吓坏美国的盟友，却吓不住敌人。威胁只会招来苏联越来越强的报复，而且仔细观察的话，他们知道核武器在战场上其实也提供不了什么帮助。

1951 年 7 月 10 日，交战双方的将军们第一次坐到一起，看能否找到某种方式来结束这场僵持不下的战争。停战谈判在三八线附近的中立会议现场进行，第一次在开城，后改在板门店。一开始会场的气氛一点都不友好。朝中方面的首席代表是朝鲜的南日将军，但实际上他们每天都受到毛泽东发出的幕后指示。联合国军方面的代表是海军中将 C. 特纳·乔埃。总的来说，会议上大部分时间都是恶语相向。双方的谈判人员都想通过激烈的战斗来获得谈判桌上的优势，都沉溺于政治高姿态和谩骂中，都对对方怀着深刻的敌意。李奇微将共产党人描述为"奸诈的野蛮人"，反映了存在于美国军事外交官中的敌对情绪。

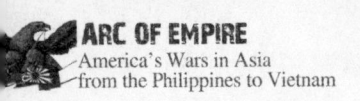

尽管气氛不友好，但双方还是达成了一定的协议。联合国军方面坚持要求将谈判内容限制在军事问题上，不考虑中国对于联合国席位和收复台湾的要求。谈判之初最主要的问题是如何来划分停火线。联合国军方面要求边境线应从平壤开始，东至元山，把许多朝鲜领土划了进去，而朝中方面则坚持以三八线为界。在经过两个月的谈判休会期后，双方在11月同意按实际战线为界，双方各自以此线为准后撤2公里，以建立4公里宽的非军事区。于是，停火线就从西边开始，与三八线平行，横跨朝鲜半岛中部，蜿蜒向北直到三八线以北的日本海。12月，双方的谈判代表就其他事宜达成了协议，包括部队轮换、机场重修、建立一个中立的委员会来敦促停火、停战后召开国际会议以解决朝鲜的政治未来等。

"自愿遣返"骗局

如何处置战俘这一关键问题仍未得到解决，因而停战日期再往后推迟18个月。1950年10月生效的《关于战俘待遇之日内瓦公约》规定，"战事停止后，应立即释放并遣返战俘"。杜鲁门不遵循这一规定，他不顾艾奇逊、李奇微和主要盟国的劝告，坚持自愿遣返战俘原则。他把朝鲜战争看做自由与奴隶制搏斗的一部分，因此在原则上无法容忍强制遣返共产党战俘。总统倔强得就像密苏里州的骡子。1951年底，联合国军被俘人员大约有1.2万人，其中包括3000多名美国人。他们一开始被关押在朝鲜的战俘营里，生存条件非常恶劣。战俘们吃得很差，医疗条件也很糟糕，还得接受无情的政治教化。美国战俘的死亡率高达2/5。一位幸存下来的美军战俘回忆道，死亡"对我们来说成了每天都会发生的事情"。直到1951年底中国接管了朝鲜的战俘营之后，条件才开始好转，战俘的死亡率也大幅下降。

联合国军处理对方战俘的问题则更引人争议。据联合国统计，至

1952 年联合国军俘获的朝中士兵约为 13.2 万人，其中大部分为朝鲜人。联合国军的战俘营由美军管理，看守人员严重不足，因此经常以一些冷酷而残忍的警卫来充数。这些人缺乏相应的训练，医疗条件也糟糕，导致很多战俘被痢疾、疟疾、肺结核和肺炎等疾病夺去生命。联合国军打着"自愿遣返"这一体现自由的华丽说辞，其实意在看到越来越多的中国战俘拒绝被遣返。蒋介石则欢迎所有拒绝遣返的中国战俘去台湾定居，使情况变得更加复杂。

除了大量灌输反共意识外，战俘营里到处是亲国民党的委托人，他们大多数以前都是蒋介石军队的军官。他们暴打那些渴望回家的中国战俘，强行在他们身上文上反共口号，目的就是强迫他们答应拒绝被遣返。自 1951 年年中开始，巨济岛战俘营里的中国和朝鲜军官在亲共的中国战俘中组织了武装反抗。他们不仅宣称要控制战俘营，还与战俘营当局反复发生暴力冲突。但使用自制武器的战俘根本不是全副武装的警卫的对手，遭到了后者残酷的镇压。即便如此，战俘营里有组织的反抗仍在一些共产党战俘的领导下坚持到最后。

杜鲁门坚持战俘"自愿遣返"原则，共产党则坚持双方应遵守《关于战俘待遇之日内瓦公约》，两者间形成了长期的僵局。为了推动谈判进展，1952 年 4 月 1 日，联合国军一方向朝中方面提供了一个大概的数字，称在 13.2 万名战俘中，大约有 11.6 万人选择遣返。但最后，仅有 7 万名朝鲜和中国的战俘选择遣返。因为美军在战俘营里的强迫行为，选择回家的人数大大减少。中国被激怒了，认为这是联合国军的骗局。双方寻求折中方案的努力一直持续到秋天，但此后谈判再次被搁置。由于没能达成协议，联合国军司令马克·克拉克将军要求加强对朝鲜上空的空袭，以此迫使共产党人让步，他的要求得到了批准。1952 年 6 月下旬，美国空军摧毁了鸭绿江上为朝鲜提供 90% 电力的水丰水库；7 月 11 日，美国空军用雨点般的凝固汽油弹摧毁了平壤的剩余建筑。

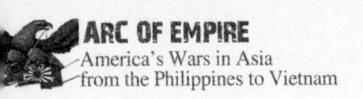

破冰——斯大林之死

　　直到杜鲁门和斯大林这两位主要领导人退出政治舞台，僵局才出现破冰。1952 年，由于朝鲜战争导致杜鲁门政府的公众支持率下降，总统决定不再寻求连任。最后，他将总统职位连同陷入僵局的"警察行动"（对于朝鲜战争，美国人最初称之为"警察行动"，后来叫"朝鲜冲突"，而不称其为"朝鲜战争"，这样可以避免因法律规定，由美国国会宣布战争动员令的尴尬局面。——译者注）一起移交给德怀特·D.艾森豪威尔，后者敏锐地察觉到美国民众的厌战情绪。在 1952 年 10 月 24 日的一次竞选演讲中，艾森豪威尔承诺，结束战争将会是他当选总统后的第一要务。但他没有提出任何结束战争的具体计划，只是含含糊糊地说："我将去韩国。"在 11 月的大选中，他很轻松地击败了阿德莱·史蒂文森，共和党获得了国会控制权。总统大选结束三周后，新总统在视察前线时和在韩国的部队一起吃饭。在他上任之后，五角大楼再次起用向中朝两国施加军事压力的陈腐计划，希望能够迫使他们在战俘问题上作出让步或屈服。但中情局却持反对意见，并预测再大的压力也不能迫使北京让步或屈服。艾森豪威尔和其他政府人员暗示，有可能在朝鲜使用核武器。国务卿约翰·福斯特·杜勒斯声称准备摊牌："我不认为我们能在朝鲜谈判中得到多少东西，除非我们让中国人经历一场地狱般的痛击，向全亚洲彰显我们的明显优势。"

　　在杜鲁门之后，斯大林也很快就退出了这一舞台，僵局终于得以打破。1953 年 3 月 5 日，斯大林死于克里姆林宫的寓所。他的继任者们，拉夫伦蒂·贝利亚、马林科夫和赫鲁晓夫开始重塑苏联外交政策。他们试图驱散"大老板"斯大林制造的恐怖气氛，寻求与美国和平相处的方法，其中包括结束朝鲜战争。为此，他们准备在战俘问题上作出让步。

　　毛泽东一方却一点都不着急，他们觉得没义务跟着克里姆林宫的新路线走。斯大林去世之后,毛泽东成为国际共产主义运动最具革命经验和资历的人。此外,毛泽东相信,只要在战场上显示出决心,美国最终会被迫让步。1952年4月,毛泽东拥兵达135万,他还得到了45万朝鲜军队的支持,其防御工事、后勤和战争设备都达到了开战以来的最佳状态。没有证据表明,中国领导人害怕美国的核威胁。周恩来指出,"艾森豪威尔上台后说了不少大话,企图威吓我们"。1953年6月初,华盛顿终于在战俘问题上向中国妥协,毛泽东这才准备接受协议。当李承晚试图阻挠该协议时,中国人民志愿军发起了专门针对韩军的惩罚性进攻。

华盛顿、莫斯科和北京最终同意接受第三方的调停。这次调停仍然由印度牵头,制定出一个办法,来解决因战俘处理造成的隔阂。一个由中立国组成的遣返委员会便是解决这一隔阂的良方。遣返委员会提供了一个相对安全的环境,战俘们可以在这样的环境中自由表达自己的意愿,不会再像以前那样遭受暴打、面临威胁。1953年4月底,交换伤病战俘取得了第一次突破性进展,双方共交换了684名联合国军士兵和6 670名共产党士兵。同年8月,根据最后协议,联合国军遣返了7.6万名朝中方面的战俘,另外有2.2万名战俘移交给印度看管,他们的遣返处理问题推后处理。在由印度甄别的这些战俘中,几乎所有人最后都选择去了韩国或台湾。朝中方面共遣返1.3万名联合国军战俘;移交359名联合国军战俘给印度托管,这些人最终几乎都选择前往朝鲜或中国。在十多名选择定居中国的美国人,有几个最终还是返回美国面对军事法庭和羞辱。

李承晚为和平设置了最后一个障碍。他的横生枝节再一次证明,附庸并不等同于傀儡。到1953年,他的地位比战争爆发时更为安全。在国内,他没有遇到任何重大政治挑战;尽管李承晚是个老牌的独裁者,但华盛顿再也找不出比他更顺从的人了。由于美国加强韩军的训练,李承晚拥有了一支人员庞大、纪律严明且装备精良的军队,而且

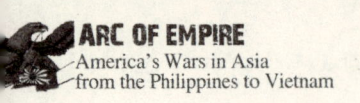

这支军队中有越来越多的人获得了战斗经验。李承晚尽一切努力破坏双方协议好的停火线，完全无视其国家刚刚经历过的巨大灾难。在他看来，停火线只会导致朝鲜国家分裂。1953年6月18日，李承晚释放了由联合国军看管的2.4万名朝鲜战俘，这就是著名的释放反共战俘事件。他们中的大多数人立即混入普通人群里。艾森豪威尔得知后十分愤怒和沮丧，准备在美国训练出来的韩军帮助之下发动一次兵变，除掉李承晚。意识到美国准备除掉他，经磋商后李承晚终于同意达成协议。他默许了停战协定，以换取美国承诺签订美韩《共同安全防卫条约》，此条约在1954年正式签署。之后，美国的数万军队将继续驻守韩国，以确保韩国安全，于是李承晚更加放心了。

1953年6月下旬和7月见证了最后的疯狂，战争双方为了获得一点点领土优势继续发动进攻。这些进攻枉送了数千人的性命。7月27日，精疲力竭的双方终于签署了停战协议。虽然协议使战斗得以停止，但其实并没有带来真正的和平。军事指挥官们只是暂时停止发动战争机器，一旦形势不对，战争机器将会再次启动。1954年4月，苏、美、英、法、中五国外交会议在日内瓦召开，但这次会议并没有使脆弱的和平稳定下来。参会代表团，包括第一次参会的中国北京代表团，并没有在朝鲜统一问题上取得任何进展，反而迅速将注意力放到了更为紧迫的恢复印度支那和平的问题上。如同三八线从1945年的临时分界线演变成将一个国家一分为二的国际边境线一样，1953年的停火线也成了一个变幻不定、尚待实现的和平条约的替代品。

第 15 章
转折点
东亚霸权的阴影

对美国来说，朝鲜战争是一场一错再错的军事赌博，它是美国试图在东亚建立非正式帝国过程中的一个重要转折点。在这场战争里，美国第一次遭遇失败。因为中国，美国没能实现自己的愿望。北京领导人成功阻止了美国人半个世纪里不断向前迈进的步伐，使美国人不断膨胀的主导东亚未来的愿望落了空。毛泽东知道美国不是他所蔑称的"纸老虎"，但也不是不可战胜的。明显弱势的中国如果进行资源总动员的话，是可以抵消美国的科技和军事优势的。另外，苏联的物质和政治支援也起到了至关重要的作用。战争让所有人都付出了高昂的代价，特别是韩国人和朝鲜人。帝国的建设者们却泰然自若，他们也无视中国人钢铁一般的意志，更无视因美国政策而惴惴不安的盟国以及使帝国更难驾驭、更难被大众接受的国内文化。

哭泣的高丽

由外部力量造成并因此固化朝鲜的分裂状态，这场战争令参战国都付出了痛苦而高昂的代价。一场席卷整个朝鲜半岛的战争，摧毁了半岛上两个国家发展道路上原有的一切。建立在二战武器基础上的美国空军给它造成了更大的破坏。总的来说，联合国军飞机投下的炸弹量超过了太平洋战争的总数，1 000 万加仑的凝固汽油弹烧死了无数平民和敌方士兵，摧毁了北方的大多数重要城市。朝鲜半岛上，120 万个家庭、2.5 万多座工厂、9 000 多所学校、1 000 多家诊所和医院都毁于一旦。阵亡、受伤和失踪的朝韩两国士兵和平民总计约 300 万人，相当于其总人口的 10%。大约有 300 万中国人曾在朝鲜服役，阵亡者约为 15.2 万，其中还包括失踪的 4 000 余人。在这场战争中死去的美军有 36 516 人，其他国家组成的联合国军死亡人数有 4 141 人。中国和朝鲜的隐形伙伴苏联死亡 299 人。

对于大部分普通的朝鲜人来说，这场战争就意味着逃难。在战斗打响的头几周，绝望的平民排成长长的队伍，跟随着韩军和美军南撤。大批衣衫褴褛、饥寒交迫的民众或顶着炎炎烈日，或冒着数九寒冬，随着战局的变化而南北跋涉，这一悲惨画面很快就变得普遍起来。在混乱和满目疮痍之下，社会关系土崩瓦解，成千上万瘦骨嶙峋的孩子成为孤儿，或与父母离散，加入了逃难的人潮里。因为朝鲜士兵有时候会冒充难民，混进逃难的人群里，一些谨慎的美军士兵分不出是难民还是朝鲜士兵，就经常采用对待敌人的方式对待难民。在开战的头一个月，美国驻韩国的大使简略地描述了美军一贯的做法："如果难民在美军阵地以北出现，他们将受到鸣枪警告。如果他们还坚持继续往前走，他们就会被射杀。"战争爆发一个月后，在韩国中部的老斤里村庄，美军杀害了数百名在铁路桥桥洞里避难的难民。一位幸存者后来回忆道："从天而降的炸弹和火箭弹让人觉得'我们头顶的天空仿佛崩塌了'。"美军的步兵也加入了进攻，后来还杀死了所有死人堆里尚存一息的人们。同年夏天，在汉城东南的丹阳郡，美军往难民防空洞口投下凝固汽油弹，杀害了 167 人，其中大多数是妇女。在韩国政府收到的指控美军大规模杀害难民的60多起案件中，这些事件虽然不是很典型，但绝对都是臭名昭著的案例。

整个韩国满目疮痍，社会陷入了极端分裂状态，同一个国家同一个民族的各个村庄的人有些效忠日本殖民者，有些效忠基督教，有些亲共产党，另外还有一些在美国支持下反共。政治仇恨令当地一些与警察、游击队有联系的家庭遭受极大痛苦。一个在孩提时代目睹了战争暴行的韩国村民回忆道："那完全是一个目无法纪的时代。"所有年轻力壮的男性都被迫参军，老年男性被迫参加支援前线的工作，有些女人则直接沦为乞丐或妓女。敌对双方都极尽残忍手段虐待那些效忠于对方的平民。随着人口密集地区的控制权反复易手，报复虐待平民行为也接二连三地发生。在这些暴行中，建立在年龄和血缘基础上的社会层次结构崩溃了。南方城市的边缘地带迅速出现大量难民营，大量农村人挤在这些肮脏的难民营里。在那里，偷窃、狡诈和机敏或许就意味着还有一线生机。卖淫与黑市盛行，黑市上供应的都是从美军仓库里盗窃来的物品。

三年战争加深了韩国与朝鲜之间的相互仇恨，同时也将它们与它们的大国庇护者更紧密地捆绑在一起。李承晚在美国保护伞下统治韩国，直到1960年春才被一次学生起义推翻。但是，春天许下建立民主政府的承诺很快就变样了。韩国最有凝聚力、最守纪律的韩军还在一旁守候着。这支在美国人训练下壮大起来的军队到战争结束时已经发展到了近60万人，几乎占联合国军总人数的2/3，而且他们每年还能拿到1.5亿美元的援助。在一个不断受到威胁的国家里，军队显得越来越重要，在国家的话语权也越来越大。

在北方，金日成牢牢把持政权。到1958年10月，中国人民志愿军全部撤走，此时距离他们戏剧性般出现在朝鲜战场上已有8年。但北京和莫斯科继续提供经济、军事和政治方面的援助，这些援助巩固了金日成在朝鲜的地位。这位朝鲜领导人越来越自信。置身于社会主

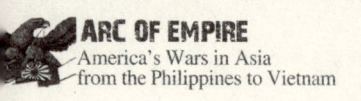

义阵营的朝鲜安全无虞，于是开始走上了一条截然不同的发展道路。随着时间的流逝，这条路使朝鲜与韩国渐行渐远。

南北两地的朝鲜人都亲身经历了战争造成的强烈冲击：个人遭受苦难，心爱之人被杀或失踪，家庭四分五裂。然而，无论在朝鲜还是韩国，经历了战争苦难的那一代人都不能自由表达悲伤和回忆。平壤和汉城都下令，个人回忆必须从属官方记叙。两个国家都在同样的战争考验中艰难地生存；他们对同一场战争截然相反的官方记录深深植入了他们的创始神话中。国家强制推行的正统说教不容许普通的朝鲜人回忆这场前所未有的民族苦难，并以此来安抚内心的创伤。

在朝鲜，"祖国解放战争"成了金日成政权合法性的两大支柱之一。无论是作为敢于阻止外国分裂、维护祖国统一的爱国英雄，还是作为事迹被极力夸大了的抗日战士，他的形象都非常高大。在宣扬自己的"主体思想哲学"或"自力更生哲学"时，他把自己塑造成朝鲜民族的救世主，是他制定了通向朝鲜共产主义天堂的道路。尽管现实中，他的国家还要依赖苏联和中国的慷慨援助。

朝鲜官方控制的媒体、教育系统、博物馆和公共纪念碑都纷纷歌颂这位伟大领袖，宣扬他为民族斗争做出的"巨大贡献"。平壤的宣传机器将汉城政权斥责为美国的走狗。在他们的描述里，韩国变成了被美军占领的殖民地，由伪装成美国驻韩大使的美国殖民总督暗中进行统治。朝鲜通过强化对新闻媒体的控制，使国内人民对韩国的发展一无所知，不允许任何人挑战其意识形态霸权。

在李承晚总统及其军方继任者的授意之下，韩国政府也炮制出了一个有利于自己的战争版本。按照这一版本，朝鲜是一个由自大狂统治的非法侵略国，应该对战争负全责，而且还继续对韩国的生存构成实际威胁。朝鲜非法入境者及左翼同情者对国家造成的威胁，证明了韩国采取严厉镇压措施的合理性，但这些措施却使韩国"自由国家"的名号名不符实。汉城政府不允许提及韩美军队在战争期间犯下的任何罪行；此外，对于那些在1950年7月到9月韩国被占领期间与朝鲜合作的韩国人，汉城政府更是加以无情的迫害，尽管他们大多数都是为了生存。直到20世纪80年代末，严厉正统的反共说教才有所放松，被长期压抑的与战争有关的情感才得以释放，这特别体现在文学作品和电影当中。家庭破碎的痛苦和个人的心理创伤才在艺术作品中得到宣泄，比如赵廷来的10卷本史诗小说《太白山脉》，尹兴吉令人难忘的故事《霾雨》，安正孝的小说《银色骏马》和电影《太极旗飘扬》。随着民主时代真正到来，一直被钳制的公众舆论开始对官方讲述的朝鲜战争、官方所谓的国家安全及其与美国神圣的同盟关系也提出了质疑。反美成为韩国国民自我身份认同的一种表达形式。

位于汉城市中心的韩国战争纪念馆于1994年开放，它将战争看做"双方的民族灾难"和"世界历史上无可比拟的悲剧"，这反映了一种新的观点。卢武铉总统任职期间，正式批准韩国"真相与和解委员会"对战时发生的屠杀和暴行进行文字发掘。该委员会调查了数百份由受害者家属提出的针对韩国军警对平民实施大屠杀的指控。躺着成千上万具受害者遗骸的万人坑被发现，再次证实了过去那些令人不寒而栗的行为。

中国重新站起来了

朝鲜战争也令中国付出了沉重的代价，大量士兵死亡，资源变得更加稀缺。但同时，这场战争也为它带来了明显的好处。在国内，中国共产党得以将汹涌的民族主义热情纳入广泛的革命日程，展示了其令人印象深刻的组织能力。在随后的岁月中，当毛泽东致力于建设一个现代化社会主义国家时，全国成千上百万的人民都被动员起来的场景将会反复出现。在国际上，朝鲜战争巩固了中国作为一个具有革命意识的亚洲大国的地位。虽然付出了沉重的代价，但中国人民志愿军

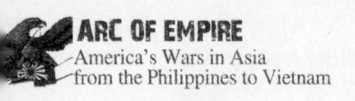

第一次打垮了西方联军。它的表现赢得了斯大林之后苏联领导层的尊重，从而大大提高了对中国的发展援助；同时，中国还赢得了第三世界国家领导者的地位。1954 年，中国北京出席日内瓦会议；1955 年 4 月，中国出席在印尼万隆召开的亚非会议，这次会议标志着第三世界正式形成。这些都反映了中国新的国际地位。怀有东亚梦想的美国人不管愿不愿意，早晚都得接受共产党中国在亚洲地区拥有庞大影响力这一现实。如同朝鲜一样，官方的正统记录充斥在中国人脑海里。爱国主义是这一正统说教的标志，无论是战时还是在战后。海报和电影都宣称在党的领导、人民的决心和勇气汇合之下，中国人民志愿军才能取得如此光荣的民族成就。

1956 年发行的著名影片《上甘岭》就讲述了发生在 1952 年秋天的一场真实而艰苦的阵地战。它歌颂了一小队中国人民志愿军士兵面对众多美军英勇奋战的事迹。英勇的中国人民志愿军唱着《我的祖国》来鼓舞士气，在种种磨难下坚守阵地，最终迫使士气低落的敌人撤退。另一部有关朝鲜战争的很受欢迎的影片《英雄儿女》制作于 1964 年，改编自著名作家巴金的小说，反映了战士们在朝鲜战场上为了保家卫国浴血奋战，并突出了家庭牺牲这一为世人所熟悉的战争主题。

帝国的丧钟响起？

最后，对美国来说，战争造成的人员伤亡损失率相对较低。由于参战者都是士兵，并没有脆弱的平民卷入其中，兼之有强大的武器和雄厚的财富护航，如同以往的东亚战争一样，与亚洲对手比起来，美国只遭受了很小的损失。尽管如此，美国的财富和力量还不足以保证美国能在所有战争中取胜，并最终取得亚洲支配权。

朝鲜战争为帝国敲响了警钟。导致美国失败的其中一部分原因要归咎于总统。总的来说，在朝鲜战争政策制定过程中，总统的孤傲性格起了破坏性作用。在作出美国将出兵保护韩国的承诺之后,他未能就战争的早期目标发出明确指示,甚至在北京发出了更强有力的警告之后,他仍然未做到这一点。具体说来,总统未能在造成极大损失之前约束住一再抗命的麦克阿瑟,未能与幕僚及时沟通与讨论如何结束陷入僵局的战争,未能说服公众支持美国参加一场没有结果的战争,也未能在签署完一份内容明确的国际公约后遵守规定。

但从根本上讲,美国此次失利,更多是因为其在冷战时期积累起来的各种制约因素。美国在20世纪中叶所处的国际地位给美国决策人造成了很大的难题。冷战时期积累起来的支持全球反共的承诺大得令人惊讶,也因此分散了美国的力量,迫使他们从一个麻烦掉到另一个麻烦。美国并没有足够的资源去兑现如此大的承诺。即使朝鲜战争中,国会允许支出巨额的军费,但政策的制定者们还是觉得不够。改革和扩大处理国际事务的机构,包括建立统一的国防部和类似中情局与国家安全局这样的新情报机构,对总统来说不仅仅需要获取支持力量,也意味着他要控制更多的官僚机构。

在20世纪五六十年代的反殖民运动迅速发展,第三世界激进势力日益壮大和中国坚决反对美国的地区蚕食之时,这种情况变得更加糟糕。来自不同地方的挑战统统摆在面前,如伊朗、危地马拉、苏伊士、古巴、老挝和黎巴嫩。大西洋对岸焦躁不安的盟友们想让美国专注于欧洲防务,不愿意支持美国在所谓的边缘地带兑现对欧洲人来说代价昂贵又十分危险的承诺,这更增大了华盛顿的困难。当苏联建立起武器工厂,当武器输送系统成倍增加并且越来越复杂,当他们能够研发的武器越来越厉害时,核战略层面的新威胁也增加了。面对灾难性对抗的危险,美国的领导人承受着必须将战争控制在一定范围内的巨大心理压力。

国内兴起的各种运动进一步削弱了美国的地位。朝鲜战争已经表明,公众对于在远方发动目标不明确、结果不明朗的战争一点都不感兴趣。从公众的反应中可以看出这一点，他们普遍认为朝鲜战争是一段令人不快的插曲，最好能把它迅速忘掉。好莱坞制作了一些独特的反英雄主义题材的大片，反映了在这场残酷的战争中，士兵们不情愿但还是决心履行义务并争取活着回国的复杂心情。1955年上映的《独孤里桥之役》就是反映这一心酸场面的第一批影片之一。该影片改编自詹姆斯·米切纳在朝鲜战争停战前刚出版的一部畅销小说，讲述一位舰载战斗机飞行员的故事。这位飞行员是一名厌战的二战老兵，他接受的任务是摧毁防守严密的朝鲜独孤里桥。飞行员对自己为之奋斗的事业心存怀疑，他最关心的问题是能不能活下来并与自己心爱的妻子团聚。影片的最后，这位飞行员驾驶的飞机被击落，他因不愿被捕而顽强抵抗，最后战死。影片暗示，这位飞行员的牺牲毫无意义。好莱坞早期制作的另一部经久不衰的朝鲜战争题材影片是1959年发行的《猪排山》。该影片改编自军事历史学家S. L. A. 马歇尔所记载的故事，主要讲述了焦虑的美国大兵在朝鲜战争结束前的最后几天，为争夺一座贫瘠山峰而进行无畏战斗的故事。影片的惨烈场景主要突出了焦虑的美军士兵们在即将回国前的战斗精神。

时间的流逝并没有为这场"被遗忘的战争"增加一点光辉。1955年，矗立在华盛顿特区国家广场上的朝鲜战争纪念碑落成，它为这场极不受欢迎的战争提供了一个证明，或者说无意中谱写了一首结尾乐章。它既没有二战中硫磺岛海战纪念碑的英雄色彩，也没有越战纪念碑的感人至深的哀怨。这个纪念碑仅刻画了19位不知路在何方的美国士兵严峻的形象。在朝鲜战争结束约40年后，美军在战时犯下的暴行被揭露出来，再一次为这场战争笼罩上一层阴云。查尔斯·J. 汉利、崔承哲和玛莎·曼多兹组成的美联社记者团，因为披露了1950年7月美军在老斤里村屠杀平民的调查报告而获得2000年普利策奖。随后进行的国防部官方调查否认蓄意杀害平民是美国政策所致，调查用"一次悲剧性的、深感遗憾的战争伴生事件"来掩饰这一事件，并认为那

第三部分
帝国转折点 | 朝鲜战争（1950～1953 年）|

完全是因为士兵太紧张而导致的一场悲剧。

面对崛起的中国、全球的麻烦事和冷漠的公众，美国国家政策制定机构，包括政府官员和智囊团的意见领袖对于这第一场有限战争的结论产生了意见分歧。表面上看，主流意见将朝鲜战争僵局看成一个在亚洲陆地战争中陷入困境的警示故事。将军和政客们都加入了"绝不再犯俱乐部"，发誓将来要动用核武器，最好是利用美国颇具优势的空中和海上力量，远离地面战场，避免让美军与拥有无限人力资源的敌人作战。美国曾经运用空中和海上力量，成功在日本（特别是冲绳岛）、菲律宾和台湾保住其地区主导权，并遏制住共产主义的进一步发展。但现实中，"绝不再犯"却总是让位于更加努力地捍卫美国以牺牲换来的赌注，即使这将令美国在亚洲大陆付出更大的牺牲。持续了半个世纪的地区霸权美梦仍在延续。

自相矛盾的是，中国在朝鲜战场上展示的实力并未真正阻止美国的决策人，反而加深了他们对不断扩张的中苏集团的恐惧，使他们更仇视那些被"狂热独裁者"统治的国家。共产主义在美国决策人眼里就像是一种可怕的传染病，在道德和政治上都令人生厌，因此这一亚洲变异体必须被孤立起来。

同时，还要施加压力，使其灭亡速度加快。为此，杜鲁门政府坚持不承认中国北京政权的合法地位，继续支持西藏的反共游击队和穿过中国边境到达缅甸避难的国民党残余部队，同时支持台湾的国民党军队对中国沿海地区进行突袭骚扰。杜鲁门政府还禁止美国与中国大陆进行贸易，并与其盟友建立一套控制中国产品出口的制度，以减缓中国经济发展。

艾森豪威尔政府的态度与其前任们惊人的相似，它沿袭着一条常将中国称作"红色中国"的政策路线。艾森豪威尔就职时就确信，"把中国丢失给共产党是美国历史上最大的外交失败"。有一次，总统还说中国的新主人"完全不计后果，傲慢自大……完全漠视人类生命损失"。

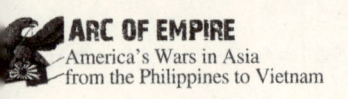

由于受到了艾森豪威尔所说的共产主义者的威胁，美国不可能"忍气吞声，奢望他们能得到完全满足并停止其掠夺行为，从而使我们避免被吞噬的命运"。杜勒斯不仅鼓励国内公众蔑视共产党人，而且还沉溺于以往领导人普遍怀有的像太平洋计划一样已经过时了的家长制感情。"我们远比毛泽东更能照顾共产党中国的利益……我们都已经和中国做了 150 年的朋友。"

在中国海岸线外，国民党在其控制的金门和马祖岛屿上与北京发生的对抗，加剧了这种对华的敌对情绪，同时也强化了美国对蒋介石的支持。1954 年底和 1955 年初，北京炮击金门和马祖，1958 年夏末再次炮轰，这些行动令艾森豪威尔十分担心。他怕这会打击盟友的士气，导致彻底失去台湾。此外，这还将"决定菲律宾和东亚地区其他国家的命运"，事后证明他的预想是对的。对此，艾森豪威尔和杜勒斯向蒋介石提供了更多的经济援助，帮助其建立起一支现代化的军队，并在 1954 年 12 月与蒋介石签订了《中美共同防御条约》，甚至以总统本人的名义发出剑拔弩张的核威胁。美国官方把蒋介石的独裁政府宣传为"自由中国"，把它当做能从共产主义手里解放全中国的核心力量。同时，艾森豪威尔继续执行杜鲁门制定的孤立北京政权的强硬政策：不与中国北京进行外交接触，不给予中国北京联合国席位，不与中国大陆进行商业贸易，不许到中国大陆旅游。少数无视不许赴华旅游禁令的美国人甚至还为此失去了出国护照。

艾森豪威尔的盟国和美国普通百姓似乎比美国政府更担心会在亚洲发生另一场陆地战争。英国继续遵循其扩大与中国进行外交接触的政策，并且连同日本一起反对美国发起的贸易限制措施，而且在行动上越来越多地违反这些措施。美国公众也有类似的想法。在艾森豪威尔执政期间，半数以上的受访者赞成与中国大陆进行外交与商业接触，赞成记者访问中国大陆，但他们还是不同意给予北京联合国席位。约有一半的美国人希望避免 1954 年的台海危机，91% 的知情公众主张将1958年的台海危机交由联合国处理。

坚持拥有一套压倒性原则和强制性做法的冷战文化，使得"绝不再犯"屈服于"再来一次"的可能性大大增加。冷战观念使得美国很难接受行动和利益将受限于地域的事实。实际上，同意麦克阿瑟观点的自由派支持者们都谴责杜鲁门和民主党过于软弱。他们声称，美国人的聪明机智、美国拥有的庞大资源和美国的骄傲足以战胜任何不利情况，并取得最终胜利。美国国内掀起了一股强大的、歇斯底里的反共浪潮，增强了决策人的信心，在此之前他们虽然坚持这些主张，但心里还是有些疑虑。参议员约瑟夫·R.麦卡锡莽撞地发起反共的"十字军运动"最富戏剧性地反映了这一歇斯底里并且还超越了党派分歧的反共浪潮。

"二战"结束后开始发展的红色恐惧，到朝鲜战争之时达到了顶峰。采用以往战争中常用的方法，政府反颠覆分子行动在工厂、政界、民间组织、学校和法院等地到处蔓延。美国共产党被宣布为非法组织；成千上万曾与共产党有过联系或仅仅具有左倾倾向的人都遭到怀疑并丢掉了他们的工作，即使他们在过去颇受人尊敬。反共主义成了强大而不分对象的政治斗争武器，公众关于一系列政治问题，包括医疗保健、吸毒和移民的话语权都被削弱了。

综上所述，狂热而固执地宣称冷战原则有助于保持政策朝稳定而安全的轨道发展。执政者提出一系列令人难以置信甚至很危险的替代政策，将群众的注意力转移到外交政策领域内。他们对政府内的中国问题专家和学术界施加巨大压力，好让他们不敢公开表达自己的疑虑，甚至被迫离开美国。他们难以区分国内共产主义者和国外共产主义者，也搞不清国外共产主义者的区别。不管"绝不再犯"将提出何种建议，这种令人窒息的反共共识都会排斥"放弃东亚的想法"，尽管这是一处危险的边缘地带。

相反，它只会产生压力，以便加强和维护美国对这一地区作出的

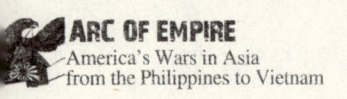

承诺。因此,华盛顿坚持继续支持"不能独立生存"的菲律宾政权、韩国政权、南越政权和台湾蒋介石政权。这些美国精心培育的本地军事机构就这样变成了遏制共产主义的稳定堡垒,而这些政权在当地也发展成了独裁政权。华盛顿喜欢将这些与本国具有内在联系的独裁主义者、右翼主义者和附属国称为自由世界的一部分,对于阻止令官方恐惧的革命幽灵和政权颠覆幽灵,这些所谓的自由世界也似乎成了最有效、最廉价的盟友。

这种巩固美国控制的努力在东亚控制中心日本表现得十分明显。杜鲁门总统任职期间,共和党外交政策的代言人是约翰·福斯特·杜勒斯。为展现两党的友好合作,他同意担任制定"后占领时代"美日两国关系正式条款的核心人物。经过长时间谈判,首相吉田茂接受了美国起草的和平条约。

1951年9月,这份《旧金山对日和平条约》在旧金山由日本的前敌人签署,但有两个明显的例外——苏联拒绝签名,中国大陆甚至未获邀请。同时日本与美国还签署了经过秘密谈判达成的《日美安全保障条约》。条约正式确定了美国作为后来的离岛战略的靠山地位,保证美国可以无限制在日本土地上使用军事基地,确认美国继续控制冲绳岛及有权随时干预和镇压日本国内发生的骚乱。对吉田茂来说,《日美安全保障条约》是一剂苦药。他想使日本摆脱美国的军事占领,但又得知美国不可能拆除其军事基地。

面对美国的强大压力,他能做到最好的就是拒绝美国不顾其意愿强加的和平宪法,令日本重整军备的要求。这些正式文件明确宣布了日本将顺应美国的冷战要求。从日本的角度来看,美国盟友原是一件"上帝赐予的礼物",它在朝鲜战争期间的军事采购有助于日本的经济恢复。在得到美国的特许,进入其广阔而富裕的消费者市场的刺激之下,战后日本的生产和生活水平继续呈曲线上升势头。与此同时,东亚各国之间的关系相当紧张,美军的存在也为日本提供了廉价的安全保证。

第三部分
帝国转折点 | 朝鲜战争（1950～1953年）|

扼杀中苏

美国的决策人在东南亚也同样活跃。朝鲜战争的爆发提高了这一地区的战略重要性，也使杜鲁门政府深深卷入了两场保护附庸政权的战争。一场是为保卫美利坚帝国阵地的侧翼——越南而战。华盛顿非常慷慨地支持法国同越南共产党人进行战斗，但这慷慨的回报却令人十分失望。1954年法国放弃了越南，故此，从艾森豪威尔开始的几任美国总统都被迫作出艰难的选择。另一场战争是为了维护美国在菲律宾的影响力，因后者是半个世纪前帝国事业开始的所在地。在菲律宾，华盛顿面临着共产党领导的一场起义，起义的大致过程已为大家所熟悉。

到20世纪40年代，饱受压迫的痛苦农民在胡克党（即菲律宾抗日人民军，是菲律宾共产党领导的抗日军队，他加禄语为胡克巴拉赫普，简称胡克。——译者注）的领导下揭竿而起，胡克党在其大本营吕宋岛发展成反对日本侵略者、日本在本地的代理人和地主的军事武装力量。1950年初，由于战后与地主阶级、曼努埃尔·罗哈斯政府的关系日趋紧张，共产党支持下的胡克党领导层作出了夺取菲律宾政权的重大决定。

以埃尔皮迪奥·季里诺为首的马尼拉当局惊慌失措，杜鲁门政府不得不赶紧出手拯救。他们认为该政府"政治不成熟、经验不足"。显然，只有美国出手才能拯救该政权，导致美国必须出手的原因还有在菲律宾的海军和空军基地，这些基地的重要性在朝鲜战争中已经凸现出来。根据杜鲁门11月发出的指示，如果苏联接管了这些岛屿，那不仅会损害美国的国际声誉，还会"严重危及东南亚的整个反共防御体系和包括日本在内的离岛岛链"。

华盛顿很快发现，雷蒙·麦格赛赛就是美国执行拯救任务所需要的一张菲律宾面孔。麦格赛赛出身寒微，经过个人奋斗进入了政治庇

227

护者建立起来的精英统治阶层。麦格赛赛吸引了爱德华·兰斯代尔的注意,他认为麦格赛赛正是美国政策所需要的代理人。兰斯代尔是中情局特工,并很快就成了格雷厄姆·格林著的英国小说《沉默的美国人》和威廉·J.莱德勒著的美国小说《丑陋的美国人》中的主角原型人物。兰斯代尔成了麦格赛赛的主要顾问和公关人员。在美国支持下,麦格赛赛在1950年8月成为菲律宾国防部长,在1953年赢得总统选举。在美国加强军事训练、增加援助和密切监督之下,麦格赛赛的军队成为一支更有力的镇压骚乱的工具。

美国的这些行为让马尼拉政府的士气一下子提升了,麦格赛赛则承诺会照顾投降的胡克党人并改善农村的社会福利。最后,胡克党的领导人被捕,美国和麦格赛赛等利用心理战术瓦解了起义者的斗志,在起义者内部播下了分裂的种子。根据胡克的一个重要指挥官路易斯·塔鲁克后来的回忆,到了1952年,胡克军队已经感到绝望,因为"农民的同情和忠诚开始变成了恐惧"。短短几年时间,一场在高峰时曾声称战士多达1.1万~1.5万的武装力量实际上已经土崩瓦解,美国的阵地安全了。根据一位重要的岛屿历史学家称,美国军官从与菲律宾人的交易中得出了重要的经验教训,并将其称作"后殖民实验室的创新型反叛乱理论"。

尽管麦格赛赛取得了巨大的成功,菲律宾人却继续忍受着以往的痛苦,以及与美国之间不安但又依赖的关系。精英们一如既往地牢牢把控着经济和政治权力,势力根深蒂固的地方利益集团想方设法阻止麦格赛赛实施备受民众欢迎的土地改革承诺,农村的贫穷依旧。美国想扩大军事基地,导致美菲之间关系再度紧张起来,民族主义者对此极端愤恨。与此同时,菲律宾政府不断要求得到更多美国援助,这与艾森豪威尔的财政保守主义产生了矛盾。1957年,麦格赛赛死于空难,他的声誉在那时已经一落千丈。1955年5月杜勒斯曾抱怨说,麦格赛赛"不能证明他是一位精明能干的政治家",美国仍然没能得到菲律宾的民心。但不管怎么说，美国已经在菲律宾获得了不少的好处。具体说来，美国得到了一个安全的基地并成功镇压胡克起义。为此，美国付出的代价是在1944年到1958年之间向菲律宾提供了总值达20亿美元的赠款和贷款。

为加强美国在东亚逐渐扩大的一系列安全承诺，艾森豪威尔政府就像患了条约狂躁症似的，开始签下一系列正式条约。1954年，美国与台湾蒋介石政权签订了《中美共同防御条约》，可以说这是台湾从朝鲜战争中获得的续命条约。通过这份条约，台湾把自己与美国捆绑在一起。就在同一年，杜勒斯促成了东南亚条约组织的成立，该组织连同美韩、美台和美澳新条约与美国在亚洲的一连串军事基地，共同构筑起一道外交堡垒。虽然艾森豪威尔试图控制军费开支，并在告别演说中对运用日益强大的"军事—工业综合体"来增加影响力的做法提出警告，但他在东亚的军事化政策却是自打嘴巴。

朝鲜战争失利让人们开始质疑美国是否能保住其在"二战"后攫取的西太平洋辽阔领土。美国人认为他们"弄丢"了中国，而在中国人眼里，中国终于"站起来了"。毛泽东的著名论断是有一定道理的。在他们以倾国之力的决心和手段以及面对华盛顿敌意时争取到国际支援等前提下，中国第一次有效地打击了美国在东亚地区的野心。

尽管如此，美国的野心仍然没有减弱。美国人狂妄自大的秉性依旧根深蒂固，他们仍然认为美国人的意志、理想和科技能够战胜一切。华盛顿的领导人仍然相信，他们有能力创建一个全新的亚洲。

因此，不听话、敌视美国的中国就必须被孤立和限制，不能让其有机会向外发展。他们越来越担心共产党势力煽动东亚和第三世界其他国家的民众发动革命。他们希望那些反共主义者、民族主义者，尤其是讲英语又与美国有可靠关系的人起来阻止共产党势力扩散。尽管他们用花言巧语来骗取民心，但最终还是得依靠航母、轰炸机舰队和地面机动部队来兑现美国野心，消灭抵抗者并保护美国的附庸国。这

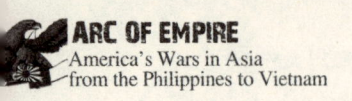

种极度自信的民族性格将会给美国和亚洲的人民带来更大的悲剧，并将促使美国在越南完成其太平洋演出的最后一幕。美国在韩国追求霸权的步履已经摇摇欲坠，下一个战场将见证它的崩溃。

第三部分注释

① 有限战争：又称局部战争，是指在一定的地区内，使用一定的武装力量进行的有限目的的战争，是与世界大战相对而言的。战争往往只波及世界的某一地区，在一定范围内对国际形势产生影响。美国一些人士把局部战争称为"有限战争"，即在战争目标、武器使用、参战兵力、作战地区等方面有所限制的战争。

第四部分

霸权终结
越南战争（1965～1973年）

  对付小小的越南，美国出动数十万雄兵，却是惨败收场。联手抗美期间，越南成功离间中苏联盟。饱经战乱的越南，却在美国走后走上侵略之路，大举入侵柬埔寨。这个看似微不足道的小国，却始终牵引着每个大国的疼痛神经……

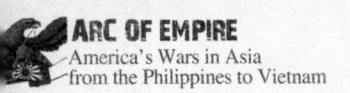

ARC OF EMPIRE
America's Wars in Asia
from the Philippines to Vietnam

　　早在 1945 年 9 月 2 日，也就是道格拉斯·麦克阿瑟在北部湾主持日本正式投降仪式的同一天，约 50 万越南人涌入了河内市中心的巴亭广场。广场变成了彩灯和鲜花的海洋，四下里旗帜如林，横幅密布。这是个重要的时刻，站在解放运动前列的人跃跃欲试，都想登台亮个相，以便给人留下深刻印象。市民和来自附近乡村的农民都聚集到这里，准备倾听越南独立宣言。宣布独立的人其貌不扬，身上套着一件已经褪色的夹克衫，脚穿一双橡胶凉鞋。近 30 年来，他一直住在国外，秘密组织反对法国占领越南的抵抗运动。他用过许多假名，其中包括赫赫有名的阮爱国，即姓阮的爱国者。最近，他又取了一个此后一直沿用的名字，叫"胡志明"。

　　当天的人群中，很少有人知道胡志明就是大名鼎鼎的阮爱国，是法国人的死对头。但他那天的演讲颇有气势，令人印象深刻。他一开始就宣称，"人人生而平等！"

　　胡志明的演讲稿是由 1776 年的美国《独立宣言》和 1791 年的法国《人权宣言》的内容东拼西凑而成的，他通过这种方式向外国发出呼吁，希望得到他们的同情和支持，同时也向厌倦了被征服和压迫的贫困人民发出呼吁。他只字不提他长期紧密联系的国际共产主义运动和有关越南的社会主义前途。相反,他将人群的注意力转移到法国人犯下的种种罪行:他们否认越南人的民主权利以及他们令越南陷入经济贫困的残酷剥削。"他们修建的监狱比修建的学校还多!他们无情残杀我们的爱国者!他们使我们的起义淹没在血泊之中!"

他以如下誓言结束了自己的演讲:"一个英勇反抗法国奴役长达80多年的民族,一个在近几年坚决站在反法西斯盟国阵线一边的民族,这样的民族必须自由,这样的民族必须独立。"他表示:可恨的殖民时代一去不复返了;绝不能再走回头路。在演讲中,胡志明从演讲稿中抬起头来大声问眼前的人们,"同胞们,你们听清我的话了吗?"台下的无数男女热泪盈眶,回答声响彻云霄,"是的,我们听见了!"

但是,此时美国人在东亚的控制权正在接近巅峰,他们却听不到看不见。这一可怕结果将会在随后的30年里逐渐表现出来。

在美国人的脑子里,"由美国主导亚洲发展"这一旧观念一直在嗡嗡作响。他们变得越来越自信,因为他们现在有机会影响亚洲历史的进程。他们认为,在越南也将像早期的菲律宾那样,美国将会取代原有的殖民国家,准备再开展一次帝国演练。美国将会扶持一个由美军控制的附庸政权,这一过程将对印度支那人民,包括老挝、柬埔寨和越南各国的人民造成巨大的破坏和苦难。

但是,这一次"伟大"的帝国演练花了美国20年的时间,却并未带来成功。与征服菲律宾的那个时代相比,这时候的民族主义已经发展成一股更加强大的政治力量。在某些地方,尤其是在越南和中国,民族主义已经催生了不受美国影响的共产党国家,这使美国的野心大为受挫。

可以肯定的是,在"一战"、"二战"期间以及冷战之初,美国领导人曾多次把握住不断高涨的民族主义诉求,并倡导将民族自决权作为一种普遍原则。

然而,美国虽然在口头上表示支持独立运动,但其制定的政策却

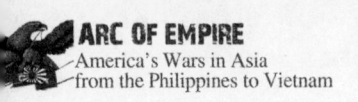

公然违背了这种声明。这种行为造成了极为恶劣的影响，不仅在越南，甚至在冷战盟国及其国内也被指责为虚伪行径。美国对争夺东亚主导权的冲动正在削弱。在朝鲜战场上的表现令人沮丧，接着又在越南遭遇失败，接连的失利将在美国引发一场深刻的民族信心危机，最终导致美国戏剧般地放弃将东亚纳入其非正式统治帝国版图的主张。

第16章
战争起源
帝国疯子盯上共产主义

"二战"期间和冷战初期，在越南国内，越南革命运动与不断上升的美国意志第一次不期而遇。开始时的战时合作，很快就变成了敌对。胡志明和其战友已经立下了铁一般的誓言，要把越南建成一个独立、统一的社会主义国家。而与此同时，美国的精英们已经将越南视做其东亚帝国的一个组成部分。当然，这一弧形帝国还包括日本、韩国与菲律宾，它们处于美国的绝对主导之下。比起打算承担一个更合适的地区角色或拒绝屈辱撤退的美国来说，越南更不愿放弃自己捍卫国家统一的神圣斗争。

越南需要一个导师

"二战"使美国第一次注意到印度支那这片土地。以前它被边缘化了，这或许与美国的关注焦点落在其他地区有关。1940年和1941年，富兰克林·D. 罗斯福心有不安地看着日本军队进入法属印度支那，这片地区包括越南、老挝和柬埔寨等国。后来，随着太平洋战争胜利的可能性越来越大，罗斯福开始关注这一地区的未来。他最初奉行民族自决原则，认为这一地区的国家应该独立自主。在盟军战略计划的第一个正式声明，即1941年8月《大西洋宪章》里，他着重提出了这一地区的民族独立问题，后来又反复重申。当时，总统还有着这样一种想法：法国没有管理好自己的殖民地。"法国统治了印度支那100年，但那里的居民生活质量反而不如从前"，他在1943年的德黑兰会议期间私下对斯大林如此说。

但罗斯福支持独立的公开立场带有纡尊降贵的色彩，这种色彩使他一步步地认同法国的暴政。他认为，越南人尚未作好管理自己国家事务的准备。就像朝鲜人一样，他们还需要20年到30年的时间，接受外来的指导和监督，这样他们才能作好自己站起来的准备。罗斯福自己并不打算担任指导越南站起来的导师。因此，在以蒋介石为首的中国国民政府也拒绝这一角色之后，就只有让原殖民者法国人来充当了。

同意暂时保留殖民主义，这使得总统平息了与英国政府之间的一场长期争论。丘吉尔首相曾挑衅性地宣称他对大英帝国存在眷恋。因此，罗斯福为法国辩护的行为，使英国人同样获得了维护殖民利益的借口。到1945年初，美国的立场已经从当初支持民族自决，转变成了勉强同意法国恢复对越南的殖民控制。

1945年4月罗斯福去世，印度支那的命运落入美国国务院之手。国务院尊重并同情法国对殖民地的要求。这种态度的转变是因为在"二战"后，戴高乐领导下的法国在处理战后问题和重建欧洲方面起了很大作用，成了美国潜在的重要伙伴。美国在1945年6月出炉的一份国务院研究报告中指出，越南正在开展一场"声势越来越浩大的"独立运动。报告承认，像其他殖民地人民一样，越南人应该"充分作好准备，更多地参与到自己政府的管理工作中，最终建立一个自治政府"。但报告的作者同时也对越南的动荡局势表示担忧，因此建议认可法国对越

第四部分
霸权终结 | 越南战争（1965～1973 年）

南的主权。虽然在越南的美国观察家们对胡志明印象深刻并对他表示同情，但即使是最支持胡志明的美国人也断定，胡志明所代表的力量"在政治上不成熟"，很容易被日本间谍和其他邪恶的外来势力操纵。在胡志明宣布越南正式独立，越南人民一片欢欣鼓舞之时，颇具影响力的《纽约时报》却对越南"革命团体"夺得统治权和越南"原住民"猛烈攻击法国移民引发骚乱发出了悲观警告。因此，一些受过教育的公众从这些信息中得出的结论是，恢复越南的稳定需要法国、英国甚至是中国等外部势力的支持。

20 世纪 40 年代后期，与苏联的冷战对抗和共产党在中国国共内战中取得胜利，这两件大事加强了美国的亲法倾向。拉拢法国进入反苏阵营的想法压倒了把法国列为反殖民地靶子的想法。华盛顿认为，反对法国殖民政府将导致越南整个社会的不稳定，这肯定会被共产党人利用。40 年代末，美国外交官从河内和西贡发回的报告都表明，美国正在寻找苏联在越南实施阴谋的证据，但最终什么都找不到。

有些报告显示，与其说胡志明是个共产主义者，不如说他是个民族主义者。如果他得到大众的广泛支持，那么法国人的殖民大业注定失败。但是，四处弥漫的冷战恐惧，让美国放弃任何疑虑，转而支持法国的行为，并将印度支那看做全球反共斗争一部分。最后，杜鲁门总统在 1950 年 2 月第一次正式提出：印度支那是全球遏制共产主义战线的一个战略枢纽。

胡志明已经成为"共产主义"的推行者，他领导的反法抵抗运动"只是共产主义将占领整个亚洲计划的一部分"。为阻止这一势力，华盛顿主要寄希望于法国及其实施的开明殖民政策。这意味着，要招募能够替代胡志明的非共产主义领导人。在决定了必须在该地区遏制共产主义威胁之后，杜鲁门的顾问建议，必须采用"一切可行性措施"来达到这个目的，总统接受了这一建议。但这个建议把美国变成了法国殖民政权的支持者、武器供应商和战争顾问，随后法国人在这片土地上

239

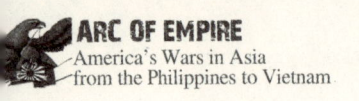

挑起的战争所付出的经济代价 2/3 都由美国的纳税人来承担。

和罗斯福一样,杜鲁门也不喜欢殖民主义,但他也怀疑亚洲人目前没有管理好自己国家事务的能力。杜鲁门认为,在冷战背景下,人民迫不及待地要求独立,不仅会导致局势不稳定,有损其自身福利,而且还会对西方国家的反共大业造成潜在威胁。因此,像罗斯福一样,杜鲁门也喜欢实行"开明指导"措施,这种措施带有仁慈的意图,致力于"被指导国家"的最终独立,完全不同于老式殖民主义。美国官员也承认,法国不是越南自立的最佳导师人选。但他们希望,在重新确立了对越南的统治后,法国会遵守承诺,把文明带给当地人,并帮助他们作好最终独立的准备。

良师益友——胡志明与毛泽东

美国决策者们迂回地拥戴殖民主义的行为,与胡志明在 1945 年 9 月所表达的强烈的民族主义精神发生了冲突。在 19 世纪法国征服印度支那的过程中,这一民族主义经历了一次严峻考验。阮氏王朝那些接受过传统儒学教育的士大夫们,受到民族主义信仰影响,开展了顽固却无效的抵抗。他们怀抱着这样一种思想聊以自慰:爱国者"为国王和土地而奋斗",宁可"与敌死战光荣见祖先,也不苟活归顺西方人"。胡志明的父亲就来自这一士大夫阶层。

胡志明出生年不详,但官方将其定为 1890 年。他在越南中北部的一个村子里长大。当时,一些士大夫主导的反法起义已经爆发,他们努力试图挽救帝国,但这个帝国的君王却向法国人屈膝逢迎,因而搞得声名狼藉。形成于 20 世纪初的越南民族主义融合了越南历史上的两股传统力量。占主导地位的力量历来主张抵抗中国,于是民族主义者将其转变为随时愿意为国牺牲的狂热爱国者。

在这一新兴的民族主义思潮中,较小的那一股力量则吸取了越南以外不惜牺牲其他民族利益也要向南扩张的经验。越南争夺地区主导地位的欲望得到了法国人的偏袒和鼓励,因为法国本意就是建立一个统一的印度支那殖民地。在这个半岛上,越南人认为自己比老挝人和柬埔寨人更先进,因此是他们理所当然的领导人。

年轻的时候,胡志明也沉浸于这一新兴民族主义之中。家庭关系使他同两位民族主义先驱——潘珠桢和潘佩珠产生了联系,这两人清晰地展示了两条不同的独立之路。潘珠桢痛斥越南的衰落。他认为,越南已变成一个衰弱和落后的国家,越南人民面临着国家灭亡的危险。他寄希望于法国人,希望他们能够扮演好"能干的导师"和"待越南人如子的好母亲",通过他们的拯救行动而使越南复兴。

在同一信仰的启迪下,胡志明于1911年出国,开始寻求外部力量,希望能够治好越南的"衰弱症"。胡志明到过英国、美国和法国,在这些地方的经历使他改变立场,转而支持潘佩珠公开抵抗外来侵略的民族主义抗争道路。潘佩珠坚持认为,法国人"既不是我们的父亲,也不是我们的兄弟。他们怎么能够在我们这里蹲着,是想在我们头上拉屎吗?越南人难道不为这种局面感到羞耻?"旅居法国的经历使他打消了"法国人会实施开明殖民政策"的任何指望。他一再呼吁,希望法国社会党和一战结束后在巴黎开会的战胜国支持越南走温和的独立之路,但这都是徒劳。

对争取外国政治支持感到绝望,同时也厌倦了在法国只能勉强糊口的生活,万般疲累的胡志明转向了新发展起来的国际共产主义运动,该运动公开宣称反对帝国主义。他在1920年得出结论,只有共产主义会支持反对帝国主义运动和民族革命。这是他所看到的,越南和其他殖民地国家能够争取到真正独立的唯一道路。

20世纪20年代和30年代,胡志明努力削弱法国殖民统治力量,支持总部设在莫斯科的共产国际(第三国际),致力于推动殖民地国家和资本主义发达国家展开革命斗争。他在泰国和中国的越南侨民社区

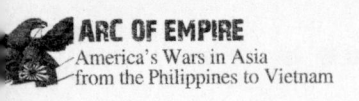

里秘密活动，定期前往充斥着政治斗争的莫斯科，下决心强化其庞大共产国际网络的纪律性。胡志明为人低调，又对马克思主义理论毫无兴趣，所以成功躲过了斯大林时代对外国共产党人的清洗。他把自己的精力投入到教育越南新一代积极分子和创建越南党组织的工作中。

最后，在1930年，他在共产国际的帮助下，把印度支那地区相互竞争的共产主义团体合并到一起，成立了印度支那共产党。该组织在1951年改称"越南劳动党"，以此将组织范围缩小到一个国家。1976年，又将名字改回了1930年越南活动家们喜欢的"越南共产党"（下称"越南共产党"）。胡志明在两次世界大战之间的那段岁月里经历了完整的"国际教育旅程"，这使他成为了一个国际通。他能讲出熟练的中文、俄语、法语和英语，他熟悉的世界除了他长大的越南社会，还有法国在越南和海外各地的处境，中国、东南亚和法国的越南侨民社区，横跨欧亚的共产国际网络，以及先后由国民党和共产党控制的中国。

由于胡志明高明的领导艺术，他所领导的印度支那共产党行事高效灵活，因而得以在法国的反复打击之下幸存下来。它的生存和最后成功取决于其广泛的社会吸引力。它不仅吸引了显赫家族的后代、主张温和独立道路的知识分子和力量尚弱的工人阶级代表，而且还吸引了这个国家4/5的人民参与其中。

印度支那共产党巧妙地将农民融入工人阶级之中，这让欧洲那些正统的马克思主义者也感到震惊，因为就算是他们，也只能在现代资本主义工业中心里寻找那些有能力改变社会的代理人，而不是在消息闭塞、思想落后的农村。但在越南，中心城市被殖民者牢牢控制着，只有农村才是获得民族解放的关键所在。1931年，在越南中北部，也即是胡志明的家乡，爆发了一次农民起义。这次起义说明了农民的革命潜力有多大，前提是政党能够满足他们要求获得土地、减轻赋税和债务的愿望。

1941年2月，胡志明已经50多岁了，已有多年的革命经验。30

第四部分

霸权终结 | 越南战争（1965～1973年）|

年来，他第一次回到祖国越南。他从德国占领法国首都和日本军队的侵略中，看到了法国殖民政府已经失去平衡，打击它的机会来了。为了抓住这个机会，他来到了越南独立同盟会（下称"越盟"），该组织由印度支那共产党创建并在幕后控制。强调爱国斗争和牺牲的越盟取得了极大成功，它吸引了广泛的国民，从贫农、富农、地主、富商到城市知识分子，无不在其中。它发展了一支自己的军队，由武元甲指挥。武元甲曾经是一位历史教师，民族主义思潮使他成为一名马克思主义者，后来在胡志明的支持下他成为一名军事指挥官。武元甲的军队在1944年底正式创建，当时还只是一支武器装备落后的杂牌军。1945年初，在这支部队的支持下，越盟的活跃范围从遥远的北部山区发展到了人口稠密的红河三角洲。而活跃的基层组织的活动和频繁的宣传则提高了越盟的政治知名度和影响力。

1944年，越南北部发生饥荒，夺走了100万人的生命，这一事件促使越盟在越南政坛上名气大增。当时，法国的殖民当局行政管理体系崩溃，未能对饥荒采取任何行动，而越盟却抓住机会囤积粮食，组织赈济灾荒，充分展示了它对民众福利的关注和组织效率。

1945年3月，日本取代法国殖民政府接管越南。8月初，日本全面溃败，"民族独立"出人意料地出现在越南人触手可及之处。越盟上下欣喜若狂，并抓住机会再一次展示了它出色的组织效率。8月19日，越盟迅速接收并控制了河内市，接下来的一周内相继控制了其他城市。9月2日，当胡志明在巴亭广场宣布民族独立时，同时也宣布了越南社会主义共和国的正式成立。但是，这个新生政权实际上是由以胡志明为首的共产党人控制的，这遭到了许多国内外人士的批评。为了平息这些批评声，胡志明在名义上解散了他的政党，组建了一个执政联盟。

宣布独立是一回事，是否得到国际承认又是另一回事。从1945年底到1946年初，胡志明一再呼吁杜鲁门总统及其国务卿，同时援引美国的民族自决原则，要求美国承认越南在涉及其国家未来的国际会议中发挥作用。但是,他没有得到回应。胡志明还试图通过谈判来解决一些过渡性安排,让法国逐渐放弃其对越南的政治控制,但承诺保留其经济和文化利益。同样地,这也没得到回应。胡志明考虑到了资本家追求经济利益的理性诉求,却没有考虑到法国人对于占领殖民地的骄傲感和法国殖民者在越南的巨大势力。这些人在印度支那享有特权地位,但现在这种地位受到了越南要求民族独立的威胁。执意恢复殖民统治的法国派遣军队重返越南,胡志明采取了暂时敷衍逢迎的策略。1946年底,双方发生了武装冲突,随后胡志明撤退到了农村重新进行武装斗争。

越盟依据农村对法军展开了游击战,而这一战争模式也在20年后的越南战争中为美军所经历。越盟游击队对由北非军人、外籍军团、越南人和法国士兵组成的法国军队发动袭击,控制交通线并孤立法国人控制的中心城市。越盟逐渐扩大其行动范围,并开始派出一些常规主力部队,这些部队是中国人帮助建立起来的,旨在抵消美国人对法国的援助。

新中国的领导人毛泽东,不仅对越盟军队(下称"越军")的建设起到了关键作用,而且在苏联怀疑越南对共产主义运动的忠诚度这件事上,他也替越南解了围。就像某些越南共产党员一样,斯大林也曾怀疑胡志明骨子里是个资产阶级民族主义者,因此非常怀疑其忠诚度。所以,当越南人请求斯大林认可"我们国家对反帝斗争的重要性"时,斯大林置之不理。

基于10年的私交,毛泽东很欣赏胡志明的领导艺术,他也了解越南革命运动面临的种种困难。1949年,当共产主义在中国取得决定性胜利之后,毛泽东及时与胡志明会面,他们与斯大林谈起了越南的未来。1950年1月,莫斯科和北京一起在外交上承认了胡志明政府,斯大林将指导和支持亚洲革命的任务委托给了毛泽东。中国的顾问和武器装备开始越过边界进入越南,这大大加强了越盟的军队力量。

当胡志明为讨好苏联而访问莫斯科之时，印度支那共产党发表声明，盛赞苏联领导人，并颁布实施能够证明共产主义为其正统信仰的政策。

奠边府战役

越军得到中国的支援，士气大振实力大增，战斗屡屡取得胜利。以至于到了1954年，法国人已经失去了对这场所谓"肮脏战争"的兴趣。到这时，在一场远离法国公众的战争里，法国已经付出了5.5万多人的生命，并且耗去了法国10%的国家财政预算。面临着日益恶化的情况，巴黎联合政府却仍然处于麻木状态。

1954年3月开始的奠边府战役，是对在东南亚已摇摇欲坠的法兰西殖民帝国的最后一击。法国为一举歼灭越军主力而进行的决定性战役变成了一场灾难。越军包围了法军，用中国提供的炮火进行了猛烈轰击。5月初，法军被迫投降。

法国的投降对胡志明来说只意味着一个阶段性的胜利。1954年4月，以美苏为首的冷战双方主要大国在日内瓦召开了国际会议，目的在于对法国在越南、老挝和柬埔寨的百年殖民历史进行清算。但是，苏联和中国代表团也想缓和紧张的国际局势。而且，无论如何，法国军队也会阻止越盟军队的过度扩张。

最终，胡志明妥协了。1954年7月，《关于恢复印度支那和平的日内瓦协议》签署，协定同意胡志明政府完全控制北纬17度线以北地区，南方仍由法国控制。南北是否统一要等到1956年举行的全国选举投票决定。胡志明再一次妥协，他心里寄希望于1956年的选举，希望通过这次选举达到国家的完全统一，希望美国人跟法国殖民者一样离去。

面对党内某些成员的抱怨，胡志明努力说服他们，要以巩固对北

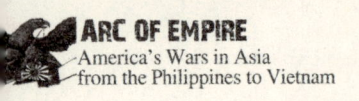

部地区的控制为第一要务。他们应该集中精力,借助苏联和中国的援助,在北部建立一个现代化的社会主义强国,促进工业化和农业集体化。无论将来发生什么事,至少帮助河内市可以更好地应对南方问题。为了保险,河内还保留了它在南方的政治和军事资产,将约5万~10万名越盟干部带回北方,指示约1.5万名携带武器的人在南方潜伏下来。胡志明要求他们"为了国家利益"耐心接受"即将到来的考验"。

第四部分
霸权终结 | 越南战争 (1965 ~ 1973 年)

争夺殖民地

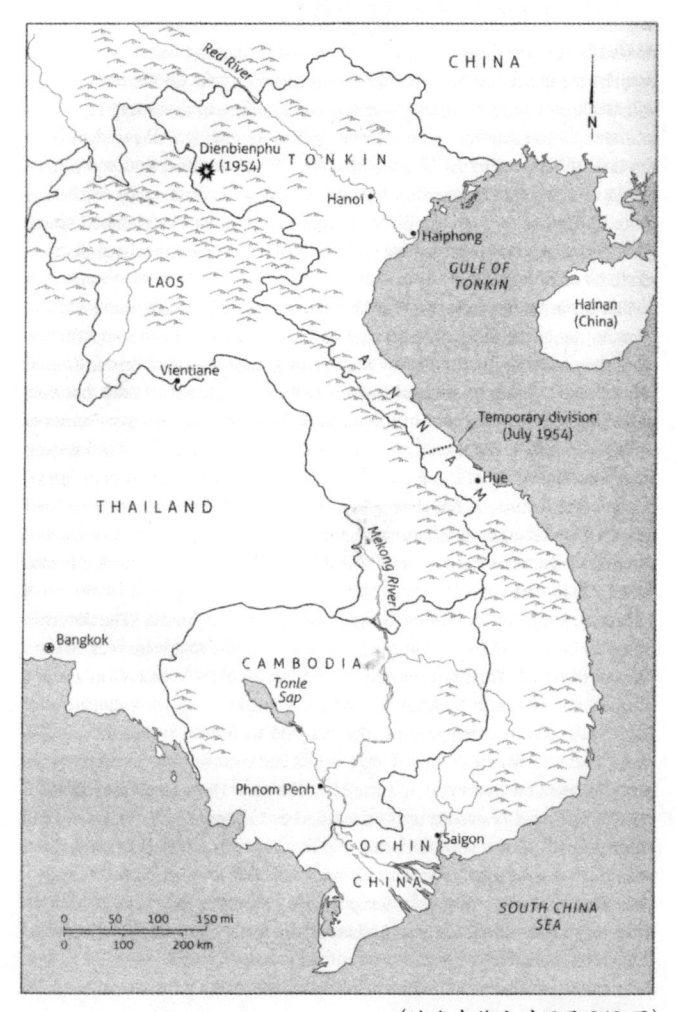

（地名中英文对照见 248 页）

图为法属印度支那地区。越南是法属印度支那殖民地最动荡的部分，以红河三角洲的抵抗力量最为强大，那也是法国人所称的"东京"的中心。越南人抗法战争中进行的最激烈的战斗——莫边府战役发生在北部。而"安南"这一名字则专指越南中部狭窄的沿海平原，这块平原的中央是已经衰落的阮氏王朝的京城所在地。交趾支那则是法国占领时间最长、影响最深的地区，位于越南南部、柬埔寨之东南方。《关于恢复印度支那和平的日内瓦协议》达成的和平临时分界线穿越安南，使河内和西贡成为南北越两个相互敌对政权的政治中心。

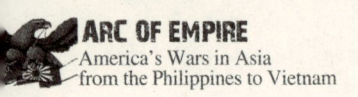

ARC OF EMPIRE
America's Wars in Asia
from the Philippines to Vietnam

Red River 红河 CHINA 中国
Dienbienphu 奠边府 TONKIN 东京（越南北部一地区旧称）
Hanoi 河内 Haiphong 海防港
LAOS 老挝 GULF OF TONKIN 北部湾
Hainan (China) 海南岛（中国） Vientiane 万象
Annam 安南 Temporay division (July 1954) 临时分界线（1954年7月）
THAILAND 泰国 Hue 顺化
Mekong River 湄公河 Bangkok 曼谷
CAMBODIA 柬埔寨 Tonle Sap 洞里萨湖
Phnom Penh 金边 COCHIN CHINA 交趾支那
Saigon 西贡 SOUTH CHINA SEA 中国南海

第四部分
霸权终结 | 越南战争（1965～1973年）|

1953年底，越南革命领导人在部署奠边府战役。左起分别是黎笋、范文同、胡志明、长征和武元甲。他们是一个稳定的领导小组，将由胡志明首先发起的解放斗争引向高潮并取得了胜利。（由胡志明陵墓管理处供稿）

ARC OF EMPIRE
America's Wars in Asia
from the Philippines to Vietnam

吴庭艳与村里长者。吴庭艳是南越第一任总统，受法国殖民影响很深，加上信仰基督教，这导致他与革命志士产生了尖锐的矛盾冲突。(美国陆军军事历史中心供稿)

第17章
陷入泥潭
从操纵傀儡到直接出兵

《关于恢复印度支那和平的日内瓦协议》签署之后，美国人接过了法国人已经放弃的战争。美国高层认为，假如放任越南人管理其国家事务的话，他们的未来实在堪忧。

在南越境内，反共产主义者现在发展到了反华，因此，南越需要有人保护和指导。美国的官员们产生了一种紧迫的使命感，作为一个大国和先进文明的正义代表，他们要拯救越南，即使是一部分也好，他们有责任让越南人过得更好一些。但更具有说服力的理由是对冷战的担忧。

华盛顿一心想在亚洲保住一个根据地，来阻止在亚洲遭遇的一连串挫败，包括失去中国、韩国处在僵持状态、暗中支持的法国殖民政权在越南再度崩溃。如果再遭失败，将会对美国国内本就弥漫着共产主义恐惧的政治形势产生不可忽视的破坏性影响。随着法国的失败，正式的帝国统治在越南已经消亡。这加强了美国人尝试在越南进行非正式帝国统治的动机。非正式帝国和正式帝国一样，都要依靠"合适的本地人"。因此，华盛顿需要借助那些愿意听命于美国并抵制北越政

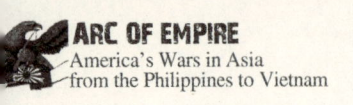

权的越南人。寻找这种人始于1954年的吴庭艳，1963年吴庭艳政权被西贡将军推翻之后，美国继续寻找，一直持续到后来的阮文绍和阮高祺政权。

这期间的每一个"合适的本地人"，都依次成为美国的越南伙伴，但没有一个能够胜任这种角色。当河内对南越进一步施加压力时，约翰·肯尼迪和林登·约翰逊更是争相扶持已经四面楚歌的西贡政权。在一种种假设、恐惧以及不严密但又具说服力的正当理由引导下，美国人的态度一点一点地变得直接，最终做出了直接派兵支持南越政权的重大承诺。

始终不变的是，他们拥有清楚的自我约束意识，做事一直都很小心谨慎，就像其他帝国建造者一样。美国清楚对共产主义遏制线上的一个战略点做出承诺需要承担什么样的风险和代价，而这个战略点无论从经济利益、原材料供给、战略地位还是感情纽带来讲，其价值都是有限的。美国的决策者们脑中有个细小声音在警告他们：提防亚洲的下一次陆地战争！这种声音使他们行事更加谨慎。最后，他们被自己反复宣称的"为自由而战"的原则和口号所约束，因而对"美国是帝国主义"的指控非常敏感。因此，在管理越南国家事务方面，他们不得不给予越南合作者一点自由度。美国直接控制有可能激起越南人民反对，并进一步拖累南越傀儡政权，加深已经怀疑美国有"新殖民主义意图"的第三世界的怨恨之情。

更换代理人

1954年初，当法国军队开始崩溃时，艾森豪威尔总统已经开始为美国插手越南打下新的基础。他曾考虑过派空军去援助，但由于刚刚结束朝鲜战争，他对在越南进行一场新的亚洲战争不感兴趣。随着法军的大势已去和北纬17度线以北地区的丢失，艾森豪威尔默许了《关

第四部分
霸权终结｜越南战争（1965～1973年）

于恢复印度支那和平的日内瓦协议》，但又提出另外不同的安排。为了防止国务卿约翰·杜勒斯描述的"越南会被颠覆和瓦解"的危险，艾森豪威尔试图赶走法国人，建立一个新的政权来挽救北纬17度线以南地区。经过一段时间的犹豫之后，华盛顿选择了坚定的反共分子和虔诚的天主教徒吴庭艳来做新的"越南之父"。

1901年，吴庭艳出生在越南顺化，当时还是阮氏王朝时代，其家庭有从政为官的传统。20世纪20年代，他曾在法国控制的官僚机构中工作。

1933年，因为要求获得更大的自治权而与法国人分道扬镳。在随后20年里，吴庭艳，代表着介于共产主义和法国殖民统治之间的一条中间路线，我们也许可以称之为"儒家极权主义"。在此期间，他为保大皇帝当过官，在日本占领越南时期也曾短暂讨好日本殖民当局，革命时期胡志明曾邀请其加入越南民主共和国事业中，但吴庭艳回绝了。

1950年，由于在国内得不到支持，又害怕被越盟暗杀，吴庭艳选择流亡到美国。在美国，他创立了海外越南人的组织。此时，美国人正在寻找另一个像李承晚和拉蒙·麦格塞塞一样友好的亚洲领导人。吴庭艳的出现引起了一个群体的注意，这个群体具有浓厚的天主教色彩，受自由民主党的控制，其成员包括红衣主教弗朗西斯·斯佩尔曼、马萨诸塞州参议员约翰·F. 肯尼迪、最高法院大法官威廉·道格拉斯和蒙大拿州参议员麦克·曼斯菲尔德等人。在他们看来，吴庭艳似乎就是他们要找的人——一个不喜欢法国而喜欢美国的反共民族主义者。

1954年6月，吴庭艳的机会来了。他应保大皇帝之邀，回到西贡组建政府。1945年，当越盟掌权时，保大皇帝曾经退位。但他后来又改变想法，1949年同意法国的邀请，成立一个名义上独立的越南国家。在保大皇帝看来，吴庭艳似乎是总理的合理人选。他能够吸引美国人，

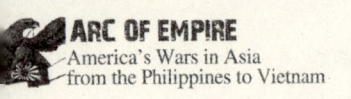

同时又能抑制法国对越南施加影响。但没想到引狼入室，在1955年秋，吴庭艳挫败了那位花花公子皇帝并将其废黜，建立了一个全新的国家——越南共和国，由他担任这个新生国家的第一任总统。

到此时，艾森豪威尔政府已经施加压力，令各方势力转而支持吴庭艳。艾森豪威尔本人起初担心自己的行为会带有"殖民主义色彩"，甚至带有"某种令人讨厌的家长制作风"，但实际上美国采取的行动并没有表现出这样的犹豫彷徨。中情局特工从吴庭艳回到西贡之时就已经开始支持他，而美军则协助把将近100万的天主教徒从共产主义掌控的北方空运到南方来进一步加强吴庭艳在南方的根基。

为了保证这个新生国家的安全，1954年底，美国国务卿杜勒斯开始拼凑了一个联盟：东南亚条约组织。来自东南亚地区的国家，包括泰国和菲律宾，加上法国、英国、澳大利亚和新西兰共同签署一份由美国起草的宣言，宣言中以含糊的措辞承诺要保卫南越。至此，一个庞大活跃的美国机构在西贡逐渐发展起来，其中包括大使和将军，他们负责管理"国家队"的军事顾问团。这些人名义上致力于越南国家建设，实际却在行使地方总督的职能。他们提供资金以保持越南经济正常运行，出钱训练并维持忠于吴庭艳的军队，培养接受过法国殖民统治的南越军官团。他们在越南设置了一个中情局分局，这个分局拥有自己的特工网络和联系人，负责敦促西贡总统府接受美国的各种建议和计划，并随时与华盛顿保持联络以及接待来访贵宾。艾森豪威尔下重金投资这个新兴国家，就是希望它成为反共斗争中的一个听话又有效的工具。

当时，这场反共斗争正在包括伊朗、古巴、危地马拉在内的广大第三世界范围内兴起。到20世纪50年代末，吴庭艳全部军费预算中有85%是来自美国，占该政府总支出的2/3，也占了该国进口成本的约80%。

华盛顿依靠吴庭艳控制南越在一段时间后起到了作用。吴庭艳压制住了南越境内两支武装力量,镇压了一个城市黑手党组织,并开始追捕前越盟成员。在此期间,吴庭艳得到越来越多的天主教徒、富人和美国官员的支持。严重依赖其直系亲属和家庭支持者统治南越,使吴庭艳养成了古板、刚愎自用的性格,一些与之共事的美国人对此感到困惑和沮丧。但是同时,吴庭艳的成功使他成了一些冷战分子和大众媒体眼中"创造奇迹"的传奇人物。参议员曼斯菲尔德就曾兴奋地说,"吴庭艳不仅是他自己国家的救世主,而且还是……整个东南亚的救星"。南越"是我们的后代",参议员约翰·肯尼迪断然宣称,"我们促成了它的诞生,我们支持着它的生命,我们帮它塑造了未来"。艾森豪威尔政府对吴庭艳取得的成就印象深刻,又热衷于在东南亚各国权贵面前炫耀其帮助稳定东南亚遏制线的功劳,于是便邀请吴庭艳、李承晚和蒋介石于1957年初访美。

至此,吴庭艳开始了他的华盛顿辉煌之旅。他不停地会见美国高官,参加国会演讲。在进行了为期两周的辉煌之旅后,吴庭艳继续移师纽约,然后到全美各大城市巡讲。

但是,"吴庭艳奇迹"在60年代初结束了。河内支持的武装抗争在南越农村造成了惊人的声势,吴庭艳对天主教徒的偏爱刺激了本就心存不满的佛教徒。1963年,抗议活动在城市爆发。肯尼迪政府的反应是必须尽快想出办法挽救其遇到麻烦的附庸。从入主白宫第一天起,肯尼迪总统就一直对像南越这样脆弱的第三世界国家所面临的革命威胁感到担心。1961年1月,苏联领导人赫鲁晓夫发表了"支持民族独立解放战争"的宣言,肯尼迪对此更是感到惶恐。因此,他公开重申美国会支持西贡政府的誓言。他向西贡派去更多顾问,划拨更多经费,提供更好的武器。但是,他拒绝在越南部署美国军队。这是因为肯尼迪担心,公开进行军事干预会引发国际、国内骚乱,将成为引发战争灾难的第一步。肯尼迪曾对一位助手解释说:"军队将会进入,军乐将会响起,人群将会欢腾。但接下来会发生什么事呢?"他问道:"你会

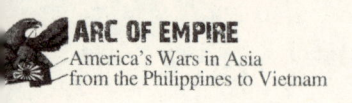

发现，你需要更多的东西。这就像饮酒一样，酒劲弱了，你就不得不再来一杯。"

1963年，随着吴庭艳对城市和农村的控制力减弱，肯尼迪得出结论，必须拯救南越，即使这意味着吴庭艳要倒台。如果要付出高昂的政治代价，美国领导人是会放弃任何附庸的，即使这个人是吴庭艳。作出这个决定的当时，肯尼迪总统已经遭受到太多的外交挫折了。1961年4月，他进行了一次重大的秘密行动，却未能推翻古巴领导人菲德尔·卡斯特罗。

同年8月，赫鲁晓夫修建柏林墙，将柏林一分为二，肯尼迪没有表示反对，这使他再次显得很软弱。1961年，他决定通过交易，换取老挝在共产主义和反共产主义阵营之间保持中立，这更加突出了"软弱无能"的印象。肯尼迪的顾问们曾经告诉他，在印度支那地区，老挝并不是适合进行军事援助的国家，而越南的前景相对更加光明。但是，尽管南越吴庭艳政权已经岌岌可危，肯尼迪似乎仍然只在口头上讲讲，却没有什么实际行动。他对外公开建议，越南人应该自己决定自己的命运，并暗示美国可能会离开越南。但同时，他又公开承诺要保卫反共主义遏制线。否则，这"不仅将意味着南越崩溃，也意味着东南亚会崩溃"，他在一次新闻发布会上这样讲。他下令秘密制定"美国顾问撤退"计划，同时又在进行一项旨在推翻吴庭艳政权的尝试，而这次尝试后来也被事实证明是部署不周执行不力的。

美国施加压力，要求吴庭艳进行政府改革，开除其颇有影响力的胞弟吴廷瑈，并听从美国指导，吴庭艳对此怒不可遏。他知道美国"主子"可能要背弃他了，但他发誓"我绝不会允许我自己或我的国家受到侮辱"。

吴庭艳的一位高级官员反殖民主义情绪高涨，愤怒地对美国大使说："你们美国中情局不要再把我们当做小孩耍了。"但是，对于美国来说，如果吴庭艳不听话，总会有别的人听话的。于是，肯尼迪释放出来的信息是：如果有人取代吴庭艳，而且他又听话的话，那么他将同样获得美国的支持。吴庭艳的将军们领会到这一点，于是在1963年11月1日发动政变夺取了政权，并杀死了吴庭艳和吴廷瑈。

北部湾事件

但是，吴庭艳之死并未能解除威胁南越政权的危机。美国支持的军政府新领导人忙于应付政变与反政变的政治游戏，这消耗了西贡大部分注意力。

与此同时，河内支持的起义所造成的威胁更加严重。11月底，肯尼迪总统遇刺，保卫南越这个日趋恶化的美国前哨阵地的任务，就被扔给了林登·约翰逊。新总统立即开始沿着其前任标明的路线采取行动。作为一位杰出的政治家，约翰逊了解冷战游戏规则，把冷战教条当做信仰并加以接受。此外，他身边全是前总统肯尼迪的顾问，这些人表明了其力挺南越政权的决心。国防部长罗伯特·麦克纳马拉是个不知疲倦的工作狂，平时总是蓄着一头黑发，梳理得油光水滑的。罗伯特·麦克纳马拉思想犀利得如同剃刀，对约翰逊的影响特别大。

1963年11月到1965年7月间，约翰逊的一系列决定导致了越南战争。肯尼迪遇刺刚过几天，约翰逊就对越南政策进行了第一次审查。他非常赞同前任政府对西贡政权的支持，并打算加大支持力度，使其强大到足以抵抗河内。与此同时，他将全面施展其强大的政治手腕，令国会批准其雄心勃勃的"伟大社会"计划，并通过选举赢得属于自己的总统权力。

1964年8月初，"北部湾事件"[①]打乱了约翰逊的计划。他将北越针对美国驱逐舰的两次袭击看做河内发起的挑衅。而后来证实，所谓的第一次袭击其实是当地指挥官下的命令，而第二次袭击仅仅是因为声呐探测员过度焦虑，导致出现幻觉，因而才谎报消息。尽管强烈怀疑是否存在第二次袭击，约翰逊还是决定实施打击。他下令对北越实施首轮轰炸，并以"北部湾事件"决议案的形式得到了国会支持。国会给了约翰逊想要的授权，允许他在这一地区无限制使用武力。参议院经过不到10个小时的辩论，就以82票对2票的表决批准了这一授权；众议院对白宫提供的决议案草案只进行了40分钟的审议，就一致表示同意。总统希望通过轰炸警告河内。约翰逊在空袭北越之后，曾向一位记者吹嘘："我不光要拧歪胡志明的嘴，我还要拧掉长在他嘴上的喙。"他还想借此堵住别人的嘴，因为此前有人说他在总统选举战的最后阶段，对好斗的反共人士巴里·戈德沃特表现软弱。

1965年2月和3月，在取得一场压倒性胜利之后，美国国内展开了声势浩大的"伟大社会"立法运动。同时，约翰逊加大了对河内的压力。他发起了轰炸战役，并向南越派出了第一支美军作战部队，力图保卫美国的空军基地。6月，越南美军指挥官威廉·韦斯特墨兰将军要求增派一支主力部队，以防止农村相继落入叛乱者之手。截至7月，约翰逊及其文职、军事顾问们都先后同意了。在与国会领导人召开了一次形式上的会议之后，约翰逊在新闻发布会上低调宣布，他将立即着手扩充军队，军队总人数将增加到125 000人，随后还会增加更多。

"为颜面而战"

在做出这一系列致命的重大决定之后，总统或多或少听到了一些反对更深介入印度支那地区的警告。他最信任的顾问，副国务卿乔治·鲍尔提出了最激烈的反对意见。他以自己熟悉的法国失败事件为例警告说，不要让美军卷入战争，因为这是"一场发生在不合作的农村里，完全不利于美军的战争"。与约翰逊相交的一批政客也纷纷举起了反对的旗帜，尤其是民主党顾问克拉克·克里福德、参议院多数派

第四部分
霸权终结 | 越南战争（1965～1973年）|

领袖麦克·曼斯菲尔德、顾问理查德·罗素和副总统赫伯特·汉弗莱。他们担心一旦战争开始，约翰逊无法获得公众的长期支持。

美国中情局和其他政府分析人员也对发动这场战争大泼冷水。他们强烈怀疑美国空军力量能否切断北方到南方的物资运输线，能否迫使河内接受美国的条件。他们还对美国能否赢得越南农民民心和统治当地可能遇到的困难提出警告，说那充其量不过是"一块令人不安且代价高昂的殖民地"，根本不值得美国发动这场战争。他们还质疑会否引发"多米诺骨牌效应"，即越南陷落，是否会导致各邻国纷纷倒向共产主义的连锁反应。最后，他们还指出，"美国人低估了亚洲人天生的性格"。现在回想起来，失败的结局是早已注定了的：美国的决策者作出这个决定根本不是根据获取到的信息而作的，而是完全无视这些信息。正如专家们描述的那样：霸权梦想、教条思想和决策者的恐惧战胜了现实。

值得注意的是，约翰逊本人在1964年和1965年开始也怀有这些疑虑。1965年6月21日，距离决定派遣主力部队赴越还有差不多一个月，陷入困境的总统与麦克纳马拉进行了一次秘密的录音电话会谈，其中详述了需要谨慎对待此次战争行为的各种原因。

总统几乎预见到了后来历史学家们用来解释美国越战失利的所有主因。他认为，美国人对"在遥远的东方，特别是亚洲进行一场战争"已经产生了分歧，他预计战争会加剧这些分歧。而相比之下，敌人则很坚决，约翰逊说："我相信他们永远不会放弃。"尽管他没有在公开场合说出来，但他知道，河内肯定会请求北京支援，因此会对美国的战略造成威胁。

最后，他知道没有力量能够确保这场战争一定会取得胜利。官方拿不出"任何……克敌制胜计划，不论是军事上还是外交上"。约翰逊头脑清醒地列出了自己面临的种种危险，但最后却得出了一个异乎寻常的结论："我们不可以不管东南亚条约组织制定的条约和我们曾经许

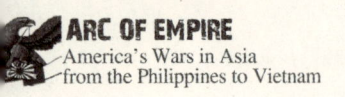

ARC OF EMPIRE
America's Wars in Asia
from the Philippines to Vietnam

过的承诺，然后若无其事地离开那里。这只会令我们在世界上颜面尽失。我不敢想象其他国家会怎么说我们。"约翰逊认为必须继续这一进程，而他也是这样做的。

与美国领导人的疑虑重重不同的是，越南革命者却是一心一意地追求国家统一的愿望的。美国试图延续1954年《关于恢复印度支那和平的日内瓦协议》划定的南北越临时分界线，比起法国殖民事业来，这只不过是更为复杂、更庞大的资金资助的翻版，除此之外别无新意。像他们的法国先行者一样，美国人同样利用富饶的湄公河三角洲及主城西贡作为他们的根据地。顽固的反共天主教徒和那些在法军和法国殖民政府中获得升迁的人，都是旧殖民政权青睐的特定群体，美国人就从这群人里选取附庸并加以培养。河内政权将这一切看在眼里，因而他们有充足的理由将南越政府描述为"傀儡政权"。因为通过美国的资助、培训、后勤支持和慷慨经费所支撑起来的经济，南越政权及其军队已经把自己和美国的利益捆在一起了。

因此，西贡政权生存与否最终取决于美国。河内领导人不得不仔细考虑该怎么办。他们了解美国的军事实力，非常清楚如果同美国人作战的话，所付出的牺牲将会远远超过反法斗争。他们反复思考，希望找到可以不通过武装较量就能轻易战胜南方的办法。

《关于恢复印度支那和平的日内瓦协议》之后，事态的发展背离了胡志明通过和平手段争取统一的愿望。在美国人的庇护下，吴庭艳排除了他参加全国选举的可能性。吴庭艳还细心地以前"越盟"活动家为靶子，开展镇压活动，许多人被捕下狱，另有许多人投降。到1954年，前"越盟"幸存者数量仅剩下原先的1/10，他们被迫转入地下，或逃到偏远的农村去避难。后来有人回忆道："到1959年，共产党人认为，南方的革命形势进入了最黑暗的阶段。几乎所有设备都被摧毁，百姓不敢再提供支持……一些村庄的村民中原先有100到200名越盟成员，现在减少到5人至10人，他们不得不逃入丛林。"幸存的前"越盟"

成员在绝望中发出呼吁,秘密要求河内采取行动,以免南方的革命组织被全部消灭。因为《关于恢复印度支那和平的日内瓦协议》而北上的一部分南方积极分子被吴庭艳镇压的消息所震惊,绝望地要求返回北方。他们焦躁不安,北方的越盟政权不得不努力地让他们平静下来。

和平统一的前景日益黯淡,河内开始逐渐重新起用曾经打败过法国人的战术。这其中,黎笋起到了主要作用。

黎笋是土生土长的中部越南人,是一名参加创建越南共产党的铁路工人,他是一个真正的无产者。20世纪30年代和40年代,黎笋的大部分时间都是在法国人的监狱里度过的。此后,他成为领导人民战胜南方政权的精神领袖。在反法战争期间和1954年南北分治之后,他领导了南方党支部(1951年后称"南越中央局")的工作。

对于1954年党在南方顺应时势的决定,他持批评态度,但仍然接受了党的指示。即使在1957年调到河内协助胡志明管理党务工作之后,他仍然关注着南方的局势。1958年底,他回到南方去评估形势。12月,黎笋提交了一份报告,这成为越南共产党行动发生转变的前奏曲,它使共产党开始对美国附庸——吴庭艳政权逐渐采取了更为主动的反抗行动。

1959年1月,共产党中央委员会决定让南方党员开始武装斗争,保卫自己并开展政治组织活动。同年5月,共产党中央更是为此下达了正式命令。为加强党的组织力量,河内开始将1954年北迁的前"越盟"成员召回南方。1960年底,首批老政治工作者和老兵共4 500人沿着具有纪念意义的"胡志明小道"、或乘船经海路回到南方。

在1960年,党的领导决定推翻吴庭艳政权。在4月的一次演讲中,黎笋(即将正式成为越南共产党总书记)宣布:解放南方是所有越南人的任务。在他的讲话中,这一新的目标逐渐淡化了北方的社会主义建设工作。1960年9月,他和他的高级幕僚们呼吁建立"南方民族解放阵线"(简称NLF),据此发动新一轮攻势。这一统战组织于12

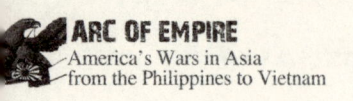

月正式成立,无论从组织形式还是行动方法上看,它都很像当初的"越盟"。这一新的统战组织由南方的一个非党人士阮友寿领导,而幕后真正操纵者却是共产党人。

南方民族解放阵线组织团结了广泛的社会团体,其成立宣言采用了温和的言辞,避免涉及阶级斗争和最终实行社会主义经济的内容。南方民族解放阵线迅速建立起多层次的政治管理机构,并组建了一支军队,由当地游击队员组成的非正规军和轻步兵组成,既在单个地区,也在整个南越展开军事行动。这支军队迅速壮大,从1961年的2.5万人发展到1963年的7万人。

在农村,南方民族解放阵线在原来的势力范围内迅速发展。它重新提出"越盟"支持过的土地改革,因为这一问题被以地主为主的吴庭艳政权忽视了。但城市里也有人呼吁土地改革。南方民族解放阵线的特工在城里收集情报,鼓励"反吴庭艳政权"的示威游行。南方民族解放阵线在中部高原地区也发起了攻势。

居住在北部山区的少数民族曾在"越盟"领导的反法战争中起过关键作用,在即将开始的斗争中,南越的这些高原少数民族也将起同样重要的作用。这一地区与"胡志明小道"相连,为了获得支持,南方民族解放阵线同意当地人(大约100万人)实行自治。这些人对吴庭艳政权支持的越南移民政策感到非常愤怒,在得到自治的许诺后,纷纷投向南方民族解放阵线。这样,吴庭艳政权很快就处于守势,美国人也开始担心了。

1963年间,黎笋和他的战友黎德寿、阮志清等人努力奋斗,希望抢在美国人直接参战之前战胜南方。同年年初,河内为加强南方民族解放阵线的力量,增派了更多干部。尽管美国送来了大量军事顾问和设备,吴庭艳政权依然深陷困境。

同年1月,南方民族解放阵线的一支小分队打败了一支由美国人担任顾问、装备精良的西贡大军,令世人震惊,这在后来被称为"安霸战役"。这一战役象征着形势向有利于北越转变。因为急于取得进展，河内利用吴庭艳与其美国主子之间的紧张关系，同南越领导人有过接触，并达成了某种政治交易。交易内容是让南方保持中立，至少暂时让吴庭艳掌权。华盛顿得知后，很可能加强了除掉吴庭艳的紧迫感。

12月，在吴庭艳死后的一段时间里，共产党领导人私下认为，对于南方的前景，现在比任何时候都更有利。美国人建立了一支效率低下的"仆从军"，而南方民族解放阵线的军队则证明了他们高效强劲的战斗技能和精神。于是，河内决定拓宽穿越老挝和柬埔寨毗邻地区的"胡志明小道"，以运送重型武器和卡车。它还决定扩充北方的正规军，加大解放全国的支持力度。为了避免让美国人找到报复的借口，这些行动都是秘密进行的。

在吴庭艳危机达到高潮时，河内领导人开始揣摩美国人的意图。他们觉得当时的局势实在扑朔迷离，这不仅仅是因为他们透过马克思主义多棱镜看问题，还因为他们认为美国是一个受到重重矛盾折磨的资本主义大国，面临着内忧外困的处境，而且其固有矛盾难以克服。这些矛盾包括了广大劳动群众不满的情绪，帝国主义国家之间的相互竞争，第三世界国家高涨的民族解放运动。但他们同时也认为，美国人是有理性的，他们肯定不会重蹈法国人失败的覆辙。资本家都注重得失，他们肯定会计算成本和效益，会承认保住南越的损失将远远超过收益。胡志明自己认为，他在1963年秋看到的美国"比其他资本主义国家更实际，更聪明，他们不会无休止地把资源投入南越"。也许是出于这种一厢情愿的想法，他认为美国人会吸取教训。"法国人为达到控制越南的目标搞到名声扫地，而美国人也会为此精疲力竭"，这最终会导致他们撤离越南。

为促成这一结果，河内仿照1954年的《关于恢复印度支那和平的日内瓦协议》，提出了一个外交协议。意在消除外来（美国）干预，让越南人自己解决自己的分歧。在吴庭艳倒台前后，党的高级领导制定

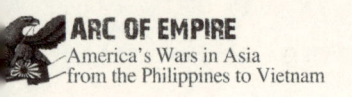

了一个计划：建立一个中立政权，从而结束在南越的势力冲突。如果中立成为现实，那么越南人就可以自己解决统一的问题，并最终会按照河内的要求来实现国家统一。这就是河内的愿望。这个外交协议赞扬了在1961年到1962年促使老挝获得中立的国际努力，希望将这一模式扩展到越南。1963年底，河内对吴庭艳作出的友好姿态恰恰反映出，河内优先考虑的是某种令南越中立的方案。

逐步升级战争

1964年8月的"北部湾事件"是一个分水岭。这一事件促使河内对美国的意图作出悲观判断，开始朝迎接直接冲突的方向发展。河内从美军轰炸北越海岸线得出的结论是，美国正从通过傀儡军队发动的"特殊战争"转向"有限战争"，美军将直接参与南方的战斗。美军在轰炸行动中展示的力量并未如约翰逊所愿，吓倒河内，反而促使河内高层在9月份决定：作出重大努力，"力争在未来几年内赢得决定性胜利"。因此，第一批作战部队从北方出发，开始沿着胡志明小道南下进军，为期6周。

第二年初，为应对美军轰炸，北方经济完全转入战时生产模式。工厂设施随之分散，以便避免遭到空中打击。为支持战争努力，共产党动员了大约2 000万群众，要求男性（甚至是反法战争的退役老兵）参加无限期兵役服务，妇女代替男人的位置以保证经济正常运行。到1965年底，这些战时措施使北越正规军从1963年的17.4万人增加到了40万人，其炮兵、装甲和保障能力也得到了加强；民兵也发展到了200万人。此外，党的战略家们还可拥有34.6万名南方民族解放阵线的战士，其中主力部队有9.2万人，地方部队8万人，约17.4万名游击队员。

即使在进行战争准备时，越南共产党领导人仍继续打开通向中立的大门。法国总统戴高乐和联合国秘书长吴丹对遵循这些路线作出了积极回应。他们支持在苏联的主持下通过谈判解决问题。1965年4月，范文同总理还提出了一个建立在"日内瓦模式"上的解决方案。

"北部湾事件"发生时，河内已经在实施南方战略的最后步骤了。联络共产主义阵营的盟友具有十分重要的意义。他们的支持可能会阻止约翰逊，同时也会在物质上支撑北方度过任何一场旷日持久的冲突。但是，自1954年日内瓦会议以来，中国和苏联都不愿被拖入一场为南越而进行的战争。

1959年和1960年间，莫斯科和北京爆发了一场意识形态方面的口水战，即使这样也没有改变他们"都不愿看到东南亚紧张局势升级"的态度。苏、中两个大国一直保持着高层接触，都对北越提供经济援助。中国援助甚至占了北越所有外援的1/3，超过了苏联。1962年夏，由于美军顾问在南越所起作用越来越大，毛泽东首次作出提供武器的实质性承诺，以此表明中国支持北越进行革命的立场。中国军方领导人开始和北越相关人员商量应该如何应对美国入侵北越的局面。在北京同莫斯科的意识形态辩论战中，河内也开始小心翼翼地倾向北京。

1964年夏，毛泽东给予更多承诺，这一次是对约翰逊政府在越南的升级行动作出的回应。对北部湾事件导致的8月轰炸，毛泽东回应道："如果美国人愚蠢到胆敢侵犯北越，'那他们就必须记住，中国人也长有两条腿，而腿是用来走路的'。"在军方人员保持会晤的同时，中国将更多的军事装备送往北越，并承诺派支援部队越过边境进入北越领土作战。与此同时，中国军队和飞机进入了中国的南方阵地，防止美国人趁机入侵内地。1965年初，北京明确警告华盛顿，任何扩大战争的举动都将冒未来会遭到中国报复的风险。中国领导人没有说什么样的事情会引发这样的报复行动，或中国具体将采取何种形式的报复。约翰逊政府将此话谨记在心：不能再重复朝鲜战场上的灾难。

毛泽东的态度转变了，莫斯科也不得不出手。因为继续无所作为

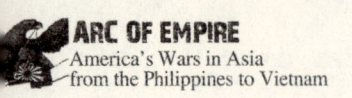

就等于坐实了中国对苏联的指控——苏联已经放弃了反对帝国主义的斗争。1964年10月，在勃列日涅夫集团的反对下，赫鲁晓夫下台，莫斯科开始采取更加激进的政策。11月，新领导承诺向北越提供支援，并于次年2月派总理阿列克谢·尼古拉耶维奇·柯西金前往河内研究支援细节，因为美国对北越的轰炸到此时已经开始。4月，双方签署了正式协议，此时约翰逊政府正好作出派遣大部队前往南越的承诺。莫斯科提供的经济和军事援助计划包括了中国武器库里没有的先进武器，尤其是由苏联人操作的地对空导弹系统、先进的飞机和培训越南飞行员。1965年初，中国勉强同意苏联物资从中国过境运往北越。河内现在站到了绝对有利的地位，乐见其盟友相互超越对方，不管他们存的是什么心态，最终结果都是有利于越南的民族解放斗争。

第18章

消耗战
谁是战争输家？

开始于1965年的这场战争是南北越较量的延续。华盛顿想要在南越建立一个由美国控制的独立国家，这与河内要建立一个独立、统一的越南的愿望背道而驰。在河内的构想中，也许能允许南越在短期内保持中立，但最终它还是要加入社会主义阵营。另一方面，基于遏制共产主义和恪守承诺的原因，华盛顿也必须保护它的附庸。

为解决这一根本矛盾，双方拿起了武器，都以击垮对方斗志为目标。他们同样都采用了消耗战术，但理由却不尽相同。在约翰逊一方，尽管他们拥有一支强大的军队，但也担心无法承受全面战争可能导致的后果，尤其担心人们对核战争的焦虑。另一方面，他们还担心这场战争会对他们十分珍视的"伟大社会"计划造成威胁。然而，在实际行动上，约翰逊却持续施压，想迫使河内最终接受南越成为一个独立的国家的结果。而对黎笋和他的战友们来说，消耗战曾经拖垮了法国，因此他们对此战术同样会拖垮美国非常有信心。选择有利时机和地点，实施小规模作战，在合适的时候出其不意地施以重拳打击，这是唯一可行的方法。"我们并未强大到能驱逐50万美军的程度，这并不是我

267

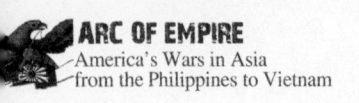

们的目标，"武元甲在多年以后说道，"我们的目的是打垮美国政府继续进行这场战争的意志。"

北越上空的滚雷

1965年2月和3月，约翰逊政府派空军轰炸北越。从邻近的泰国基地和航母上起飞的飞机对北越实施了持续不断的轰炸，代号为"滚雷行动"[②]。代号的意思是，即使轰炸不能有效阻断北越继续支援南边，也要吓唬住北越领导人。约翰逊亲自监督轰炸时间和目标，希望避免激怒河内的盟友，但又要打得够狠，以迫使河内接受美国拟定的谈判协议。起初，约翰逊将军事设施和物资运输路线设定为轰炸目标，尽量避免轰炸平民。但是到1967年，轰炸目标已经涵括了容易误伤打击平民的工业园区、电网和交通网络。与"滚雷行动"同步进行的，是对老挝的轰炸。轰炸老挝始于1964年底，意在扰乱沿胡志明小道运输的战争物资和敌人，同时也是为了支援中情局军队同河内军队作战，此次轰炸一直持续到1973年才告结束。

1965年7月，威斯特摩兰提出要大幅扩充他所指挥的陆军和海军陆战队。约翰逊同意了他的要求，于是就形成了美国的地面战消耗战略。到1967年末，美军总人数一直在稳步增加，最多时超过50万人。此外，它还得到近5万韩国军人的协助。美国的津贴大部分都被这支军队吸走了。另外还有几支打着澳大利亚、新西兰、泰国和菲律宾旗帜的小部队前来参战。威斯特摩兰把这几支部队派到一些地区负责以及执行"搜索和摧毁"行动，这些地区地形复杂，有分散的村落、运河，湄公河三角洲广袤的稻田；南部腹地里还有茂密的红树林沼泽地；位于高原和濒海中部各省之间土壤肥沃而人口稠密拥挤的内陆地区，阴暗平静的丛林和中部高原上长满高大锯齿状牧草的平原。直升机运输部队、后勤支援、强大的空中和地面炮火力量有助于美国击垮北越的

第四部分
霸权终结 | 越南战争 (1965～1973 年) |

斗志,并最终使其保持中立。他们的主要目标是在中部高原和沿北纬17度线活动的北越部队,第二个目标则是南方民族解放阵线部队,这支部队活跃在南越境内人口稠密的湄公河三角洲地区。美军将按照威斯特摩兰的计划,到所有村庄搜捕可疑分子,粉碎南方民族解放阵线的武装力量,以便让西贡当局的省级机构进入并控制这些地区。

打这场消耗战的美军需要获得数千英里以外的后勤基地的全力支持。每年有将近100万后勤人员进出战区。美国大兵们在遥远的地区进行最激烈的战斗,他们在吃、穿、住的舒适度方面要超过以往军队,这在战后的美国社会被认为是理所当然的事情。对于因多年服役而愤世嫉俗的士兵来说,享受同家里一样的舒适生活成了唯一安慰。

优质而迅速的现场医疗救治条件也是一部分雇佣兵所期待的。在朝鲜战争中,伤员存活率出现了大幅度提高,比起以前的战争来,这本身就是一大进步。

美军在战事中严重依赖火力,给位于关岛、冲绳岛、菲律宾和南越本地的海空基地造成了沉重的后勤负担。后勤运输步伐在1961年已经开始加快,到1965年和1972年美军直接参与军事行动期间,后勤运输速度和效率达到了高潮。要在残酷的战争环境里维持大兵们优越的享受,就意味着要提高"前线士兵与后勤人员之间的比例",这不同于美国此前在亚洲进行的各场战争。在这次战争里,每一名战士,大约需要6到7名后勤人员提供支持。

在越南服役的美国大兵都有过与传统一样的经历,而几乎所有越战老兵都有过相同的经验。1964年到1973年之间,全国适龄服役男性总数将近2 700万,只有860万人应征或应召入伍。新兵入伍后会进入新兵训练营,接受强化训练和纪律训练,学习基本战斗技能,作好杀人的心理准备。抵达越南,他们通常会先从飞机窗口往外,看见平静、嫩绿的农村。一踏上飞机场的沥青路面,这些新兵们立刻就变成了"该死的新家伙"。他们没有武器,找不到部队,对将要发生的事

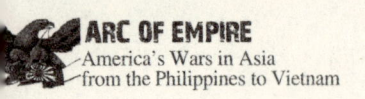

情一无所知。头几周或头几个月,新来者,特别是分配到作战部队的少数大兵们将遭遇这样的经历,不停地巡逻、伏击、狙击、踩到地雷和大本营遭到迫击炮袭击。在越南剩下的岁月里,他们就是在这恶劣的环境下艰难求生,以及纾解战友不时牺牲所造成的心理压力。这种令人煎熬的漫长时光,仅能靠和来自香港、曼谷和西贡的妓女进行性交来调剂。而对于那些幸存下来的"战败"者来说,终有一天,他们会接到回家通知、收拾行李,登上一架满载士兵的飞机,然后逃离那里。这些人往往会因为能够逃回"人世"而欣喜,但他们脑海里,在越南的那段艰难岁月通常会成为永久的不可磨灭的回忆。

"让美军大出血"

河内用充足的信心和激昂的斗志来对抗富有的美国。不管美国人有多强大,他们早晚会被打败,就像法国人那样。1965年中,刚开始和美国人发生直接冲突时,胡志明的准继承人黎笋就提供了一份分析报告,其中阐明了这一点。黎笋认为,美国国内正因战争代价过大而被心存不满的群众抗议,国外也遭到不满美国霸权的其他资本主义国家反对,遭到整个社会主义世界的抵抗。他估计华盛顿最多能派出50万军队。但他们在远离本土的地方作战,在将他们视做"老牌殖民侵略者"的外国土地上,在恶劣的气候环境中作战。黎笋认为,南方民族解放阵线部队既得到北越的支援,又得到中国和苏联的支援。因此,目前的军事任务是让美军流足够多的血,以之说服华盛顿放弃其"新殖民主义冒险"。

南方革命指挥官阮志清接受到的任务就是让美军大出血。1914年,阮志清出生于越南中部接近顺化旧都的一个农民家庭。1937年,他加入共产党,1951年成为该党核心成员,1963年12月负责南方军政事务。他将指挥战争头两年的军事行动。到1966年底,阮志清指挥的北方部队和南方民族解放阵线的部队总兵力约达 20 万人。他们要对抗的南越军队人数达到 50 万，美军人数在最高峰时也达到 50 万。

阮志清将按自己的方式来打这场战争，而不会按美国人希望的方式。面对人数、技术和后勤支持都占绝对优势的敌人，阮志清的部队将尽量避免长时间的正面阵地战。因为在这样的战斗中，美国人的机动性和火力都会发挥作用。为了避开美国人的优势，他们将依靠突击、近距离战斗和快速灵活地逃离战场的游击战术。在选定的时间和地点进行突袭之后，他们会迅速消失在丛林里，或者进入沿南越边境线的栖息地，在那里休养生息、治疗伤员和重新获得补给。

阮志清的部队士兵主要是从北方农村中招募来的。士兵们经过基本训练后，沿着胡志明小道艰难跋涉，最后抵达北纬 17 度线附近，或西贡西北部的泰宁地区。在那里，他们将进行休整和更多的训练，最后才投入战斗。他们的任务很艰巨：与武器装备精良、人数占压倒性优势的凶恶敌人打一场持久战，这场战争持续的时间不会仅仅是 12 个月。

在如此艰难的条件下，保持军队的士气显得至关重要。党政工作是北越军队保持士气的主要方法。政治教育在基本训练阶段就已经开始，到了野外就由下派的政治军官继续监督进行。紧密的三人党小组和战前战后例行会议，都加强了部队的凝聚力和战斗意志。更重要的是，参战士兵都深信，他们的指挥官会尽一切可能弥补伤亡。他们相信，无论自己活着还是战死，国家都会照顾好自己的家属。

成为"烈士"的人都可能获得精神嘉奖和物质上的酬劳。一旦战死沙场，部队会正式发出阵亡通知，烈士原籍村民会举行集体追悼仪式，仪式通常以官方主持的吊唁作为开始。负责照顾该地区士兵家属的官员会朗读一份官方追悼词，强调死者的忠诚和所付出的努力："祖国和人民失去了一位忠诚可靠的孩子。部队失去了一位团结的战友。他的家人失去了一位挚爱的亲人。部队全体官兵满怀崇敬……与其家人'分担这一悲伤'。"他们希望他的家人化悲痛为力量，积极投入革命活动。

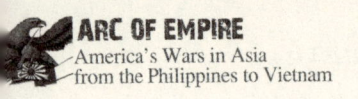

追悼仪式代表着烈士家属未来将享有长期的巨大利益，其中包括更多的大米配额、对烈属老幼提供更多帮助、特殊的受教育机会和优先享受医疗服务，其家属入党和进入政府机关工作也会更顺利。一位被俘的北越士兵反映了在前线和后方积累士气所产生的效果。他当时毫无畏惧地宣称，"即使会战死，我也会毫不犹豫地继续战斗，因为我为正义而战，为民族和人民而死，死得光荣"。不管是不是虚张声势，这些话都说明共产党已经成功地将这种自我牺牲精神融入到士兵的观念里。

　　阮志清的另一部分部队主力由南方民族解放阵线的部队组成。南方民族解放阵线自1960年创建以来，其部队已经得到了极大扩充。除了承担袭扰美军和西贡军队的任务以外，他们还承担着支持南方民族解放阵线建立农村党组织的政治任务。保护分散在南方各地的根据地，这对南方民族解放阵线能否招募到士兵、组织者都至关重要。此外，这对保证部队粮食供给、兵源补给、信息情报提供以及保持南方民族解放阵线的政治影响力和作为代理政府的合法地位，也十分重要。

　　阮志清指挥的南方民族解放阵线战士还有一个独特的优势。他们了解地形，认识本地人，因此握有赢得"攻心"战的巨大优势。这种主场优势植根于对某一特定地区产生的深厚感情。美荻市（位于湄公河三角洲）一位名叫阮文博的战士，曾用诗来表达他对该地区的爱，他写道：

> 对面人家屋前，
> 百花绽放灿烂，
> 翠竹婆娑起舞，
> 勾起我的乡愁。
> 部队停留小憩，
> 小憩地点偏僻。
> 鞋上沾满尘土，

第四部分
霸权终结 | 越南战争（1965～1973年）

行军路上攒积。

提笔匆匆写信，

全部深爱付你。

如此强劲的动力使南方民族解放阵线的战士获得了美军和南越敌人没有的额外优势，敌人充其量不过是尽职的参战者。在南越的广大农村里，村民普遍痛恨敌人，这使得南方民族解放阵线更容易招到士兵，也更容易维护士气。阮新青是一个来自湄公河三角洲龙安省的贫苦农民，后来成了一支主力部队的军官。他解释说，是社会的不公正待遇促使他投入南方民族解放阵线的事业，"富人压迫穷人，穷人没有吃的，也没有自由"。

要维持这一场消耗战，部队严重依赖于河内提供的物资供给。为确保北方发挥支持作用，党的战略家们设法减少美国空中打击造成的破坏。他们改进了防空系统和民防系统，疏散了工业园、办公机构和人口，修建了由熟练维修队养护的运输线路。美军轰炸机很快炸光了原定的工业目标，但轰炸对交通系统造成的破坏很快就被修复，然后是一次又一次的轰炸，一次又一次的修复。猛烈的空中轰炸不仅没有击垮平民的士气，反而激发了人们的怒火。怀着对家园丧失、亲朋失去的愤怒，平民的士气反而提高了。

胡志明小道实际上是一条公路，它穿过浓密的森林和不宜于人居住的地区。随着南方对运送物资和人力渠道需求的增加，胡志明小道变得越来越复杂，越来越重要。小道开始修建休息站、补给仓库和可供机动车行驶的加宽道路，有些地方还修了双车道。到1967年，胡志明小道运输的士兵每月达2万名，另外还包括运输足够这些士兵和前线部队使用的战争物资。

盟友的支持对北越军队极其重要。1965年中期，中国工程部队和防空部队已经抵达越南，负责保护公路和铁路运输线路的畅通，

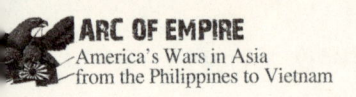

建立空军基地，保卫美国轰炸机针对的攻击目标等。如同在朝鲜一样，中国军队发现自己被敌人"压倒性的火力"震得直打颤，但他们对自己的任务也抱有与以往一样坚定的决心。一位防空部队的士兵后来回忆道："我开始仇恨美国飞机……以及那些随时摧毁我生存的世界以及生命的猛烈空袭。"中国军队人数最多时达到 17 万人。1965 年 6 月到 1968 年 3 月间，总共有 32 万中国人在北越参战；阵亡或受伤的约有 5 400 人。这些军队接替了北方的部队，使北方部队能够开往南方。与此同时，北京提供了大量基本军事设备和给养，从枪支、弹药、军服、基本食品到遮掩卡车和机车用的帆布。苏联提供的地空导弹组合系统和战斗机，增强了北越军队打击能力，使得成千上万美国飞行员的生命和无数的美国飞机都毁于这些武器，迫使美国为其造成的破坏付出了 10 倍的代价。

河内开辟了消耗战的第二战场。他们在国际战线上开展公共外交和宣传战，使得约翰逊政府难以招架。河内努力离间美国及其盟友之间的关系，并且取得了一些成功。他们发动全世界声讨美国，鼓励美国国内各种社团要求反战和平。他们开展的其中一个统一的主题是向世人展示美国的暴行。美国的轰炸行动导致无数人被炸死炸伤，这些死伤的照片令人触目惊心，震惊了越南北、南双方的所有平民。美军离开后仍在燃烧的村庄和哭泣的村民都被相机拍摄记录下来，成了控诉一个超级大国欺凌弱小的有力证据。河内邀请有同情心的外国客人去见证美国野蛮轰炸造成的大范围破坏。在国际上进行广泛宣传的同时，河内和南方民族解放阵线的外交官还定期提出各种和平协议，导致美国处于舆论守势。这些宣传有助于使欧洲、日本和第三世界国家甚至美国国内的民意转向反对美国发动的战争。由此产生的公众示威游行、国际会议上的谴责和对美国战争罪行的公开调查，形成了越来越强的反美气氛，对与美国结盟的外国领导人形成了极大压力。

到 1967 年，美国的战争进行得很不顺利。空袭行动扩大了，但技术上远远落后的北越防空力量仍然使美国飞机屡遭重创。华盛顿对能否打胜仗的疑虑加深了，无论是在摧毁河内意志还是在阻止河内支援南方民族解放阵线方面。最持怀疑态度的人，莫过于麦克纳马拉和美国中情局分析人员。与此同时，阮志清的部队证明，他们能够承受强大军事机器的打击。美军作战部队火力极强，但他们也无法肃清区域内的敌人。而北越和南方民族解放阵线尽管损失惨重，但仍能保持顽强的战斗意志，能够承受打击，其兵力可以及时得到恢复，并且越来越多。

美莱村大屠杀

1965年11月，美军主力与北越军队发生了第一次遭遇战。这次战役使美国对战争的前景更加不安。第1骑兵师第7骑兵团第1营在中部高原偏远的德浪河谷执行威斯特摩兰的"搜索与摧毁"任务时，遭遇了北越第66团。双方随即在美国的凝固汽油弹、B-52轰炸机和重型火炮弹雨的打击之下，连续三天贴身近战。在此战中，美军阵亡305人，至少还有同样多的人受伤。美国军方领导人声称敌人死亡3 561人，但因为敌人带走了部分尸体，因此这一数字也顶多是主观猜测。威斯特摩兰引用有利于美国的敌我死亡比率，把德浪河谷战役公开誉为"空前的胜利"。但麦克纳马拉私下对评估表示怀疑。他在战役结束后不久即前往越南，他向总统汇报，北方不仅在增加它在南方的军队人数，德浪河谷战役还表明，"这些共产党军队越来越愿意挺身出战，哪怕是大规模战斗"。麦克纳马拉告诉总统，现在美国需要比原先估计还要多的军队，也许要60万人才能完成拯救南越的目标。

1966年到1967年，威斯特摩兰的消耗战未能消灭敌人，却使整个南越遭到大面积破坏，农村一片荒芜。批评者把他嘲笑为"消耗更多士兵的将军，"也许应该用一个更恰当的绰号——"消耗更多土地"

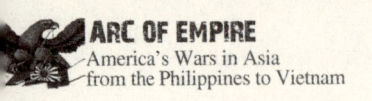

（英文与威斯特摩兰是谐音。——译者注）来反映他下令执行的现代版焦土政策。美军将越来越多的广袤农村地区宣布为自由交火区，美军飞机和远程火炮可以任意向这些地区倾泻弹药，武装直升机可以向任何移动物体开火，B-52 轰炸机可以对地面实施地毯式轰炸。

这些狂轰滥炸造成了十分可怕的后果。一位美军军官后来回忆道："人们吓得大小便失禁。他们从地道里钻出来，浑身颤抖，看上去就像疯了一样。"为让敌方队伍难以藏身，他们用一种名为"橙剂"[③]的除草剂将农村弄得树叶凋零、寸草难生。使用橙剂破坏植被开始于1962年，整个战争期间一直在进行。数据暗示，在战争过程中，美国的军事行动造成了极大破坏。整个印度支那共承受了约1 500万吨炸药，是"二战"的3倍之多。其中，约400万吨炸药被投掷到南越，还有40万吨凝固汽油弹和1 900万加仑的除草剂。威斯特摩兰主导的毁灭任务执行得如此随意和普遍，夺走了大量无辜平民的生命，毁坏了越南的土地环境，由此引发了战争罪的问题，而这也影响到外界对美国发动的这场战争的定义。

北越军队的战斗决心和战术，固然解释了威斯特摩兰一味采用破坏战术的部分原因。其他原因也不可忽视：根据威斯特摩兰的安排，西贡政府应该承担起安抚平民作用，但它失败了。这使得美国的战略家们别无选择，只得动用野蛮的武力优势。1965 年中期，阮文绍和阮高祺集团接管了西贡政权，为吴庭艳被推翻后便无人知晓的西贡政权带来了稳定。空军飞行员出身的阮高祺虽然个人经历更为丰富多彩，但阮文绍还是以稳重的行事方式在 1967 年当选为总统，与阮高祺成为合作伙伴。阮文绍是越南那些依附美国的合作者的缩影。他出身于一个富裕的地主家庭，接受过法国人的军事训练，信仰天主教。这些资历有助于他在吴庭艳手下崛起，然后又反过来推翻了后者。

尽管美国提供了大量援助，但西贡政府却无法建立起一支强劲的战斗力量，以保住美军抢夺来的地区。西贡政府也无法建立一个可靠的民族主义组织，以之取代"南方民族解放阵线"，对统治下的区域进行有效管理。而且，西贡政府还削弱了美国的"平乱计划"，其中包括暗杀、逮捕和审讯南方民族解放阵线成员的"凤凰计划"。

一部研究美国中情局的官方历史著作总结道："实际上，西贡的将军不仅和农民保持着相当的距离，而且和农民出身的平乱军官也保持着一定距离，他们仅仅把这些军官当做官僚统治的另一种工具。"城市平民的厌战情绪越来越强，难民大拨大拨地从随时会燃起战火的农村涌入城市，因而引发一系列问题，阮文绍一直面临着这种局面。农民迁离农村虽然使南方民族解放阵线失去了根据地支援力量，但同时也打击了西贡政府提供基本需求本来就有限的能力。

由于西贡政权不能守住美军清剿过的地区，美军就有充分理由对这些地区肆意使用火力，摧毁一切可以为对方利用的资源。他们想在令人沮丧而又杳无尽头的军事行动中减少伤亡，所以就努力打击一切可疑的目标。为确保不直接遭遇敌人，最好的办法就是用大炮和炸弹对农村进行随意轰炸。这样做虽然不能保证西贡绝对安全，却至少能让敌人陷入极大的危险中。最后，威斯特摩兰和他的手下非常清楚西贡控制下的领土不多，因此他们便大肆吹嘘"死亡统计数字"。

美军指挥官在统计敌方死亡人数时，着眼点不是准确性，而是自己的职业前途。因此，美军的消耗战就变成了残酷无情地轰炸和破坏越南土地和人民。

对在南方农村的南方民族解放阵线进行的"攻心战"，最能说明威斯特摩兰战术的失败。由于不了解越南当地的文化，美军的军事行动中很有可能充满了误解和过度反应。1968年3月16日，部分美军进入了位于中部平原广义省美莱村的两个小村子，而他们的行动也成了攻心战术极端的失败案例。那天，因为无法准确掌握目标，当时的环境也是敌友混杂，因此参与史称"美莱村大屠杀"的士兵称接连遭遇地雷和狙击手袭击，死了好几个人。他们的指挥官指挥能力十分糟糕，

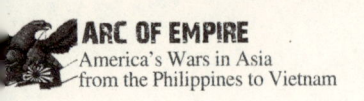

行动又缺乏可靠情报。随后就发生了大规模屠杀，这次屠杀在持续不断的暴力中算得上是残酷之至。其间，美军士兵还大肆强奸妇女，杀害了500多名村民，全村的牲畜和房屋均遭毁灭，就连水井都被下了毒。一个士兵回忆起那天的可怕情景时，只是简单地说："我们继续穿过村子，到处都在杀人。"

但是，回忆录、传闻、口述历史和士兵家信都表明，美军滥施暴力的情况是普遍存在的。有时，这种暴力发生在小规模遭遇战中。疲乏、恐惧、士气低下的部队不分青红皂白胡乱杀人，并用"棒子"的言辞来掩饰杀戮。"如果那家伙死了，他就是个棒子。"有时，越南人无辜丧命是由指挥官造成的。他们一心想保持高歼敌率，因而鼓励滥用火力。1969年春在湄公河三角洲实施的"快速行动命令"，则明显指出了高层指挥官应对战争负责的事实。

在不经意之间，美国人在越南恢复了半个世纪前在菲律宾大多数抵抗区使用过的战术。当然，现在使用的战术与当初相比还是有一点区别的，因为现在的战争技术和士兵装备条件已经比美菲战争那会儿提高了好几倍。施暴的能力提高了，这从流血事件次数的增加可得知，另外也可以从"二战"时东亚的城市化成地狱，朝鲜战争时造成的大规模破坏得知。越南战争却使战争变得更暴力残酷，自动化武器、远程大炮、新型战斗机，以及具有巨大载弹量的战略轰炸机，都体现了最新的军事技术。只有核武器仍然被禁止使用。

美国大后方的不利趋势也很明显。公众对战争的支持度出现了普遍的、不可逆转的下降。1965年中期的民意调查表明，1/3的受访者对美国作出重大承诺的行为不是表示怀疑，就是犹豫不决。支持约翰逊的人几乎有2/3突然改变了自己的立场。

大批观众被吸引到电视晚间新闻前，每天的电视头条新闻都会播出来自战场的惨人图片。这些图片只展示了战争造成的残酷伤亡与代价，却看不出一点成功与胜利的影子。受此影响，对战争的支持率出现下降趋势。到 1967 年中期，公众在"战争是否是错误的"这个问题上产生了严重的意见分歧，双方各占一半。很快，支持战争升级的"鹰派"就输给了想要结束战争的"鸽派"。鹰派的公众支持度持续减少。

与此同时，民间反战运动广泛兴起。反战运动开始于 1965 年 3 月和 4 月，是对美军轰炸行动和派遣第一批作战部队作出的回应。以这场战争为主题的大量讲座突然在大学校园里活跃起来，讲座展示图片，并进行辩论。

4 月中旬，支持"民主社会"的学生在华盛顿组织了一场示威游行，这次游行把少数强烈反战的人物推到了公众面前。这些人深信，国内的形势变化会影响战争的走向。面对约 2 万名听众，激进组织的负责人保罗·波特在演讲中阐明了这种关系："我们必须做的，就是开始建设一个民主、人道、珍视生命和首创精神的社会。而这一社会不包括越南人。"

同年春天，著名国际事务专家汉斯·摩根索从不同角度抨击了约翰逊政府。早在肯尼迪执政时期，他就对美国深度介入他国事务的政策持批评态度。摩根索认为，约翰逊政府是根据对越南、对共产主义阵营的错误评估来采取行动的。这位学术界的现实主义领军人物在几个月后宣称：发动野蛮毁灭战争的美国堪比希特勒时期的德国，都是决策者出现"精神病"的迹象。

到 1967 年，抗议活动已从校园延伸到更为广泛的社会中。妇女团体、反核团体、公权与黑人权利倡导者、工会成员、信徒和第一批退伍军人纷纷参加抗议集会，抗议的人数在激增。同年 4 月，有 25 万人参加了在纽约和旧金山开展的抗议活动。1968 年 10 月，仅在华盛顿特区街头参加抗议活动的人就大约有 10 万人。

反战浪潮加剧了国内的动荡不安，10 年来，从民权运动、同性恋权利运动、女权运动、环境保护到反种族歧视等运动频繁发起。国内

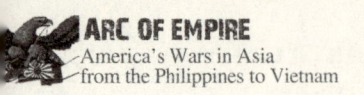

在外国土地上发动战争

图为1965年12月,走在南越北部地区的田埂上的海军陆战队巡逻小队。在令人讨厌的气候下,小股巡逻队成扇形散开,在复杂的地理环境中试图搜索行踪不定的敌人。这种行动与更早的美菲战争中的某些行动具有惊人的相似性。(美国国家档案馆供稿)

第四部分
霸权终结 | 越南战争(1965～1973年) |

图为 1965 年 8 月，美军带走一个"越共"嫌疑人。一位陆战队士兵在岘港空军基地附近抓住了一位村民。对美军士兵来说，区别普通平民与敌方战士是一项寻常挑战。结果经常导致美军与农民关系紧张，如同几十年前的菲律宾战争一样。不断损失战友产生的恐惧与愤怒导致美国人产生要杀光越南人的想法，因而造成滥杀。（美国国家档案馆供稿）

281

图为南方民族解放阵线的战士，拍摄日期不详。这一支受到特别表彰的部队，展示出其淡定和积极战备的状态。照片中出现女人表明：妇女是南方民族解放阵线成员的重要组成部分。尽管缺少部队番号、驻地和日期，这张照片仍为美国人提供了敌人罕见的正面照。（文芳拍摄）

对民主、权利和文化解放的呼吁，使得这场在远方进行的僵持战争显得更加不合时宜。

社会反战、追求和平与民主的觉悟使得约翰逊难以在公开场合进行演讲，因为人群会一致高呼，"嘿，嘿，林登·约翰逊，你今天又杀了多少孩子？"总统在私下反击道，"我才不在乎校园里那些小左倾分子，他们只知道挥舞着手里的尿片抱怨，因为他们不想参加战斗"。尽管如此，他还是无力扭转失去公众支持的局势。

外交部、国会和政府里有影响力的美国人，也加入到这些不满人群的行列中。1965 年初期和中期，人们还只是在私下表达对约翰逊的怀疑。

到 1966 年初，当参议员 J. 威廉·福布莱特使参议院外交委员会变成辩论会时，这种怀疑就公开化了。批评战争的言论在政治场合得到了重视，怀疑论者在会场上获得了与为政府辩护者相同的时间。此时，约翰逊的小圈子也瓦解了。1966 年 2 月，约翰逊的国家安全顾问麦克乔治·邦迪悄然退出政府。国防部长麦克纳马拉这位主要的战争设计师陷入了长期的痛苦。他要求停止轰炸并进行和平谈判，最后因为过度的折磨和沮丧，也在 1968 年初离开了五角大楼。

无论是来自报纸还是电视的媒体报道都没有什么区别，这些都只是反映民众和机构对战争不再抱任何幻想的滞后指针。在战争头几年，来自华盛顿和战争现场的报纸和电视报道，全都在传达反映官方的观点，这种观点来自军事简报、总统新闻发布会、总统演讲和宣传影片。新闻媒体只关注美国士兵，对越南人的作用、越南背景情况、反战游行和批评言论则漠然处之。只是到了 1967 年间，由于公众舆论发生明显转变，报纸和媒体才开始关注反对意见。这一转变的关键在于他们发现了约翰逊政府高层的混乱，以及国会内部和现场士兵表现出来的悲观情绪。不管源于何种渠道，不满的浪潮开始压倒了官方传达的"战况一度有利于美国"的观点。

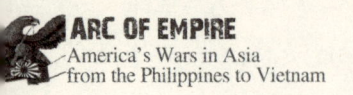

"春节攻势"

1968年1月，河内发起战略反攻，希望一举击溃本已脆弱的美军。这一反攻就是"春节攻势"，因进攻是在农历新年的假期发动而得名。早在1967年4月，河内的将军和党的高级领导人就已经在开始探索战术，希望采用一种类似于奠边府战役的战法，一举打破战争僵局。在阮志清死后，黎笋在武元甲的高级助手文进勇的协助下负责制定军事计划。形成的计划包含了在党、军内部流行的概念：战争应朝军事总攻方向发展，并辅之以中心城市的"总起义"。失去中心城市将导致西贡政权崩溃，并迫使美国"接受军事上的失败和政治上的孤立"，黎笋如此说道。

然而，这一计划也存在争议。武元甲认为，现在执行这一计划为时过早，所以他根本就没有参与。在最高层内部会议上，胡志明对这一计划的风险直接提出了质疑。在黎笋坚持下，最后决定在1968年1月中旬发起进攻。范雄领导的越南中央南方局提醒南方民族解放阵线的追随者们，近期将展开一次重大军事行动，通过这次行动，他们将有机会"向对我们家庭施加罪恶的人进行复仇，向对祖国施加罪恶的人讨还血债，以此来展示我们对国家的忠诚，对人民和家人的挚爱"。

春节攻势以佯攻开始，意在误导美军主力放弃主攻目标。北方军队围困了美军陆战队位于南越北部溪山的孤立阵地。察觉到一场决定性战役迫在眉睫，威斯特摩兰将他手下约半数的美军部队转移到溪山。

接着，在1月31日，正是举行农历新年庆祝活动的时候，战争机器突然启动。南方民族解放阵线将政治和军事上的全部力量都投入进攻行动中，在好几个地方辅以北越军队的增援。最初的战果是惊人的。南越各省会城市、小城市和城镇同时遭到了攻击。顺化旧城被占领，西贡成了战场，美国大使馆也遭到围攻。

但是，最后的结果是，这场在南越进行的赌博性进攻失败了。中心城市的"总起义"未能实现。南越和美军迅速反击,在晚些时候便击退了对方的第二、第三次进攻,夺回了人口稠密的中心城市,并将战线推进到长期未能得手的农村地区。南方民族解放阵线损失惨重。当时高级指挥官陈文茶在后来哀叹道:"在具有重要战略地位城市的毗邻地区和人口密集地区,丢失了许多基础设施,损失了许多战友。"

在许多地区,作为有生力量的南方民族解放阵线实际上被消灭了。大量土地和人口落入西贡政权之手,南方民族解放阵线的声誉大为受损,资源也大大减少,这种残局迫使北方人出面收拾。南方民族解放阵线中的非党人士和临时革命政府(成立于1969年6月)开始退居次要地位。春节攻势并未像黎笋所期望的那样,成为标志战争结束的开始,反而成为两年最血腥战斗的开始。消耗战考验还在继续。接下来的战斗中,武元甲指挥的北方军队十分顽强,越南人民也具有"将撤退看做胜利"的卓越能力。在与他们的对抗中,本就低落的美军士气更是一点一点地受到侵蚀,美军变得越来越不耐烦。

在美国,春节攻势震惊了信心消退的约翰逊政府。1967年底政府为赢得支持,曾开展了一场宣传活动。活动中,返回美国的威斯特摩兰宣布,"在隧道尽头已经见到光明"。春节攻势不仅揭穿了这一强装乐观的谎言,还促使威斯特摩兰要求再增加20万军队,而且还不保证能赢得胜利。现在,这场活动变成了美国高层在自打嘴巴。

评论员批评他们"言行不一",约翰逊的顾问对增加军队的请求漠然以对。约翰逊背后有影响的外交政策顾问们告诉总统,他们不再支持战争。约翰逊核心圈子内最坚定的冷战分子——迪安·腊斯克也呼吁进行和平谈判。麦克纳马拉的继任者新国防部长克拉克·克利福德同样反对增兵,而且敦促南越军队应表现得好一点,承担更多的任务。总统预选更反映了选民的严重不满。参议员尤金·麦卡锡在新罕布什尔州的选举中,成了约翰逊的最大竞争对手。大名鼎鼎的节目主持人沃尔特·克朗凯特在电视镜头前公开质疑继续战争的行为是否明智。

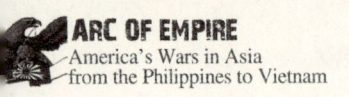

最后，春节攻势也沉重地打击了约翰逊本人。总统在1965年中期预见到的困难现在已全部应验。公众已经背弃他，约翰逊孤零零地待在白宫堡垒里，失去了他视为命脉的大众拥戴者，切断了与公众的政治联系。如果西贡政权仍不能利用美国军事行动所创造的有利开端，美国军方将难以脱身。战争成本导致联邦预算出现赤字，削弱了美元的国际地位，吸走了约翰逊"伟大社会"计划所需的资金和支持。死去的美国士兵沉甸甸地压在总统的心头。他不停地做噩梦，梦见美军士兵和飞行员面临着种种危险，而他在万分悲伤地仔细监控阵亡名单。于是，顾问们开始建议总统设法撤出越南。

3月底，约翰逊宣布放弃连任竞选，转而专注于与河内进行和谈以解决争端。为了启动这些谈判，他下令立即禁止轰炸北越。1968年5月，谈判在巴黎进行，美国和北越代表以及各自的附庸政权——西贡政权和南方民族解放阵线坐到了谈判桌上。河内要求美国立即无条件停止轰炸南方，这令约翰逊通过四方会谈走向和解的愿望受阻，他倍感沮丧。

约翰逊努力地寻求出路，美国国内的政治运动仍在进行，在远方进行的那场战争只不过是美国国内各种问题之中的一个。校园里到处在举行抗议活动。马丁·路德·金被暗杀后，黑人的怒火开始在全国各地被点燃。在被谋杀的前一年，马丁·路德·金公开表示强烈反对战争，而参议员罗伯特·肯尼迪在被刺杀前也开始试探性地利用反战话题。约翰逊的继承人，副总统赫伯特·汉弗莱，在芝加哥大会上获得了民主党总统候选人的提名，但约翰逊不会让他在一个深度分裂的党内主张反战。

在会议大厅外，抗议者引发的治安骚乱被全国直播，为共和党总统提名人理查德·尼克松的"法律秩序"竞选纲领提供了契机。10月下旬，美国大选前夕，约翰逊试图加快谈判步伐，因此同意了河内"全面停止轰炸"的要求。但为时已晚，他没能帮上汉弗莱一点忙。在一个两极分化极端严重的国家，尼克松在11月以微弱的优势胜选。这场战争的始作俑者约翰逊，心力交瘁、颜面扫地、痛苦万分地回到了得克萨斯州。1973年1月，约翰逊因心脏病发作而去世。此时，他的继任者正在想方设法结束这场战争。

第 19 章
和 谈
体面撤退的方式

到 1968 年,一场双方都不想打的战争变成了一场双方都难以回避的战争。河内和华盛顿继续过招,他们就像两个打晕了头的拳击手,一打又是 4 年。双方都想一举击倒对手,双方的力气都越来越弱。到了 1973 年 1 月,双方终于都打累了,于是达成了一项协议,结束了美国在这场战争中的直接战斗角色,却留下了一个装备精良的西贡政权。又过了两年半,华盛顿害怕而河内则梦寐以求的结果终于出现:南越被北越攻陷。

战争越南化

尼克松有充分理由终止这场战争。在战场上,他面对着令世界上最强大军队蒙羞的僵局。作为外人,美国无法永远确保当地政权拥有这些东西:政治视野、社会奉献以及最基本的领土统治和安全保卫能力。而局外人出手弥补附庸国的缺陷和监督其运行,反而使本地人更无所作为。战争会继续耗费生命和资源,会毒化美国的政治生活并演变成外交纠纷。20世纪50年代,尼克松当过艾森豪威尔的副总统。60年代竞选总统败给肯尼迪之后,他又继续为第二次竞选作准备。尼克松的经历使他积累了异乎寻常的外交洞察力。他决心抛弃以"冷战"作为善恶试金石的传统观念。按照这种观念,与另一阵营的国家建交就是投降。相反,他想缓和与苏联的关系,并探索与中国建立公开的外交关系。

但是,从尼克松走进椭圆形办公室那一刻起,越南战争便绑住了他的手脚。僵化的反共思想曾是尼克松世界观的一大主要组成部分,这一思想可以追溯到20世纪40年代末期。他受到了这种思想的约束。在1953年和1954年,在艾森豪威尔任内,反共意识曾促使尼克松强烈要求支持步履蹒跚的法国殖民政权。他认为失去印度支那地区将会推倒这一地区及这一地区之外的多米诺骨牌,使更多国家倒向共产主义。1954年日内瓦印度支那会议后,尼克松又强烈支持吴庭艳。在约翰逊和肯尼迪执政时期,他继续主张坚定地站在南越一边。具有讽刺意味的是,现在他却背负着一个他曾经支持过的、现在被证明是失败的战争政策,而民主党又曾经利用这一政策来抵挡他的攻击。

尼克松还面临着另外一个问题:承认失败的困难。在早期政治生涯中,尼克松曾经冷酷无情地处理那些对反共不够坚定的人。现在,他自己怎么能够同昔日的仇敌在讨价还价的问题上纠缠呢?他还担心,这会让美国看上去像"一个可怜无助的巨人",正如他在1970年的一次演讲中所说。一个受惊而又自我怀疑的美国,它作出的承诺会令人生疑,它的领导地位会受到质疑,它的安全也会大打折扣。尼克松固执地对他的助手说,他不愿成为"输掉战争的第一位总统",他拒绝"体面地撤退"。相反,他想获得"值得我们骄傲的和平"。在入主白宫前夕,对"越南为何还是一个重大考验",尼克松主要的外交顾问亨利·基辛格给出了解释:"不要怀疑'信誉'与'威望'这些术语的流行性,因为它们并非空话;只有在其他国家信赖我们的稳定性时,他们的行动

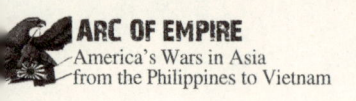

才能与我们的行动相契合。"这位成长在以传统之道治国的旧世界与已经变化的新世界之中的哈佛大学教授,也同样反对慌忙逃走。

在入主白宫的第一年,尼克松制定了三管齐下的策略:谈判,美国有序撤离,把南越作为一个非共产主义国家保留下来。美国要撤离越南,尼克松优先考虑的是加强西贡军队,使它有能力保护南越免遭河内军队攻陷,这样才能使美军撤离。这一越南政策原本是约翰逊政府在春节攻势结束后制定计划的一部分。尼克松将其改头换面,冠之以"尼克松主义"形式,把它变成了自己的政策。1968年,南越军队已经从68.5万人增加到了80.1万人,第二年就超过了100万。大规模的武器输入,给予大量的空军援助,使南越军队成为世界上武器最精良的军队之一,其空军力量也在1973年跃居世界第四。西贡军队得到如此强大的力量为美军的逐步撤离提供了正当理由。尼克松就职时,南越境内共有54.3万美军。1969年7月撤出了第一批部队,其余的随后定期撤出。到1971年底,美军已经减少到17.5万人。剩下的美军面临着巨大的压力,承担着多项任务:培训迅速扩充的南越军队,引进美国提供的新武器储备,帮助进行平定农村共产主义起义,同时还要一直保持战斗力和庞大的基础支持设施。

尼克松还采纳了约翰逊的谈判政策,将其作为退出策略的第二步。1968年下半年,在巴黎开始的非公开和平谈判会议一直在持续召开。1969年8月,基辛格开始与一个北越代表团断断续续地进行秘密谈判。为促使河内妥协,尼克松努力让莫斯科和北京知道,他们想与美国改善关系,就必须帮忙促使河内在巴黎谈判中采取更为变通的立场。如果外交压力不能奏效,他估计还会施加点他掌管的强大军事压力,促使河内理性起来。他可以从空中,或者别的无法预知的进攻点惩罚河内;他还可以把手指放在触发核武器的装置上,让河内及其盟友们知道并开始担心,这位不可预知的领导人会不会做出什么疯狂的事情。随着美军数量的减少,尼克松对这一"疯子战略"的依赖性越来越强。但河内却坚持不肯让步。1972年连任竞选时间临近，尼克松承诺要结束的、不受欢迎的战争却仍在继续。

安抚大后方是尼克松战略的第三步，也是最后一部分。尼克松入主白宫时，公众要求结束战争的压力越来越大。虽然直言批评战争者为数尚不多，但公众普遍都对一场陷入泥淖的糟糕战争深感失望，以及为这场战争在国内导致的深度社会分裂感到痛苦。新总统必须有足够的时间，这样才能够加强西贡的力量，并施展手段迫使河内接受和平协议。尼克松反复援引"沉默的大多数人"的支持，即那些虽已厌倦战争，但仍和他拥有同样"爱国主义价值观"，坚持获取胜利的"守法公民"。他反复向他们保证，将逐步减少在越南的美军。这一趋势不仅意味着减少伤亡，还意味着减少征兵数量。1970年实行的兵役彩票制度有助于平息反战运动，特别是在大学校园里，这种制度终于在1973年结束。为挫败最坚定的反战分子，尼克松追随约翰逊，发动了一场针对著名评论家的大规模秘密行动。政府机构如联邦调查局、国家安全局、中情局、国税局和军事情报局等，对这些人采取了监视、激怒、累垮、骚扰、审计、陷害和诽谤等手段。为了将这些不同政见者拖入官司中，尼克松可谓是无所不用其极。为对抗政府攻击压力，保护自己，这些评论家的注意力被分散了，他们的资金也很快耗尽。

一个以春水为首的、由政治局委员黎德寿领导的北越谈判代表团拒绝让步，尼克松倍感沮丧，并越来越愤怒。黎德寿是基辛格面对的一个强大对手。黎德寿的早期政治生涯类似于与他密切合作的党内其他领袖。像黎笋一样，他参与了早期建党工作，是法国监狱里的常客。在反法战争中，他已经成为黎笋的副手，负责指挥南方的军事行动。1963年，他负责监督日益重要的南方政策的实施。在巴黎谈判中，黎德寿有充足理由认为，时间站在自己这一边。美军已经开始单方面撤离，1969年底和1970年的民意调查和声势浩大的各种示威活动都表明，美国公众对战争的支持度持续下降。共产党领导坚持要求美国单方面

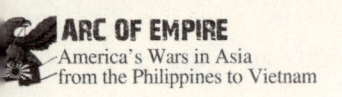

撤军，坚持要求阮文绍放弃"傀儡"政权，南北双方应建立一个联合政府。

但黎笋和其他党的领导人也因自己的一系列问题而苦恼，这些问题使得继续战争变得十分艰难。春季攻势的失败导致南方民族解放阵线崩溃，迫使北越正规军在南方面临更多的正面战斗。战斗中不断有人死去，不断地要求补充更多的兵源，越来越多开赴胡志明小道的新兵们都知道，他们活下来的可能性很小。正如有人所说，他们"生在北方却死在南方"。到1969年中期，北方人也开始出现厌战迹象。逃避服兵役的现象变得更加频繁。党内资深领导人的子女凭借家庭关系逃避服兵役，有的甚至逃到国外去留学。与北京的关系日趋紧张也是一个令人头痛的问题。中国领导人非常怀疑河内与莫斯科的关系。他们担心一个苏联附庸国正出现在自己家门口，他们反对河内在1968年同约翰逊政府举行谈判的决定，把它看做全球革命斗争中的苏联式投降。为表达不赞成的态度，中国军队开始离开北越，并于1970年7月全部撤离。越南领导人则指责中国军事顾问在反法战争中的建议不力及在1954年印度支那日内瓦会议上背弃越南利益，坚持认为越南人会规划出自己的发展道路。1968年11月，范文同在与毛泽东的一次会晤中表明了这一立场："归根结底，这是我们根据越南实际情况和我们对战争规则的理解所作出的决定。"

把战火引向柬埔寨

河内和华盛顿都十分固执，不肯让步，但都已遭到削弱。双方在1969年和1972年之间继续过招。尼克松打出了第一拳。1969年3月，他下达了秘密轰炸柬埔寨的命令。他的目标是越南在柬埔寨境内的军事基地。这次行动代号为"菜单"，将一直持续到1973年8月。尼克松用强硬言论来表明这一举动。他宣称自己的耐心有限，如果河内不

第四部分
霸权终结 | 越南战争 (1965～1973年)

作出让步，美国就要采取不确定的行动。但河内仍然坚持，而莫斯科与北京也没有显示要向他们的盟友施加任何压力的迹象。更重要的是，尼克松在大后方享受的蜜月走到了尽头。由于和谈毫无进展，反战示威者在1969年10月和11月再次走上街头。10月的游行声势浩大，在全国数百个城市中吸引了数百万抗议者。

1970年，尼克松再次试图迫使河内妥协，但仍然毫无结果。同年4月，他命令美军在南越军队的支援下进入柬埔寨。目的是想切断北越运输线和休息区域，但是又要让河内相信，尼克松这个"疯子"准备以不可预知的方式升级战争。入侵持续到6月，结果造成一定的破坏，却不是永久性破坏，黎笋甚至把它解读成一个积极的发展。尼克松入侵柬埔寨反而帮助建立了一条包括柬埔寨共产党人在内的广泛的印度支那革命战线。其结果是分散了本就不断减少的美国兵力，加深了战争越南化的困难，加强了美国社会和美国军队内部的反战情绪。

汹涌的反战浪潮的确震撼了白宫。5月8日，10万抗议者聚集华盛顿，全国各地参加示威游行的大学生多达一两百万，结果导致数百所高校停课。1970年5月4日，俄亥俄州国民警卫队朝聚集在肯特州立大学校园内的人群开火，打死了4名学生，引发了这场怒火。柬埔寨行动迫使国会决心通过减少资金结束战争，并限制总统的宣战权。6月，参议院废除了《东京湾决议案》。这时，参议院还在考虑将在6月30日切断美国在柬埔寨行动的资金，在1971年底从越南撤出所有美军。国会的这一行动威胁到尼克松继续越南战争的能力，更别说外交政策控制力了。从麦金莱时代积累起来的"帝国"总统的权力开始受到威胁。

尼克松准备作出第一次重大让步。在此之前，他一直坚持约翰逊的立场，将美国撤军与北越军队离开南越联系在一起。现在，尼克松通过基辛格表示，即使在战争越南化和美军撤离期间，他也愿意接受就地停火和北越军队在南方的存在。因此，他实际上是同意了河内对

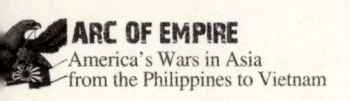

美国的单边撤军要求,让西贡去单独面对仍留在南方的北方军队。但是对河内来说,这样的让步还不够。美国人必须抛弃他们的傀儡,阮文绍政权不能再干预战后政治进程。

1971年间,尼克松尝试第三次促使河内同意他能够接受的条款,但再次尝到苦果。在2月间,他在战场上又一次做出了意想不到的举动,这一次是为了证明战争越南化已经使南越军队变成了一支更有实力的军队。南越两个最精锐的师在美国空军、炮兵和后勤的强大支援下突入老挝南部,试图切断胡志明小道。但到了4月,北越军队就已经将它们彻底击溃。尼克松私下发脾气说,他不会"走到外面去呜咽"。他发誓:"我们要打击他们,炸得他们魂飞魄散。"战争越南化的第一次真正尝试以失败告终。西贡军队依然被腐败、领导不力和士气低落困扰。与此同时,美国民众对战争的支持率持续下降。那一年的民调结果显示,71%的美国人认为,卷入越南战争是个错误;65%的人声称战争"在道义上是错误的"。靠轰炸打破谈判僵局的可能性不大,河内仍然坚持要消灭阮文绍政权,但这尼克松不能同意。

三次大轰炸

最后轮到河内来施加压力了。1972年3月下旬,党的领导人发起了一次意在粉碎南方军队的重大进攻。河内几乎把所有作战资源投入到进攻,共有14个师、26个独立团,河内只留下1个训练师,老挝留有2个预备师。北方军队分别在4个地点发起攻击:非军事区,顺化方向,中央高地和西贡方向。美军在越南仅剩下5万军队,对北越来说,前景一片光明。然而,进攻却变成了一场代价高昂的失败。武元甲未能集中部队同时发起进攻,使得西贡军队能够顶住进攻,并对北方军队实施各个击破。在装甲和步、炮兵协同作战方面训练不足,导致北方军队没有协调好这些进攻。

这次进攻激怒了尼克松,他甚至用脏话来谈论是否使用核武器。他发誓:"这一次我们必须使用最强大的武器来对付这个屁眼儿般大的国家,赢得这场战争。"

为帮助打退敌人的进攻,尼克松下令美国轰炸机在4月采取轰炸行动,后来又将行动升级为"第一阶段后卫轰炸行动"的进攻,从5月一直持续到10月。包括来自关岛和泰国的B-52轰炸机的美军飞机不仅重创了暴露在外的北方军队,还轰炸了河内,并用水雷袭击了商业繁荣的海防港。从1968年约翰逊实施的有限轰炸中保留下来的大部分北越建筑物,现在化成了一片瓦砾。

最后,河内领导人终于同意作出让步。在1972年8月的巴黎谈判中,黎德寿放弃了消灭阮文绍政权的要求,但仍然坚持美国进行战争赔款以帮助北越重建。这一让步背后的算计是很复杂的。进攻未能打破僵局,"我们(在战场上)并没有取得对敌人的优势"。更重要的是,随着总统大选临近,尼克松似乎显得特别被动。现在是利用"美国人民与尼克松之间、共和党与民主党在越南问题上的尖锐矛盾"的时候了。只要美军全部撤离,消灭西贡傀儡政权对河内来说会相当容易。

更重要的原因是,河内领导人已经开始担心盟友可能会施压,让他们接受另一个折中解决办法,就像他们在1954年日内瓦会议上所做的那样。1968年盟友越南决定同美国进行谈判之后,毛泽东也决定开始启动与华盛顿的建交行动。1972年2月,尼克松访华,这标志着中国政策开始转变。北京不满苏联对越南共产党的影响,中越两国在主导柬埔寨的问题上存在竞争,使得两国关系紧张。柬埔寨共产党寻求中国支持,以抵消越南对柬埔寨的长期控制。尼克松对莫斯科的外交姿态也令越南开始担忧。

在5月,甚至在美国轰炸机为报复春季攻势而疯狂轰炸北越时,勃列日涅夫领导集团仍照计划主办与尼克松进行首脑会晤,这一过程表明了莫斯科对缓和双方关系的重视。与越南交往中触目所见的紧张

295

多条战线的长期战争

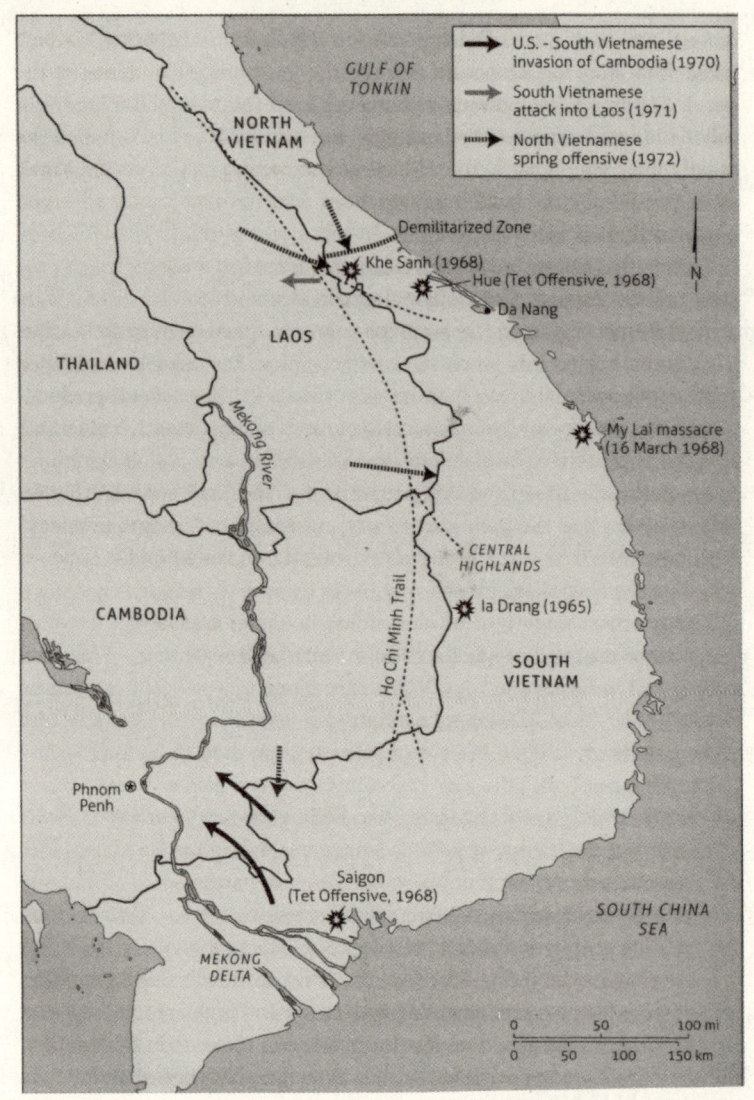

(地名中英文对照见 297 页)

　　图为 1959 年到 1972 年，南越战争形势示意图。每一个地区、每一年都有故事发生。河内的关键任务是创建并扩大通向南方的，被称为"胡志明小道"的补给线，以便在 1960 年以后加强南方民族解放阵线的力量，并提高北方军队的进攻能力。1965 年到 1967 年间，华盛顿先是通过大规模扩充美国驻南越军队人数予以还击。后在尼克松执政期间，又试图通过 1970 年入侵柬埔寨、1971 年入侵老挝及加强对整个印度支那的轰炸来寻求突破。

霸权终结 | 越南战争（1965～1973年）

U.S.-South Vietnamese invasion of Cambodia（1970） 1970年美国、南越军队入侵柬埔寨路线
South Vietnamese attack into Laos（1971） 1971年南越军队入侵老挝路线
North Vietnamese spring offensive（1972） 1972年北越军队春季攻势路线

GULF OF TONKIN　北部湾　NORTH VIETNAM　北越
Demilitarized Zone　非军事区　Khe Sanh (1968)　溪山（1968年）
Hue (Tet Offensive，1968) 顺化（1968年春季攻势）
Da Nang　岘港　LAOS　老挝
THAILAND　泰国　Mekong River　湄公河
My Lai massacre (16 March 1968)　美莱村大屠杀（1968年3月16日）
CENTRAL HIGHLANDS　中部高原　CAMBODIA　柬埔寨
Ho Chi Minh Trail　胡志明小道　La Drang (1965)　德浪河谷（1965年）
SOUTH VIETNAM　南越　Phnom Penh　金边
Saigon (Tet Offensive,1968)　西贡（1968年春季攻势）
SOUTH CHINA SEA　南中国海　MEKONG DELTA　湄公河三角洲

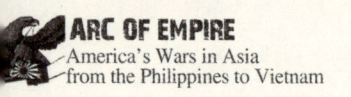

因素使得苏联的转变更为容易。尽管苏联像中国那样大力支持越南，苏联代表却还总是抱怨越南人很棘手、不相信人、做事遮遮掩掩，一心只专注于他们自己的战争。

1972年，随着阮文绍问题得到解决，在巴黎进行秘密会议的美国和北越代表团在10月制定出一个和平协议草案，其中包含了双方作出的关键让步。一旦华盛顿完成全部撤军，就能要回所有战俘，而河内和西贡军队也要就地停火。停火之后，为了和平解决越南人之间的各种矛盾，该协议建议成立一个由三方选举的委员会，委员会由西贡政权、南方民族解放阵线发起的临时革命政府和中立国家代表组成。作为对这一突破性成就的回应，尼克松结束了"第一阶段后卫轰炸行动"，将空袭范围限制在北纬20度线以南。

10月协议并未快速结束战争，而在西贡遭遇到一个障碍——阮文绍不同意。阮文绍强烈反对基辛格和黎德寿背着他达成的这项协议。他认为，这一协议很可能为共产党在政治和军事上接管他的"国家"埋下伏笔。他坚持要求北方军队全部撤离，反对南方民族解放阵线作为战后和平进程中的合法政治代表。1968年约翰逊致力于推动和谈时，遭到了阮文绍的阻碍，现在他又在给尼克松制造麻烦。

基辛格亲自飞往西贡劝说，但未能使阮文绍改变主意。为了平息阮文绍被出卖的感觉，尼克松承诺继续提供援助，保证对河内的任何侵略行为作出"快速、严厉的报复性回击"。但他也用越来越严厉的语言警告说，如果现在不合作，将会进一步损耗美国国内民众和国会的好感，这种好感目前已经千疮百孔了，这对阮文绍的国家有百害而无一利。私下里，尼克松和基辛格也承认，他们已经将西贡政府"出卖"，很可能导致其崩溃。尼克松用典型的例子来为这一行为辩护，"当一个孩子已经长到4岁的时候，我们就不能再让孩子继续吸母乳"。但他也不希望西贡问题成为选举中的"污点"，即使他有信心击败强烈反战的民主党挑战者乔治·麦戈文。

不论承诺还是威胁，阮文绍都没有动摇。于是，尼克松转向河内，要求河内作出一系列让步，以便让西贡更容易接受，同时也显示自己作为谈判者的强硬态度。黎德寿生气地拒绝了。由于不管是盟友和敌人的越南人都不肯让步，尼克松再一次气得发疯。他下令空军轰炸河内。1972年12月18日至29日的轰炸是越南战争中最大规模的，实际上也是战争史上最大的轰炸行动。轰炸的代号为"第二阶段后卫行动"，但普遍称作"圣诞大轰炸"。这次展示"肌肉力量"，付出的代价是损失了15架B-52战略轰炸机和其他飞机，导致数千平民死亡。一时之间，舆情汹汹，国内外谴责之声不绝。

心力交瘁的和平

1973年1月，河内回到谈判桌上，接受了一个和上一年10月本质上相同的和解方案。这一次，尼克松威逼阮文绍接受了协议。1月27日，华盛顿、西贡、河内和南方民族解放阵线的代表齐聚巴黎，签署了最后协议。尼克松随即在2月1日向河内作出提供32.5亿美元援助的秘密承诺。至于这一支付是作为战争赔款，还是作为让河内善待阮文绍政权的贿赂，就取决于个人看法了。双方精疲力竭，为和平铺平了道路。到美国人和北越人放松曾经死揪住对方的手时，这场战争已经造成了难以估计的伤害。就伤亡本身而言，从尼克松就职典礼到1973年1月的和平协议期间，北方和南方民族解放阵线士兵死亡近50万，南越也有10多万士兵陪葬。在4年多战争里，美国付出了近2.1万名士兵的死亡代价，同时还加剧了本就很深的社会裂痕和政治痛苦。在1970年到1972年间，美军被迫打了一场毫无意义的战争，由此带来的影响造成了"集体精神崩溃"，美军的士气、纪律和战斗力都在走下坡路。

这场战争即将毁灭另一个总统。由于陷入了越南战争泥淖，尼克松的白宫政府变得越来越孤立和偏执。尼克松把自己看成美国公众所需要的强势领袖,而公众在他眼里就"像是无助的孩子"。他对所有拦路者发脾气,并且用阴谋和谎言去对付意见不同者。他把自己的成堆麻烦归咎于"自由"媒体、犹太人、黑人、民主党支持者、不可靠的官僚作风和懦弱的东部机构。他派出"水管工"(秘密特工)去玷污他的敌人。1972年6月,秘密特工潜入水门公寓的民主党总部行窃,东窗事发后白宫又试图掩盖真相,从而成为了全国性丑闻。1973年初,国会和媒体的严密审查,分散了尼克松的注意力,使他无法再继续支持脆弱的南越附庸国。

一个意外产生的总统,负责处理越南战争的收尾工作。1973年10月,丑闻缠身的副总统斯皮罗·阿格纽辞职,尼克松随即任命众议院少数派领袖杰拉德·福特为副总统。之后不到一年,尼克松在国会弹劾的威胁下于1974年8月辞职,福特走进了椭圆形办公室。陪在他身边的,仍然是尼克松的国务卿基辛格。面对公众对继续卷入越南战争的强烈反感和国会限制总统权力的决心,他们几乎没有任何回旋余地。1973年5月,当柬埔寨轰炸行动公开化时,国会就已经进行干预,美军在柬埔寨的军事行动被迫停止。11月,国会通过了《战争权力法案》,要求总统对在海外使用美国军事力量提出及时说明。

经过美国训练并被美国先进武器武装起来的阮文绍军队,表面上看来其前景还是很有希望的。巴黎和约之后,美国继续为其提供援助。1973年和1974年的援助总金额达33亿美元;1972年底到1973年还有一项以转让设备为形式的10亿美元的额外援助。这一援助帮助建立了一个陆军和空军力量位居全球第四的大型军事机器。但国会厌倦了这一"资金提供者"的角色。1974年9月的一次投票,对越南的下一年援助经费一下子减少了一半,从14亿美元减到了7亿美元,西贡政权备受打击。更加雪上加霜的是,南越经济遭遇高度通货膨胀之苦,还面临着普遍的人民失业,食物供给也不足。战争导致的社会崩溃和持续性经济困难引发了社会动荡不安。在中心城市,从农村逃难出来的灾民随处可见。所有人都感染了严重的厌战情绪。尽管政府严加审查，一首反映南越人民普遍的疲惫不堪和宿命论思想的歌曲还是流传开来。这首歌曲是一位逃避服兵役者郑聪儿所作，在血流成河的"春季攻势"发生之后，他在歌曲中悲伤地问道：

> 那些躺在战壕里的
> 躺在燃烧的田野上的
> 躺在马铃薯藤里的尸体
> 哪一具是我的爱人？

管理这一混乱社会的，却是一个腐败透顶、士气低落、步履维艰的政权。这一政权派系争斗激烈，高层互不信任，习惯于搭乘美国人的战车。回首往事时，时任副总统的阮高祺承认，对外界的依赖导致了自身的无能："阮文绍总是依赖美国，认为美国无所不能。"

与此相反，北越的军队却依然强大。它已经处理好1972年进攻失败造成的艰难处境，并从巨大的损失中恢复过来，其兵力发展到了40万人。在1974年间，河内国防部长武元甲负责规划了一场由范田勇指挥的新的进攻。河内高层领导人越来越相信，"美国人不会回来了，就算你给他们糖果也不会回来了"。在向部队讲话时，范田勇引用了一首诗来提醒他们，他们可以完美地结束这场长期斗争：

> 我们祖国拿起枪，至今已有30年；
> 天上那轮圆月亮，仍然分两瓣。

1975年3月初，这些军队开始进攻南越，准备结束这一分裂。北方军队的进攻强调灵活性、速度和突然性。为了保卫所有分散的据点，阮文绍将自己置于极易被分而歼之的被动地位。北越军队越过中部高

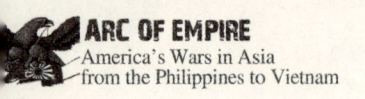

原，发动第一次突然猛攻就令西贡军队惊慌失措。其余的北越军队也越过17度线同时向南推进，与主力部队连成一片。西贡政府乱作一团，本已脆弱的士气彻底崩溃，南方的防线迅速瓦解。3月28日，顺化陷落；2天之后，岘港陷落；一个月后，西贡也失陷了。55天后，取名为"胡志明战役"的春季攻势提前结束了这场战争，河内的战略家们曾预计战争将持续到第二年。

　　1975年4月，河内部队围困西贡时，尼克松先前保证的支援成了空头支票。虽然基辛格仍然担心，附庸国的陷落会有损美国的信誉和声望，但国会明确表示，向一支失败的军队提供再多援助也无济于事，78%的公众对此表示赞同。因此，福特总统不愿批准任何最后的轰炸行动，甚至不提供任何紧急物资，也没有考虑将那些曾与美国紧密合作而如今身处险境的越南人优先撤出。在争相出逃的混乱中，许多人为了能在拥挤的直升机和小船上争得一块容身之地而拼命推挤。西贡崩溃后，福特总统在新奥尔良的一次演讲中着重强调，越南战争"对美国来说，是一场已经结束的战争"。高校的大批听众对此齐声表示赞同。

第 20 章
梦碎越南
破灭的神话

越南人长期的反法及反美殖民战争产生了深远持久的影响，这毫不令人奇怪。美国人不得不接受一次彻底的失败。美国人脑海里一直回放着那场输掉的战争，误解战争成分的居多，而且总是看法不一。战争结束时的越南是一个被彻底动摇、满目疮痍、一贫如洗的国家，面临着一系列棘手的挑战。越南人不得不进行国家重建。但按照何种蓝图重建国家，需要一步一步探索。即使作为局外人的柬埔寨和老挝，也无法避免遭到严重的间接伤害。战争后患最为惨痛的莫过于柬埔寨，它将因一个野蛮政权的统治，导致大量的人死亡，成为 20 世纪最为血腥暴力的人为大灾难之一。

挥之不去的噩梦

对美国人来说，失败确实令人沮丧。用通俗的话来说，这次的失败颠覆了美国信仰的神话。这一神话以暴力为核心准绳，用胜利来证明国家的美德，它推崇军事胜利，因为那能带来国际褒奖和尊重。失

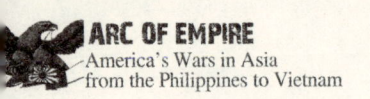

败也挫伤了一代军事领导人。他们的武器可以摧毁南越，重创北越，却不能换来胜利；他们的名誉在这场战争中严重受损。因此，军官们在战后都决心避免另一场战争，以免造成无谓的牺牲。对美国决策者来说，他们一个接一个地沦为这场战争的牺牲品；当灾难降临时，他们又不能减少损失。政治和军事上的双重失败使美国陷入了危机：

★ 曾经获得国内一致认同的公共外交政策和公众对"冷战"理解的共识破裂了；

★ 帝国式总统受到国会的限制；

★ 公众对民选官员以及政府民主建设进程的信任度骤然下降。

美国人不仅没有胜利，他们作为开明国际领导者的名誉反而大大受损。20世纪60年代末，全世界的批评家都在指责华盛顿，说它在最好时是个傻瓜，最坏时就是行为不端的罪犯。盟友开始疏远，第三世界对美国的反感也加深了。越南脱离了美国影响。在人们看来，美国就像和很久以前一样，在国际上显得很孤立。

伴随着普遍士气低落的，是一种刻意逃避错误的态度和行为。为什么胜利抛弃了美国？首要的问题是，为什么美国要承担一项远远超出自己能力范围的任务？这些问题能够提供经验教训和引发深刻的反思，但美国人却竭力回避，他们不愿去思考，不愿提到参与战争的越南人。从单方面记住的战争更像一部民族主义的幻想史，而不是一段富有启发性的历史。

退伍老兵提供了一种回避这些艰难问题的方法。从20世纪20年代中后期开始，他们开始讲述个人故事，有关越南的集体失忆症被打破了。尽管这些故事不可避免地要提到一些越南人，但美国的勇士却始终占据中心位置。士兵的故事对好莱坞和广大读者都具有巨大吸引力。从20世纪70年代末到90年代，美国出现了一连串影片，主题都是歌颂那群被卷入肮脏战争的普通美国人的坚韧、勇气和牺牲。20世纪80年代开始出现了一些战争纪念碑,大多是在退伍老兵的倡议下所建,纪念碑的焦点都集中在平民战士所经历的痛苦上。罗纳德·里根总统曾在一次退伍军人节上演讲,说他们是为"神圣事业"而战的"高尚英雄"。

围绕"如何表现士兵艰苦的经历",美国国内是有争议的。这场战争没有激动人心的英雄形象,也没有以往战争描写中那些为人们所熟悉的爱国主义颂歌。那些颂歌适合用来赞颂在太平洋战争期间海军陆战队士兵夺取硫磺岛的英勇行为,而用来表现越战士兵的艰苦经历的则是以苍凉和抽象为特征的纪念碑。最著名的越战纪念碑矗立在华盛顿国家广场上。然而,批评者则要求用一种更传统、更具象的方式来展现战争。但最终,矗立在全国各地的越战纪念碑上,人们看不到英雄形象,只看到陷入险境的士兵们神情严峻,就如同好莱坞塑造的形象那样。这些士兵们紧抱着受伤的战友,焦虑地仰望天空,等待救援。

欺骗者们选择了一种极具煽动力的话题,宣称那些在战斗中失踪的美国人员是被背信弃义的越南共产党人囚禁起来了,后者之所以这样做是因为受到了奸诈的美国官员的怂恿。东南亚美国战俘和作战失踪人员家属全国联合会就是这种观点的主张者。该联合会主要由战斗失踪人员的父母和兄弟姊妹们组成,他们无比愤怒,要求政府对自己的亲人给出一个"完整的说法"。虽然逻辑和证据都显示这种说法是不可能的,但这些人仍然坚持他们的立场。这种观点得到了阴谋论者和想要报复的人,以及一些普通民众的支持。尽管越南战争失踪人员仅为"二战"和朝鲜战争失踪人员的1/4,最多只有2500人,但在一个民族自豪感被伤害的国家里,战斗失踪人员仍然是一个极易令人情绪激动的因素。1991年的调查显示,该联合会的观点得到普遍同情。2/3的人相信失踪的美国士兵仍然被关押在印度支那,一半的人认为政府未尽力营救他们。《兰博》这部影片之所以大受欢迎,就因为它大胆地讲述了"营救与复仇"这一主题。联合会亲人被出卖的指控被社会广泛接受,这吓坏了尼克松之后的历届政府,也阻碍了美国与越南建立外交关系的步伐。到 20 世纪 80 年代中期开始,寻找失踪人员遗体的工作开始进行,失踪人员数字减少了 1/3。到了这时,河内和华盛顿的领导人才小心翼翼地朝着更好关系的方向发展。即便如此,到 1995 年两国才建立起全面的外交关系。因为到这时,出口型企业和老兵们要求结束搜寻的趋势已经抵消了联合会的反对,这才使克林顿松一口气,决定翻开两国关系新的一页,至少在外交上应当如此。

职业军官们试图从这场输掉的战争中吸取教训,这成为他们回避那些艰难问题的另一种办法。在构建军事理论时,修正主义者将经过挑选的零散证据结合在一起,以暗示胜利原本在美国人的掌握之中。

其中一种观点认为,一个复杂的镇压叛乱战略,会胜过旨在控制农村并有效结束南方民族解放阵线游击队对南越政权威胁的消耗战略。另一种观点则暗示,灵活使用军事力量(战争一开始就对河内实施猛烈轰炸,或者对 17 度线沿线和胡志明小道施加更大军事压力)则能够制止河内。

第三种观点的焦点则集中在要有更好的决策上。国防部长卡斯帕·温伯格和时任参谋长联席会议主席的科林·鲍威尔制定的审慎条例就表明了这一观点。如果文职领导人更加慎重地作出自己的选择,如果他们能更仔细地听取军方领导人的意见,如果军方领导人能更直率地表达意见,那么战争成功的概率就会高很多。很明显,军方智囊人物在总结战争教训时,实际上却在准备另外的高科技常规战争,他们完全没从越南战争中吸取到有益教训。

最后,那些急于恢复狂热民族主义情绪和总统权力的美国人,都先后寻找借口证明越南战争具有正义性,其具体做法是寻找承担战争失败责任的替罪羊,而且他们已经取得了引人注目的成绩:宣扬失败主义论调的媒体、优柔寡断的政治领导人、反战运动,或者软

第四部分
霸权终结 | 越南战争 (1965～1973 年)

弱自私的民众。针对这些"导致美国失败"提出的补救措施通常是赋予总统发动战争的更大权力。为了达到这个目的，白宫必须控制媒体，禁止失败主义者的言论成为头条新闻，颂扬职业军人的美德，并将不同政见者丑化成"软骨头和不爱国的人"。只要不提到越南人保护国家的英勇，加强总统权力和恢复尚武精神仿佛就变得有些道理了。但是，一个减少了怀疑和分裂，更加独裁和穷兵黩武的美国，就能征服一心捍卫祖国的越南人吗？这些替罪羊理论下的补救措施，和支撑它们的极端民族主义历史一样，都是不客观的，更不用说替罪羊理论的盲目性。

这些不肯客观对待失败的态度，重复了美国的战争决定及战争行为所固有的致命缺陷。他们从战争图片上抹掉了越南人，或者顶多在美国戏剧中给他们一点零碎的配角。这意味着永久删掉半个世纪，删掉民族主义的发酵、农村的紧张关系和共产党组织，而这些因素联合就成了美军和"雄心壮志"的美国难以逾越的障碍。没有人认真对待这场战争。在这场战争中，越南人的斗志超过了美国人的斗志；越南人从盟友那里获得的支援超过了美国能够得到的支援；越南人在乡村和城市里发动了广泛的民众参与，而对这些地方的人来说，即使是最有善意的美国人也仍然是外人。

大力镇压叛乱，更果断地使用传统军事力量，更好的决策，或者一个更加强势的总统，就能战胜越南革命者一方所拥有的巨大优势吗？忽视敌人却想弄清一场战争的意义显得很奇怪。那只能得出一些很浅薄的甚至是错误的经验教训。它在美国人的战后意识中排除了越南士兵和越南平民所付出的巨大代价。而且，这些方式帮着掩盖了美国帝国战争的性质。美国人试图把自己的意志强加给越南地区或越南人民，它动用了手里能用的全部工具，最后却失败了。亚洲的帝国时代结束了，但某些人却忘了告诉美国公众和政策部门。回顾历史的美国人仍然没有接收到这样的信息。

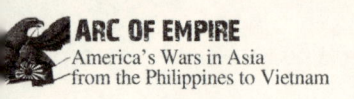

秋后算账，越算越穷

当美国人在为"如何使越南战争看起来像是正义的"煞费苦心时，越南人却在继续进行自己的革命。他们遭受了惊人的损失，却因为坚信自己事业的正义性和胜利的必然性而勇气大增。从美国发动战争的准备阶段到1975年4月，大约有330万越南人死亡，其中大约有200万是平民。另有150万人受伤或失踪，200万人遭到化学剂毒害，尤其是"橙剂"。当胜利终于来临时，越南人不像美国人，他们没有做死后验尸报告，他们也不后悔。黎笋在河内的胜利讲话，重点突出了全国胜利的意义和满足感，他说："在我们国家的4 000年历史中，最后100年是反对外来侵略最艰苦、最激烈的时期，但同时，也是我们取得最辉煌胜利的时期。"

大约20年后，武元甲在与罗伯特·麦克纳马拉的一次会晤中说道，战争对美国来说也许是一个悲剧，但对越南来说，它是"我们的人民付出了巨大牺牲的一项崇高事业"。需要进行反思并从中吸取教训的是美国人，而不是越南人。

在党和国家控制的倡导之下，"反美反法斗争是正义的"这种印象主导了公众的头脑。不同于被蒙蔽的普通美国老百姓，越南人知道所有信息，并且没有任何怀疑。在战争博物馆和纪念碑上，越南人讲述他们牺牲的方式与美国人截然不同。他们反复传递的信息是，在一场英勇当然也是代价高昂的卫国战争中，越南人民具有高度团结、无畏艰难和巨大勇气等优秀品质。这种整齐、简单的战争观点是官方主导之下形成并流行的，但可以肯定的是，越南退伍军人最终会对这种观点提出不同意见。宝宁就是发出这种声音的人之一。他的小说《战争之殇》影响巨大，唤醒了人们记忆中那些"野蛮战斗"的景象，唤醒了人们对"残缺不全的尸体、被炸得支离破碎的尸体和燃烧着汽油的尸体"的印象，唤起了令老兵们感到"恐怖的噩梦"景象，唤起了那些"痛苦、苦涩而又悲伤"的景象，唤起了正义获胜的理念但也到处充斥着"残酷、死亡和不人道暴力行为"的景象。虽然他和其他退伍老兵战斗的正义性毋庸置疑，但他们也需要空间来表达他们这一代人的痛苦、牺牲和幻灭，需要人们重视他们不得不艰难调整战后心理的情况。

无论胜利还是痛苦，大多数越南人都不能总停留在过去。他们面临着如何应对30多年战争造成的大规模死亡和破坏的直接挑战。战争使许多人致残，多达数百万的战士和平民都遭到战时大量使用的"橙剂"毒害，有的是通过直接的环境接触，有的是通过基因遗传。他们的愤怒和暴力行为对家庭和社会造成了极恶劣的影响。支持西贡的一些人在战争结束时已经逃往海外。在1979到1980年中越关系紧张时，一些华人也跟着逃亡了。正如美国的许多战争支持者所预测的那样，逃亡者以及西贡的支持者连累了很多越南人，让他们长期在环境恶劣得像监狱一样的集中营里接受"再教育"，这都表明了在战后越南仍有许多待解决的紧张问题。战后的越南人就生活在这样的背景之下。正因如此，越南后来成了世界上最穷的国家之一。当大多数东亚国家的经济增长率直线上升时，它的整体人均收入却在几十年里一直原地踏步。

越南也出兵柬埔寨

祈求脱贫致富的想法使越南人及时进入了另一个阶段，这与美国人争吵不休大相径庭。国家统一并非革命高潮。正如黎笋以及和胡志明一道脱颖而出的其他领导人所理解的那样，战后的主要任务是建设一个在政治、经济和文化上由共产党领导的现代化社会主义国家。这一代人领导了数十年的战争，现在想动员民众投入一场新的斗争。他们想清除法国人和美国人在南方留下的深深烙印，以社会主义北方为样板，重塑南方的社会、政治与经济。越南人终于可以实现胡志明的

ARC OF EMPIRE
America's Wars in Asia
from the Philippines to Vietnam

图为越南广义省桑美村美莱纪念馆纪念碑。图中央的妇女怀抱着死去的幼儿,她脚下匍匐的人传递了对被美军杀害的数百名受害者的悲伤。但是,这尊反映了1968年大屠杀现场的雕像也意味着不屈不挠和相互支持,这是越南支持的反美战争正统观点的显著特色。(范桑迪提供照片)

第四部分
霸权终结 | 越南战争（1965～1973年）

图为华盛顿特区越战老兵纪念碑。当时还是耶鲁大学本科生的林璎赢得了纪念碑设计大赛，大赛的一个要求是，避免用传统的爱国主义来描述一场大多数美国人都认为是错误的战争。因此，阵亡者的名字被一排排地刻在黑色大理石表面与人眼睛齐平的位置上。正如林璎的设计方案所描述的那样，这里是"一块清静之地，是供个人反思与个人清算之地"。阵亡者个人生平经历吸引了许多游客，他们将供品摆放在纪念碑基座上。（由国会图书馆印刷与照片部供稿）

311

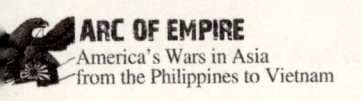

梦想了，正如胡志明在1969年临死前所说："打败美国侵略者之后，我们将重建我们的国家，我们要把它建设得比现在美丽10倍。"

在即将到来的和平困境中，"未来将会很美好"很快就被证明乐观过头了。按北方的模式来重塑南方的努力失败了。北方人在战时承诺让南方人在战后实行地区自治，但河内在处理政治统一问题上疏远了他们。失败的西贡精英，包括多达30万的前政府官员、军官和美国雇员被拘留，这么一个庞大的人才群体被排除在重建努力之外。高原人在战争期间饱受颠沛流离之苦，遭受了重大生命损失（总人口的1/3），结果战争结束后官方却实施了强制同化政策和越南移民政策，这背弃了当初北越领导人对他们许下的地区自治承诺。中部高原的居民怒火郁积，暴力活动剧增。南方是一个由渴望土地的独立农民为主的地区，是一个具有强烈创业精神和善于从事外贸经济历史的地区，而1978年强制实施的社会主义经济却并不适合这一地区。取消民营企业、产业国有化以及强制执行中央计划等政策，致使南方的农业生产和城市工业生产力迅速下降。农民抵制农业集体化，他们破坏庄稼，杀死牲畜。到1979年，越南经济深受粮食短缺、农业集体制崩溃和失业率高之苦，大批具有中国血统的商人和企业家纷纷出逃。国际紧张局势加剧了本已十分困难的局面。为推翻波尔布特政权，越南对柬埔寨进行军事干预，导致在1979年初越南又回到了战争状态。四面楚歌的河内领导人紧紧依靠苏联的经济援助，以此抗衡中国和充满复仇心的美国。

到20世纪80年代中期，一代年轻的党内新领导人领导了经济重建，最终走上了富有成果的道路。1986年，阮文灵当选为党的新领导，标志着战后时代的真正开始。阮文灵为党总书记任期带来了一种全新的观念。这一观念基于他在战时和战后长期从事南方党工作的经验。当时，他曾经积极抵制河内僵化的战后经济政策。当选总书记后，他立即采取了经济改革措施，逐步减少对国家计划的依赖，加强对市场力量的重视。越南经济有了显著改善。与此同时，文化政治生活也

第四部分
霸权终结 | 越南战争（1965～1973年）

变得更加开放。当然，大体上依然处于党的监控之下。阮文灵使外交政策从属于其国内改革议程。他结束了对柬埔寨代价高昂的军事介入，与中国达成了和解，改善了与美国和周边国家的关系。经过大约一个世纪的奋斗，这一国家不仅取得了独立和统一，而且获得了和平与日益繁荣。

柬埔寨一开始是越南战争的旁观者，结果却意外地成为了主要受害者，在战后承担了最可怕的后果。冲突各方领导人在1975年叫停了战争，但柬埔寨却一头扎入了长达一个世纪的以大规模系统杀害而著称的阵发性种族灭绝大屠杀。越南战争促成了这一种族灭绝屠杀，因此，柬埔寨的苦难必须计入主要的战争后果。

在20世纪60年代初期，柬埔寨已经感受到了邻国战争不断升级带来的后果。河内是第一个入侵者。它先利用柬埔寨的东边领土作为支持南方民族解放阵线的补给线，然后又被当做在南方作战的北方部队的避难所。美国一开始的反应比较低调，采取有限的秘密行动和美军部队越过边境的"热力追踪"。为使柬埔寨避免被深深拖入这场战争，柬埔寨的统治者诺罗敦·西哈努克亲王努力保持其中立面貌。河内和北京对西哈努克默然接受北越军事存在表示赞赏，所以拴住了他的国内敌人、柬埔寨共产党的缰绳。1969年3月，尼克松决定轰炸柬埔寨，将现代战争的暴戾带入了柬埔寨农村，加速了通向暴力灾难过程。1970年3月，当西哈努克的反共将军之一朗诺在美国支持之下夺取了政权后，柬埔寨中立的旗帜倒下了。尼克松立即利用这一有利时机，公开下令支持朗诺政权，并向被北越军队和南方民族解放阵线利用的柬埔寨庇护区发起进攻。河内对此做出的回应是松开柬埔寨共产党的缰绳。柬埔寨共产党发动攻势，利用农民对美国轰炸农村的愤怒赢得了农村的支持。1975年，在西贡陷落之前，红色高棉占领了柬埔寨首都金边。

现在，种族屠杀的舞台搭建好了。柬埔寨共产党领导人波尔布

313

特梦想建立一个乌托邦式新社会。但是，他受到民族主义仇外心理的影响，认为外来势力会破坏革命。新政权迅速采取行动，阻止任何可能的破坏势力。他把目标对准了受到外国影响的城市特权阶层、构成长期威胁的历史宿敌——越南居民和抵制融入新社会的少数民族族群。在柬埔寨共产党夺权之前的战斗中，该国已经死亡了50万人；在1975~1978年红色高棉统治时期，至少还有150万柬埔寨人将死于疾病、过度劳累、饥饿和死刑。不到10年时间内，800万柬埔寨人至少减少了1/5。1978年底，河内政权决定推翻波尔布特，这一噩梦才始告结束。但这一决定又引发了一连串问题，包括迫害柬埔寨的越南人、河内跨边境强行进入有争议地区。在柬埔寨共产党叛徒的支持下，越南部队横扫波尔布特政权，并将这些叛徒之一洪森推上了领导地位。但是，为了保住洪森，越南军队不得不继续占领柬埔寨，以防止波尔布特的残余部队和亲华亲美者组成反越联盟。因为对美国的卡特和里根政权来说，对越南人的厌恶远远超过了对一个实施种族灭绝政权的厌恶。越南人的占领在1989年宣告结束。1991年由联合国主持的解除武装、恢复经济和与洪森的民族和解过程中，洪森当时仍然是政治统治者。经过30年的战乱，其中包括三个阶段的致命内战，和平才终于降临柬埔寨。

在印度支那各国中，老挝的人口最少，经济实力最弱。在越南战争中，它是一潭死水。但是，它也遭到了巨大破坏。在法国统治的最后几年，老挝人陷入相互混战，战争断断续续持续了20年。一个个局外人相继卷入，先后有苏联和泰国，但最主要的还是北越和美国。1965年以后，战斗到了最激烈的阶段，特别是在胡志明小道经过的老挝东部地区。到1973年初和平降临时，老挝已经失去了成千上万名战士和约25万平民，当时总人数才300万。美国从1964年开始轰炸老挝,1973年初停火,这期间老挝的土地共承受了约200万吨的美国炸弹，其中相当一部分炸弹没有爆炸，至今仍十分危险。停火协定不仅结束了美国的秘密存在，也打开了加强柬埔寨亲河内共产主义政权的道路。受惊的老挝人，特别是那些先同法国人作战然后转而拥护美国人的苗族人，纷纷逃离这个国家。在泰国难民营的苗族人，面临着回国的压力和美国不肯接收的政治阻力。但最终，还是约有20万人被允许进入美国。留在老挝的苗族人进行了一些抵抗，但遭到了残酷镇压。

下一个目标——中东！

试图主导越南未来的美国人曾经拥有令人印象深刻的优势。他们先进的军事技术、成熟的后勤保障和雄厚的资金都远远超过其越南敌人。美国政府的行政部门比任何时候都强大和自由，能够许下野心勃勃的海外承诺，拥有大量资源来维持远方战场的主动权。半个世纪的对外战争极大地增强了总统的权力，也使他得到了国会、媒体和公众的尊敬。凭借无比丰富的国家资源，华盛顿可以肆意挥霍资金，以保护它在南越的地位。从1961年肯尼迪总统入主白宫到1975年西贡陷落之间，支出的经费若以2001年美元价值计算，已达到8 268亿美元，是朝鲜战争的两倍。

美国人存在着一个致命的缺陷，这让他们很吃亏。那就是他们表现出来的殖民主义态度是植根于前一个世纪的，是植根于传教士认为美国是世界变革力量的信心，是植根于对亚洲人的文化优越信念。他们一会儿认为亚洲人很野蛮，一会儿又认为他们像小孩子。这些态度为美国人，主要是美国的政客、知情公众、军队和媒体卷入一场没有人特别想打的战争铺平了道路。一旦越南成为美国追求非正式统治帝国的新战场，这些态度就会引导他们误判基本形势，并且使他们相信自己不可能失败。半个多世纪以来，民族主义思想充斥着那些接受过教育的越南人脑海，他们对此却茫然不知。他们不明白共产党已经赢得了合法性，不明白共产党能有效运用这种合法性来战胜国内的零星

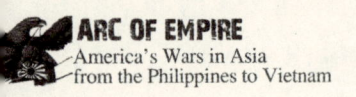

反抗，并拖垮看似强大、实则愚蠢的美国人。他们几乎难以想象村庄为何会变成民族主义运动的根据地，也找不出办法来应对南方民族解放阵线在农村的号召力。他们没有料到河内的北京盟友和莫斯科盟友愿意为坚持斗争而付出牺牲。最引人注目的也许是，美国领导人将在朝鲜战争中学到的东西丢在了一旁——有限战争可能在国内引发反战浪潮。美国人对自身的正义性和自己的物质技术力量的信仰，并不足以避免失败。

正如菲律宾的胜利推动了美国在东亚的帝国计划一样，越南的失败将标志着东亚帝国计划的终结。但实际上，这种逆转并没有动摇其先向亚洲进军的基本信念。美国人仍然怀着将自己看成世界塑造者的信念。对于阻碍他们的人，要么进行诋毁，要么视而不见。因此，华盛顿才会在另一个貌似混乱和脆弱的地区——中东开展一项新的计划。在那里，美国人将致力于驯服外国力量并重塑其社会，这不过是在重演一部大家都熟悉的帝国戏剧。由于各种太熟悉的原因，中东的新十字军东征在 20 世纪 70 年代已经在实施了，而且将沿着令人不安的熟悉路线徐徐展开。

第四部分注释

①北部湾事件：美国于1964年8月在北部湾（又称东京湾）制造的战争挑衅事件。1964年7月底，美国军舰协同南越西贡海军执行"34A"行动计划，对越南北方进行海上袭击。8月1日，美第七舰队驱逐舰"马多克斯"号为收集情报，侵入越南民主共和国领海，次日与越南海军交火，击沉越南鱼雷艇。美国政府迅即发表声明，宣称美海军遭到挑衅。3日，美国总统约翰逊宣布美国舰只将继续在北部湾"巡逻"。

②滚雷行动：美国空军第2师（即后来的美国空军第7军）、美国海军和南越空军，于1965年3月2日至1968年11月1日对越南民主共和国进行的轰炸行动，为越南战争的一部分。滚雷行动有4个目标：增强南越西贡当局的低落士气；迫使北越放弃对南越境内共产主义行动的支持；摧毁北越的运输系统、工业基地和防空系统；阻截由北越向南越境内开进的人员和物资。

③橙剂：一种臭名昭著的高效除草剂，因其装在橙黄色的桶里，故名"橙剂"。越南战争期间美军用低空慢速飞行的飞机喷洒于被判断为共产党武装人员藏身之地的森林、丛林和其他植被上，使树木等植物落叶。

尾 声

帝国余波
卷入中东冲突（1948年至今）

在亚洲追逐霸权以失败告终并没让美国吸取教训。"9·11"事件让美国得以名正言顺地举起"反恐"大旗，在中东展开新的霸权征伐战。在东亚碰壁的美国，面对更加极端的中东国家时，将会开启怎样的血腥之路？

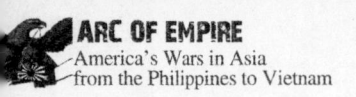

ARC OF EMPIRE
America's Wars in Asia
from the Philippines to Vietnam

威廉·麦金莱夺取菲律宾的野心推动了美国在东亚的帝国计划，这一计划成为美国全球政策的一个主要方面。控制东亚这块前哨阵地的野心和随之产生的焦虑，使美国越来越深地卷入到西太平洋周边国家的事务之中。然而，在推行这一计划的每一个关键点，美国都会遭遇抵抗。虽然美国凭借武力在菲律宾和日本取得了决定性的胜利，但在此之后，美国的帝国大军开始在朝鲜战场上碰壁；在越南，情况变得更糟糕。

越南战争开始大约 70 年后，美国的东亚远征之旅开始告一段落。美国对权力欲望的持续积累，最后却以失败告终，由此产生了一系列问题："帝国"这张标签是否与前面四部分内容相符？为什么美国的计划最终失败了？美国撤退之后的东亚情况如何？从进军东亚失败的计划中，美国对当前卷入中东和中亚事务能获得什么启示？

在针对这些问题发表个人观点时，我们敏锐地意识到，很有必要对本书所述历史的重要性和必要性展开讨论。

第21章
霸权印记
美国的帝国征伐模式

美国的事业自始至终带有一些特征，如果是其他国家，大多数观察家都会根据这些特征联想到帝国。不论这些特征的前景多么光明、手段多么独特、领导人作出决定之前有多犹豫不决、国民对它们的争论有多激烈，美国为了控制东亚地区而进行的长期暴力斗争，都是在支持帝国的发展。在序言里提到以历史为依据的"帝国"特征里，美国的行为明显与之相符。美国的帝国计划最低目标是控制领土。通过军事力量，菲律宾、日本、韩国和越南都曾受控于美国。他们受控于美国的时间，日本是7年，菲律宾至少有40年。

危险的胚胎

在这些特征当中，地区背景因素最容易被忽略。美国的军事行动是在传统帝国解体、新帝国诞生导致东亚局势动荡的历史背景之下展开的。英国、法国、荷兰、西班牙和日本帝国建设者们的行为表明，要取得大国地位，武力征服并统治他国是不可或缺的条件。美国也是

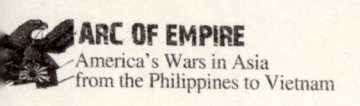

这样做的。美国担心旧中国可能要解体，于是他们从摇摇欲坠的西班牙帝国手里夺过菲律宾，以此证明他们有能力而且适合统治其他民族。占领菲律宾之后，他们在东亚的步伐暂时放缓，因为它要集中精神加紧控制加勒比地区和中美洲。20世纪30年代，东亚重新成为其利益中心，日本对中国和欧洲殖民地的野心引起了美国的反对。美日之间日趋紧张的关系导致最终爆发太平洋战争。这场战争不仅摧毁了日本帝国，也削弱了欧洲人对原有殖民地的控制。但这场战争却给美国创造了新的机遇，而美国人也迅速抓住了。战后局势的戏剧性进展将美国的控制区域扩大到了最大范围。以往的竞争对手老牌帝国已经退出舞台，但美国领导人开始担心一个崛起中的帝国——苏联将对他们造成新的威胁。他们担心，经历了殖民地解体的亚洲（从英属印度到分裂的朝韩），会落入莫斯科策划的新帝国魔掌之中。

美国人开始大胆闯入亚洲。这一地区的局势诡谲多变，竞争各国之间火药味十足。它从一开始就孕育了一个危险而鲜有人注意的胚胎。随着时间推移，这一胚胎将成为美国的克星。在帝国扩张的压力之下，民族主义觉醒，反帝国主义势力开始形成，并逐渐拥有了军事力量。在过去几十年乃至几百年里，外国统治势力曾在亚洲建立起各种殖民政权。然而，现在他们将会被民族主义的强台风冲击，并最终被彻底摧毁。在菲律宾，反西班牙的民族起义将演变成顽强反抗美国侵略。对埃米利奥·阿奎纳多及与之志同道合的菲律宾人来说，不管宗主是谁，"帝国"都意味着令人痛恨的殖民统治。到20世纪中叶，亚洲，尤其是中国、朝鲜和越南的民族主义情绪已经充分发酵。通过一系列艰苦斗争，对于如何驱逐外来侵略者，这些国家的政治活动家们已经成立了政治组织，积累了一些动员全民进行斗争的经验。

面对日渐衰弱的欧洲列强，已然臣服的日本和跃跃欲试的民族主义者，美国对于接下来该何去何从犹豫不决。他们不仅自我标榜，而且也相信自己是自由的捍卫者，但他们事实上只和坚决反共的温和派

尾声
帝国余波 | 卷入中东冲突（1948 年至今）|

民族主义者打交道。他们宁愿支持像占领印度支那的法国这样腐朽不堪、臭名昭著的欧洲殖民政权，也坚决不肯向民族主义革命者妥协。他们面对如下指控无言以对：美国与以往那些外国殖民主义者并没有本质上的区别，他们只不过多了一层"自由旗号"的外衣。

美国的帝国主义扩张进程中伴随着其他帝国的竞争与反帝国主义的抵抗运动。思想意识提供了支持。像其他帝国建设者一样，美国也需要一个令人信服的行动理由。美国坚决走帝国主义道路是受一幅很有说服力的自画像刺激。该自画像认为，美国是一个独特的民族，其地理、历史和国民素质注定他们要引导政治上不成熟、容易受误导的亚洲人走向更美好的明天。他们为自己国际地位的提升而高兴，为每一次胜利庆祝，并将其作为即将取得更大成就的预兆。这种思想上的自信最早在占领菲律宾的决定上显露出来。美国人在登陆马尼拉湾时自信满满，深信自己能够主宰西太平洋国家的命运，并有责任推动这些国家在文明事业方面取得发展。这种自信心非常强大，足以支持美国的决策者、政治家、将军和殖民地总督在接下来的 75 年里，将从占领菲律宾的过程中获取的各种经验应用到日本、韩国和新建立的南越。

但这种自信心也是一把双刃剑。美国认为自己与其他国家完全不同，其他国家的动机和行动是带有野蛮、贪婪意味的。而美国的动机却是无私的，美国的事业是正义的，因此，他们自然而然地得出了"美国最终将会胜利"的结论。但是，如果这种预期中的胜利迟迟没有出现，或者根本不出现，这种强烈的例外感和使命感就会变成美国无法客观看待自身缺陷的阻碍。当在入侵他国遭遇抵抗而迟迟不能获胜时，美国沙文主义者往往从国内去寻找失败原因，而不是思考美国会有什么战争局限性。于是，承担战争失败责任的替罪羊不停地变换，从好管闲事的政客到叛逆的游行示威者，从带有偏见的媒体再到道德松懈的公众。

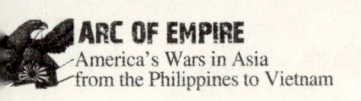

是散播福音，还是侵略？

如果说意识形态引发了美国缔造帝国的欲望，那么实现这一欲望就要依靠军队。事实上，所有帝国都需要经历这样标志性的过程：征服、镇压和统治。成功镇压菲律宾起义和摧毁日本战争机器使美国领导人相信，在强大的工业和后勤能力的支持下，美军能够应付任何情况，它是一支战无不胜的军队，可以缔造并保护帝国的所有领土。当美国人试图在朝鲜取得东亚战场上的第三次胜利时，彭德怀的军队干扰了这一美梦，长达7年的越南战争更是彻底粉碎了这个美梦。军事上的彻底失败导致帝国梦想最终破灭。虽然美国并不是尼克松担心的"可怜无助的巨人"，但在越南战争之后，它已经不再臆想自己能够凭借武力在东亚为所欲为了。

成功征服并统治其他国家证明了美国拥有先进技术，运用这些技术取得成功又证明了美国所谓的"文明优势"。但是，在各种常规或非常规的战争中，对方的顽强抵抗迫使美军一再滥用暴力。战争中的炸弹投放量仅仅证明了破坏能力的不断增强和对手顽强的抵抗意志。朝韩两国承受的炸弹量是美国扔向日本的2倍之多，而整个印度支那地区承受的更是高达50多倍！这些正负面综合的军事记录具有很大象征意义

。野蛮的战争破坏行为否定了"征服者代表文明进步"的说法。对手的抵抗也导致国内批评者开始质疑帝国计划的正当性。菲律宾抵抗分子、太平洋岛屿上的日本武士、中国和朝鲜的士兵、越南的游击队和正规军士兵，他们的顽强抵抗都迫使美国人思考这一问题。当对方长期采用类似自杀的方式抵抗时，"文明教化者们"不得不思考，自己需要付出多大的代价才能完成目标。尽管这样，美国人仍然难以避免"将现代军事技术与统治、文明优势"联系在一起的想法。

虽然美国的军事力量最终没能帮助它实现宏大的政治目标，但使

尾 声
帝国余波 | 卷入中东冲突（1948年至今）|

抵抗一方付出了高昂的代价。一个接一个的国家土地环境遭到严重破坏，无数平民和士兵惨遭伤亡。相比较而言，装备处于劣势的菲律宾、日本、朝鲜、中国和越南军队在战争中的伤亡率远高于美国。平民遭受的损失则更高。以百分比而论，尤以成为美国帝国计划第一阶段目标的菲律宾人最惨。在4次战争中，其他各国战士和平民死亡总计近900万，而美国的死亡总数则约为30多万。此外，作为战场的那些国家受到了广泛的经济破坏，留下了深刻的社会创伤，而远离战场的美国，其经济却繁荣起来。即使美国国内因越南战争而受到了最大的伤害，那也仅止于心理和政治方面，而不是物质伤害，远比不上亚洲人承受的伤痛。美国人的火力造成了惊人的破坏，指引他国走向文明和进步的华丽宣言变成了可笑的谎言。帝国统治计划造成了巨大的伤亡代价，而美国人本身承受的却不多。

代理人是帝国的最佳打手

虽然军事力量对于缔造并维持帝国至关重要，但仅有这个是不够的。镇压抵抗，建立一个低成本、可持续运行的政府，还需要文官系统，正如埃尔韦尔·奥蒂斯、威廉·霍华德·塔夫脱、阿瑟·麦克阿瑟和阿德纳·查菲最初在菲律宾证明的那样。这意味着美国需要与当地精英合作，并就合作内容和尺度进行商讨；还意味着他们需要改善公共卫生条件、教育，逮捕颠覆分子，构建官僚机构。如何实施这些措施以避免引起冲突，使各部门平稳运行绝非小事。但早在菲律宾，塔夫脱和拥戴他的将军就已经证明，美国人天资聪颖，善于创建警备部队、训练警察、安置低级官员并操纵政治。这一切，对于维持低成本的长期统治都是必不可少的。

建立并维持帝国统治，最重要的是找到合适的政权代理人。根据佩德罗·帕特诺、李承晚、吉田茂、拉蒙·麦格赛赛、吴庭艳和阮文

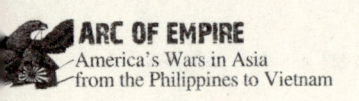

绍的情况，美方给予的合作回报因人而异，多种多样。对民族主义时代的非正式帝国来说，与代理人合作具有双重重要性，而这对任何帝国的扩张都很重要。这种合作能在美国殖民地官员和反对外来者的本地人之间形成第三方势力。这一势力因拥有一副本地人的面孔，因而能帮助美国化解可能遇到的抵抗。

同时，与当地人合作还能让美国国内民众，特别是那些认真对待民族自决和自由原则的人更容易认可"帝国"这一概念。不管多么忌恨美国人的特权，帝国的代理人——当地合作者都知道如何处理他们之间的合作关系。熟悉当地的代理人能够帮助美国消灭当地的抵抗运动，或降低其士气，他们还可能成为学习并传播美国先进政治和现代文化的好学生。在菲律宾的经历已经证明，美国招募来的代理人可以用作打击反抗力量的耳目以及收取税款的官僚人员。像之前的帝国建设者一样，当美国将统治权扩大到战后的日本、韩国和后来的南越时，他们一再重复使用这一机械的统治方法。但是，这种合作也会带来风险。从定义而言，当地精英帮助美国进行统治管理，作为交换条件，美国殖民地官员也要付出一些代价，包括与当地人发生令人烦恼的争执，要作出一些不符合美国利益和价值观的让步，以及还要支持那些有野心的代理人。

在当地合作者中，军人起到了最重要的作用。在菲律宾，本地军队作为平乱工具发挥了重要作用，他们是帝国工具箱的一部分。由美国培训并补给的菲律宾军队，是美军在韩国和越南展开军事行动的重要助手。

这种"本土化"强制控制也有助于解释，为什么军队在韩国变得越来越重要，以及南越军队在后吴庭艳时期的支配地位。美国人致力于提高殖民地本地军队的形象，但日本却是个例外。在本文所讲的四个例子中，走上美国设置好的轨道，日本耗时最短，其武装力量所起的作用更是微乎其微。

尾声

帝国余波 | 卷入中东冲突（1948年至今）|

帝王总统或将终结民主？

从长远看，征服亚洲计划对美国国内的重要趋势也起了重大作用。在寻求控制他国的过程中，美国社会也在发生变化。帝国扩张、国防力量扩充和管理远方那些无知、脆弱的附庸国，有助于强化本国行政部门。阿瑟·施莱辛格在1973年所称的"帝王总统"后来就专指不断膨胀的白宫权力。总统要处理秘密资金、制定国际协议、发动对外战争，几乎只需要国会点一下头并得到最高法庭成员的普遍默许即可。与政府职能扩大和总统权力扩张相伴的是白宫职员的逐步增多，逐渐出现职能重复的现象，而政府出现的新机器又需要更多的机器来控制。在此过程中，总统下的政府机构变成了指挥部，人们希望总统尊重宪法，但总统却违背了宪法规定的、在同级政府部门之间实行三权分立的原则。总统及其家人甚至还在美国起到了类似于王室一般的象征作用。

一个强势总统是为帝国大业量身打造的，而且当时的制度也没有过度约束总统的权力。总统及其亲信制定并实施了美国的亚洲帝国计划。在长达75年的时间里，作出关键决定的十几个人，从麦金莱、塔夫脱到尼克松和基辛格，全部来自行政部门。夺取哪些领土，部署什么部队都由他们来决定。这些殖民地经常会爆发危机，为此他们制定了危机的应对机制，还制定了帝国殖民地的法律。每走一步，总统们都在很大程度上依赖他们作为总司令的绝对权力。因帝国计划本身就具备固有的强制性质，因此这一点丝毫不让人感到惊奇。如此定期使用武力，有助于形成一张亚洲军事基地网，基地上的驻军随时听命于总统。对这一计划同样重要的是一个越来越复杂的秘密机构，它主要负责情报收集并实施秘密行动。在美国国内，总统及其代理人编造了一整套正当理由来公开维护对亚洲的承诺，同时动用强大的行政权力（从美国国税局到联邦调查局）来对付反对者。

在长期的东亚纷扰中，总统职权已经扩大到了共和国宪法起草者们难以想象的地步，甚至可以与他们所憎恶的、不受约束的暴君相提并论。总统打着各种各样的国家安全旗号，借助秘密拨款、行政协议和诸如"警察行动"这样信手拈来的委婉用词使自己的决定畅通无阻！这样的集权不仅未能让美国一直保住在亚洲的主导地位，反而导致它丧失了这种本来的优势。正是几十年来在白宫椭圆形办公室里累积起来的自由裁决权，促使美国作出了一个重大的承诺，这承诺将导致美国在韩国和越南遭受灾难性的损失。由于自由度过大，总统一点都不觉得自己需要自我克制。因此，这样的狂妄自负最后只能是自食恶果。

美国缔造的帝国在国内造成的影响，可以从社会和文化两方面来进行考量。这令人想起其他帝国的经历，如罗马帝国、中国的唐朝帝国和大英帝国，它们因为干预他国人民的生活，自身文化也发生了变化。如果不去国外执行平乱和统治任务，美国人就不会了解这个广阔的世界。在这个过程中，特别是从20世纪40年代以来，这些人对美国日益清晰的国际化趋势作出了贡献。对美国影响更大的，也许是那些饱经战乱、最后被征服的殖民地人民，他们使得美国的人口种族多元化了。他们从帝国的边缘地带蜂拥而入，美国各大城市成为他们关注的焦点。

1965年，国会通过了经全面修订的《移民法》，使得亚洲人大量涌入美国成为可能。1900年的人口普查显示，在美国的亚洲人为11.4万人，仅占美国总人口1%，这一数字在此后的60年里也没发生过显著变化。移民限制意味着，美国并没有为遭到战火洗礼的菲律宾、中国、日本和韩国难民提供避难所。1965年，国会取消了移民限制，这一情况遂发生了显著变化。1977年，《移民法》特别照顾那些逃离印度支那的难民，结果导致移民数量显著增加。1990年的人口普查统计显示，大约有570万人（超过美国总人口的2%）与美国的亚洲战争受害国有关。中国人和菲律宾人各占了这一群体的约1/4，日本人、韩国人与包括西贡支持者、华裔族群、柬埔寨人和来自老挝的苗族人在内的印度支那各国人民各占大约 1/7。其中，大约 2/3 的亚裔美国人是在国外出生的，这反映了近期移民的急剧增加。

第22章
崩溃根源
觉醒的亚洲民族主义

　　1950年到1973年间，过度膨胀的帝国计划逐渐开始崩溃。付出最小成本是美国公众对帝国计划的容忍底线，一旦成本上涨，公众支持率便会下降。那些帝王总统和帝国计划继承者不得不承认，公众对美国在亚洲引发战争并迟迟不能胜利的状况已经达到了忍耐的极限。于是，艾森豪威尔赶紧打扫战场。他和他的助手们得出的结论是：必须避免再次卷入另一场亚洲陆地战争。

　　1965年，约翰逊和他的顾问们作出武装支持南越政权的承诺时，是完全知道这种风险的。到1968年，随着政治基础快速瓦解，担忧开始变成现实，他们也在努力寻找出路。不耐烦的公众和备受打击的领导人都面对着一个正在发生深刻变化的亚洲。就在美国像发动机重启那样重新积聚力量时，亚洲人也下定了决心并开始调动资源，以阻止并打击侵略者。美国人花了相当长的时间才弄明白这一点。

　　尼克松就职时面临着一种反常情况：长期战争引起大众反感，他们普遍接受了少数反战人士的观点，公众支持率在持续下降。在漫长的政治生涯中，尼克松两次看到选民明确表达了他们对远方发生的结果不明确战争的厌恶之情。共和党人也两次在选举中因此议题得利，一次是1952年的艾森豪威尔，再一次就是1968年尼克松本人。虽然尼克松曾经赞成作出武装支持南越政权的承诺，但当反对者走上街头、胜利前景逐渐远去时，尼克松明白，民意已经彻底转向反战者一方。

尼克松决定限制东亚帝国计划，并使其合法化。他推出的越南化政策意在退出越南战争，从更广泛的层面上来说，他的决定和他的政策都是在努力适应这个已经发生变化的世界。在这一世界里，美国的霸权地位开始衰落，亚洲冷战已经没有多大意义。1969年7月，他明确宣布降低美国姿态，调整美国的国际地位。

在访问关岛时，尼克松举行了一次新闻发布会。会上，他宣布"在安全问题和军事问题上，除非存在某个核大国的威胁，不然美国还是希望逐渐由亚洲国家自身来处理"，这就是所谓的"关岛主义"，也是后来"尼克松主义"的雏形。

在承诺美国恪守其对条约的义务、防止核大国对其他国家造成威胁和继续实施援助计划时，尼克松声称，一定要避免另一场令美国背上沉重负担的越南战争。尼克松强调，亚洲已经发生了深刻的变化。越来越强的民族自豪感和地区自豪感对外部操纵及其外国的附庸政权都产生了排斥。

破冰之旅：尼克松访华

在访华期间，尼克松明显减少了承诺，其中包括改变对中国长达20年的孤立和遏制政策。在这之前尼克松本人曾经表示完全支持这一政策。在极端的美国冷战分子眼中，中国的民族革命就像一场可怕的瘟疫，中国的领导人就如同国际不法分子。他们控制了世界人口最多的国家，将会对美国的利益和野心造成长期威胁。很少人敢去质疑这

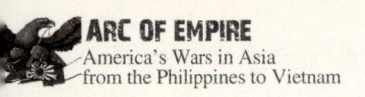

些观点，直到中苏紧张关系公开化后，政府内外的专家们才建议对中国采取更为灵活的政策。越南战争使得美国国内动荡不安，持怀疑态度的政界和知识界领导人趁机进入公众视野，比如参议员 J. 威廉·富布莱特。国务卿迪安·腊斯克坚决支持继续执行反对中国的僵化政策，拒绝作出任何改变。

因此，肯尼迪对中国力量逐渐增强的所有思考都成为徒劳，约翰逊向北京发出信号的行动也受到限制，而当初他不想在越南问题上与中国直接交锋。相比之下，刚刚入主白宫的尼克松就准备推翻这一早已过时甚至是危险的正统观点。

从朝鲜战争结束到尼克松担任总统，美国一直奉行遏制中国的强硬路线。这条路线建立在一个一厢情愿的假设前提之上，即中国的共产党政权是暂时现象，它没有得到美国的外交和贸易认可，因而是不合法的。美国国内强大的游说集团对任何有关中美政策的讨论都严加控制，他们将蒋介石独裁统治下的台湾鼓吹为"自由中国"，对于毛泽东的红色政权，蒋介石就是现成的反共先锋。然而，中国早已战胜了各种"中国即将灭亡"的预言。即使 20 世纪 60 年代初那场毁灭性的饥荒，也没能动摇共产党统治的根基。更重要的是，20 世纪 60 年代末北京与莫斯科的关系彻底破裂，使得威胁美国利益的中苏同盟解体。华盛顿终于准备与中国进行谈判。

尼克松发现，北京对他的两国和解提议作出了积极回应。1969 年 3 月，中苏边境冲突导致北京与莫斯科的关系进一步恶化，毛泽东对苏联威胁深感忧虑。

尼克松的北京之行是 1971 年到 1972 年外交进程的完美谢幕，并对河内造成了压力，起到了立竿见影的效果，河内终于妥协并接受和平协议。但尼克松的访华还有更为广泛的影响，那就是美国终于接受了中国的民族革命。尼克松的结论是，美国必须学会与共产党中国和平共处，而不是改变或消灭它。一位心腹助手回忆起尼克松在 1971 年

7月为北京之行蓄势待发之时所作的解释："25年了,你不可能将世界上1/4的人孤立起来,还妄想得到和平。"尼克松的解释有重要的启发意义,他寻求的是和睦相处,而不是对抗。

尼克松的大胆出击对这一地区产生了决定性影响。其中一个直接结果就是使台湾与美国的之前非常紧密的关系开始陷入不稳定状态。1972年2月,在尼克松访华结束时发表的《上海公报》中,尼克松明确表示承认台湾是中国的一部分,这一点就如同北京所说。而毛泽东也同意和平解决台湾问题。作为讨价还价的一部分,尼克松承诺,"随着紧张的地区局势开始缓和,"美国将会"逐步减少在台湾的驻军"。日本和台湾的国民党政府同样的震惊。

20年来,日本自民党屈从于美国压力,与中国保持距离;尽管遭到民众的强烈抗议,日本政府还是在越南战争中站在了美国一边,支持美国的军事行动。然而,对日本的这一忠诚,尼克松给予的回报是,事先没有知会日本他将改变对华政策。早些时候,他甚至还要求日本在东亚地区发挥更大的军事作用,这令日本颇感为难。事实上,这一主张与他的关岛主义是一致的。他所说的更大作用的含义是,日本可以发挥一个正在崛起的超级经济大国的作用。他还决定将冲绳管辖权"归还"给东京。当时尼克松认为,日本应当减少对美国的依赖。用他的话来说,就是日本最好能够代替美国成为"制约中国的力量"。

越南和中国是尼克松总统宏伟计划中的两个重要组成部分。结束一场不受欢迎的战争,戏剧性地建立与中国的友好关系,是与缓和美苏关系环环相扣的。与莫斯科直接对话可以置河内于尴尬境地,同时还能挑拨两个共产主义大国之间的关系。但从更广泛意义而言,尼克松的战略调整有助于驱除冷战恐惧。美国干预朝鲜和越南,其主要原因就是出于对冷战的恐惧。世界共产主义国家已经分裂为若干部分,如果它们愿意妥协、谈判,那么美国就再没有正当理由在亚洲充当世界警察的角色。

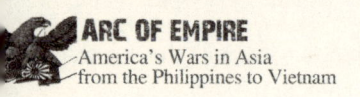

迎来五极格局时代

可以肯定的是，尼克松的计划和策略都不是他独创的。战争越南化政策是约翰逊推动的；20世纪60年代，美国国内要求与北京建立外交关系的呼声越来越高。直到1967年，尼克松才小心翼翼地公开转向这一立场。1962年古巴导弹危机之后，改善美苏关系成了美国外交事务的当务之急。尼克松的贡献在于，他不是简单地把这些前人的政策趋势转化为现实行动。在尼克松任内，他结束了越南战争，使越南终于得到和平；他开启了与中国的友好往来关系；他与苏联达成了限制战略武器的协议，同时还将合作延伸到经济和文化领域。这些都是尼克松的贡献，但最重要的是，他将这些零散的政策组合成了一个连贯的政策包，并为这个政策包的实施提供了一个基本理由。

1971年7月，就在基辛格前往北京举行突破性秘密会议的前几天，尼克松发表了一次引人注目的谈话，明确阐述了自己的想法。在这次谈话中，他呼吁把冷战思维中的生死对抗变成各大国之间的良性竞争。各大国都有自己的核心利益，而对于核心利益之外的问题，每个大国都应该作好妥协的思想准备。他强调，复兴的欧洲、日本、中国、苏联与美国各占一块地盘，形成五极格局，实际上已经削弱了美国的霸主地位。在这一新的国际背景之下，如何使用美国国家资源就变得至关重要。这意味着需要有一个全新的政府计划，而且这个计划将从环境、教育、卫生保健和道德义务等各个不同方面采取措施以振兴美国。至此，对于想吞并亚洲的人而言，尼克松的讲话简直难以想象。尼克松总结了他从历史中获得的深刻教训：伟大的文明有起有落。这听起来令人心酸，尼克松暗示，他目前所采取的外交战略，就是为了延缓过了巅峰时期的美国走向衰落的步伐。

尼克松的倡议促使过去的附庸国转变成同盟国，南越除外，因为它将从地图上消失。随着与美国结盟的亚洲国家变得越来越自信，曾

尾　声
帝国余波｜卷入中东冲突（1948年至今）

经一度由美国人决定的敏感问题，现在变成了谈判与妥协的主题。美国发号施令的日子一去不复返。日本很快脱离了美国的直接控制，但它依然是一个听话的小伙伴。20世纪60年代，韩国也开始获得更大的自主权。不过也像日本一样，为了对付行为莫测的老对手朝鲜，它还是十分依赖美国的军事支持，因此也受制于后者。美国再也不负责处理因美军的驻扎而引起的各种问题，贸易争端或其他分歧。它们成为了必须具有丰富取舍手段才能处理的严肃外交问题。美国与包括中国在内的东亚国家关系普遍变得"正常"起来，这并没有削弱它在东亚的地位，反而还加强了它作为一个后帝国时代大国在东亚的影响。

迟迟不撤军事基地为哪般？

几十年的军事干预，导致在后帝国时代，美国与各盟国之间的关系变得非常复杂。尼克松与河内缔结和平协议，解决了一个难题。美国在东亚地区的军事基地网里，以菲律宾的一系列军事基地历时最久，但接下来也将被撤销。由于詹姆斯·厄尔·卡特总统认为这些基地十分重要，因而美国选择容忍独裁的费迪南德·马科斯政权，与之签署一份每年租金高达5亿美元的军事基地续租协议。但1991年美国在续租条约上出现分歧、驻菲美军的存在导致菲律宾民众抗议激烈，以及因火山爆发造成基地损害，致使马尼拉和华盛顿同意关闭几个军事基地。"二战"结束后，在韩国和日本本土，特别是在冲绳建立的军事基地，已经成为美国的军事活动中心。正因如此，它们经常引发争论，并造成美国与盟国之间关系紧张。结束对日占领伴随着一桩重大交易，即《日美安全保障条约》。日本得到了美国保障其安全的承诺，而作为回报，日本提供军事基地和设施，同意秘密支付美国防卫经费，同时默许美国将核武器带入日本。朝鲜战争结束时，为使韩国总统李承晚安心，1954年两国签订了《美韩共同防御条约》，延续驻韩美军的继续存在。

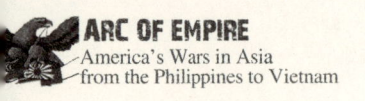

朝鲜战争使得台湾的重要性凸显。因此，1954年国民党统治下的台湾也获得了类似保证，成为美国的另一个军事活动基地。

在日本，这些军事关系被证明是一种多重保障。美国将核保护伞扩大到日本，从而使20世纪50年代发展起来的日本自卫队找不到理由发展核武器，同时也向日本邻国作出了不让军国主义噩梦复活的保证。1953年，沟口健二主演的经典影片《雨月》就显示了融入战后美国秩序是日本的新精神。影片以16世纪为背景，主人公们在结束了一轮野蛮战斗之后承认，"因争霸野心而发动的战争让我们变得疯狂"。现在，他们的心灵得到净化，能在这个乱世找到一块合适的地方安居乐业就已心满意足。他们提出的新口号是，"振作起来，努力工作"。在美国对日占领即将结束时产生的这些观念，反映了战后日本对武士传统的排斥，以及对美国安全保障的欢迎。对战后的日本来说，正是美国的保证，使得日本经济快速增长，并迎来了前所未有的繁荣。

但是，日本与美国的亲密关系也引起了极大的争议。1960年，《美日安全保障条约》的修订激起了强烈的反对，以日本学生和左翼工会的反对意见最激烈。街头出现了多次暴力事件。美军在日本冲绳岛建了约38个军事基地，大约占主岛面积的1/5，这对当地政治是一个长期的刺激。在岛上的美军士兵犯下了各种罪行，包括强奸、大量交通事故和酗酒闹事，这些罪行实际上都没有受到惩处，这往往引发众怒。1972年，尼克松将冲绳"归还"日本，除了日本民众的部分怨气，在岛上保留军事基地也导致问题继续恶化，岛上的民族主义者常常指责东京和华盛顿都无视他们的利益。最后，军事基地拥有核武器已经众所周知。在一个对核武器极度敏感的国家，这成为招致批评的另一个源头。

美军在韩国同样存在不少问题。1958年底，中国人民志愿军全部撤出朝鲜，美军却继续留在韩国，这使得韩美关系越来越紧张，并多次成为韩国人抗议和针对的目标。和日本一样，韩国人对美军士兵犯罪却不被追究法律责任一事异常愤怒。这种愤怒的深层原因是不满美国干预其国内事务。美国扶持独裁的保守政权，纵容他们残酷镇压左翼人士和民主抗议者。因此，高丽民族骨肉相残、朝鲜半岛长久分裂，美国是负有责任的。20世纪80年代中后期，韩国逐渐成为真正的民主国家，但反美情绪并没有因此而降低。2002年调查发现，36%的韩国人对美国有意见，对美国没意见的仅为13%。年轻人特别希望与美国保持一种更为平等的关系。

导致反美情绪高涨的是一种日益增强的信念：朝鲜半岛的统一和局势的缓和都取决于减少美国的存在，同时要加强与包括朝鲜在内的邻国之间的贸易、教育和文化联系。金大中和卢武铉总统高度重视民族和解，导致与华盛顿之间关系日趋紧张，因为后者仍然固守韩国应冷对朝鲜的观念。朝鲜不愿回应韩国作出的友好姿态，反而积极研发核武器以对抗美国，这对致力于追求朝鲜半岛民族和解的人而言是一种挫折，但还不至于是毁灭性的打击。

尽管朝鲜半岛与美国之间存在着利益分歧，但对于在富裕且具有战略性地位的东北亚地区出现的情况，华盛顿还是主要通过常规军事力量和国家冲突的多重角度来看待。现在，距离美军深入东北亚已经过去了大约60年，美国领导人仍紧紧抓住军事基地和旧的安保条约不肯放手。他们焦虑地跟进着各种会对现状构成威胁的情况，包括长期盟友日本自民党是否会失败，冲绳民众游行示威抗议军事基地，韩国频频爆发的反美情绪，以及随之而来的"更严格控制驻韩美军"呼吁。奥巴马总统对朝鲜核武器野心的关注度不下于乔治·W. 布什，他认为，与日本结盟具有极重要的意义。2009年11月，奥巴马在东京声称，日美联盟"不仅是我们两国安全繁荣的基础，也是亚太地区安全繁荣的基础"，同时还"有助于我们成为世界上最大的两个经济体"的载体。他声称，尽管与东亚国家远隔着一个大洋，但美国仍然是这一地区的利益相关者。美国的"善意"和能力证明它完全有理由继续充当维护

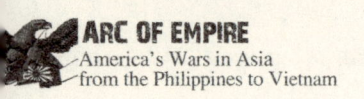

这一地区安宁的角色,美国是一个为了"全体利益"而采取行动的"无私国家"。

至少在目前,由于众所周知的原因,美国这一政策在国内几乎未遇到任何挑战。如果没有山姆大叔这一"成年人"的监督,这一地区的国家会做出些什么事来呢?对于美国的全球霸主声誉和在亚洲声势渐衰的美国时代来说,撤退象征着什么呢?最后,强大的军事实力保证美国得以在这一地区说一不二,这一实力至今未曾遇到过挑战,那么美国为什么要撤离东亚呢?

在亚洲地区,美国扮演的角色发生了明显变化,与各盟国之间的关系紧张,这种局面是由于东亚发生了根本性的变化。就在美国为帝国版图的扩张而努力奋斗之时,亚洲对外来控制势力的容忍度日益降低并趋于极限,出于为国家建设献身的信念,民族主义者开始形成凝聚力。从一开始,包括欣赏美国社会和文化的人在内的亚洲精英们,就已经产生了争夺太平洋、提升自己国家在太平洋地区地位的梦想,但这种梦想与美国的帝国构想是明显相左的。在日本和中国,"财富和权利"是人们追逐的主要目标,而国家独立则是实现这些目标不可或缺的保证。他们的集权政治传统并不强调将政治问题进行公开讨论,而是自上而下,由民众广泛接受官方的社会政治正统观念。他们习惯将社会看做一个相互依存、紧密联系、层级分明的有机构成体,而不是一个具有竞争性的自利单位和个人集合体。换句话说,这两个国家都不准备接受美国那种注重个人利益,代表着进步与文明的观念。在东亚已经开始的斗争使他们更加重视中央集权,而不是分散权力。坚持集权制的一个主要理由是团结整个国家的力量,抵御帝国主义列强入侵,不管这些列强是英国、法国、俄罗斯还是美国。不管这些差异起源于战略还是文化差异,最终都会无情地、致命地显露出来。

早在19世纪60年代,日本领导人就已经开始启动他们的新国家建设计划。明治维新的主要目标是将日本建设成一个强大的现代化国

尾声
帝国余波 | 卷入中东冲突（1948年至今）|

家。这一国家将从外国侵略者手里夺回主权，保护自身安全并免遭外来侵略。到20世纪初，日本已经逐渐成为一个能主导中国的强国，对美国构成了威胁。虽然后来太平洋战争的失败让日本的军事强国梦烟消云散，但这并不妨碍它成为一个本土文化特色浓厚的经济发达国家。

到19世纪80年代，在日本盛行的民族主义浪潮也曾在菲律宾殖民地出现。那里的民族主义第一次显示了落后地区反帝国主义的潜能。菲律宾的新兴政治阶级一开始反对西班牙人的野蛮统治，接着继续反对美国人。在最后的战争冲突中，美国的帝国建造者们很幸运。因为菲律宾是一个整体观念很差的国家，精英人士内部不团结，而他们得到的民众支持有限，也没有国际庇护者可以求助，因此最后只能逐渐屈服于美国。虽然最后美国取得了胜利，但在这过程中也品尝到了抵抗的滋味。随着他们更加深入这一地区，他们还将遭遇更强的抵抗。

20世纪前几十年，随着美国鼎盛时期即将到来，亚洲民族主义也发生了急剧转变。日本转向了军国主义，有人称之为法西斯主义。天皇成了国家的神圣象征，经济上也将大型现代化工业与国家扩张主义目标紧密结合起来。在苏联学说、国家模式、间谍以及金融支持的影响之下，中国走上了另一条革命道路。1949年中国共产党夺取政权之后，实施了一系列政策，中国像日本那样发生了翻天覆地的变化，其迅猛程度甚至有过之而无不及。

中国崛起为一个强大、有影响力并且具有政治手腕的大国，极大地改变了亚洲的面貌，自命不凡的美国明显处于下风。在美国人眼中，中国的变化实在太大了。它曾经是一个隐形的大国，深受殖民掠夺所害，是反法西斯战争里的弱小盟国。但在1950年，它突然就变成了美利坚帝国的强大对手。从那一年开始，北京毫不吝啬地将对中国而言也非常稀缺的资源投入越盟，帮助他们反抗得到美国支持的法国殖民统治。同一年底，中国人民志愿军跨过鸭绿江进入朝鲜，打出了重重的一拳。正如毛泽东所希望的那样，这一拳把傲慢的美国人打懵了。1954年，

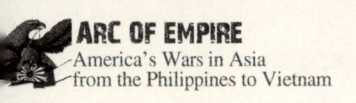

在标志着结束法国在印度支那地区地位的日内瓦会议上，中国确立了新的国际声望。20世纪60年代，中国开始拥有核武器，并重申将大力援助越南与美国摊牌，这再一次确认了中国的声望。随后，北京帮助河内拉开了反抗美国的壮阔战争的序幕，并最终打消了美国主导亚洲的念头。尼克松的正常化政策标志着美国终于放弃主导亚洲的美梦，饱经战乱的亚洲人民迎来了迟来的民族独立。而在亚洲人民反对美国殖民，逐渐形成亚洲的新秩序舞台上，中国才是主要演员。

第23章
蜕变与奇迹
后帝国时代的亚洲

美国撤离是东亚历史上的一个重大时刻。亚洲地区的顽强抵抗令美国精疲力竭,美国只得逐渐收起自己的野心,从而为亚洲地区崛起提供机会。东亚成为新的国际力量和影响中心,美国主宰全球的野心因此被制约,也证明以美国为首的社会、政治和经济模式不再是唯一的选择。东亚的这些改变都引起了美国外交机构的侧目。

亚洲经济开始腾飞

这些显著变化最重要的是经济上取得的成就。1955年,美国占领结束,日本政府的精英们着手制定了一个以国家主导、以市场驱动、以出口为导向的发展计划。在主导政坛的自民党和日本大企业的支持下,在缔造大日本帝国、打响太平洋战争过程中已有发展的国家经济基础被进一步夯实。到1968年,日本已经成为世界第三大经济体,并且进入了大众消费阶段,这在到处都是废墟的1945年是难以想象的。此时,韩国已经在开始挖掘日本战略的潜力。1961年,朴正熙通过政变上台，成为韩国总统。朴正熙毕业于日本关东陆军士官学校，其后在日伪满军中任职，开始了他的军旅生涯。韩国宣布独立后，朴正熙继续服役。他和他的同僚都反对前辈李承晚和张勉，认为他们腐败无能。在朴正熙看来，韩国的政治命运飘忽不定，经济也停滞不前。"老实说，我觉得自己像是被安排去管理一家曾经遭遇失窃的家庭或是破产公司"，他后来这样写道。在任内，他把韩国建设成一个稳定的警察国家，赋予经济官员自由行事的大权。朴正熙在1979年被暗杀后，国家经济规划依旧继续进行，因而推动韩国经济快速发展。

日本和韩国取得的这些成功，美国贡献良多。美国的军事机器对日本和韩国造成了一定的破坏，但由于美国在东亚其他地方发动战争，战争中的军费支出，以一种相当于凯恩斯军事效应的方式得到了部分弥补。在朝鲜战争中，被占领的日本成为美国的后勤生产基地，这促使被摧毁的日本经济逐步恢复到战前的生产水平。美国支持南越西贡政权的军事承诺则提供了更大的刺激。除了从支持美国与其他国家进行战争，从而获得经费和发展机会以外，美国的援助计划也加速了日本在20世纪40年代末的经济复苏。1953年朝鲜战争结束后，韩国也因为得到美国的支持加速了国家恢复进程。据统计，美国的援助和采购计划使日本总计受益约45亿美元，这是从1945年到1972年统计的数字；而韩国也在1946年到1976年共获得总值约126亿美元的援助。此外，同样重要的是，美国战后采取的政策也创造了一个有利于两国经济出口的环境，包括由美国发起的国际自由贸易体制、以美元为基础的稳定货币制和特许进入美国这一最大单一消费市场等政策，都对日韩两国的经济复苏作出了重大贡献。

挫败美国地区野心出力最多的两个共产党大国，很快也加入了经济复苏的进程。20世纪70年代末，邓小平实施改革开放政策，中国逐渐建立起由国家宏观调控的市场经济体制，国际贸易政策也发生明显转变。这一次经济改革，使中国的经济获得了前所未有的增长速度。

尾　声
帝国余波 | 卷入中东冲突（1948年至今）|

到20世纪末，中国的人均收入翻了两番。而目前，中国已经成为仅次于美国的世界第二大经济体。具有强大经济基础的台湾，与广东关系密切并推崇自由贸易的香港，都被越来越紧密地纳入了中国经济快速发展的轨道。20世纪80年代中期，越南在共产党领导人阮文灵的领导下，成功转型为更加依赖市场力量和出口行业的经济模式。改革使得越南的经济增长速度也再一次加快。

在亚洲经济大发展的历史洪流中，有两个国家明显落伍了。其一是菲律宾，其二便是朝鲜。菲律宾虽然被美国统治最久，受到的影响也最大，但由于自私自利的地区精英长期主政，使该国变成了繁荣的亚洲大家族中的一个穷亲戚。经济发展困境不仅引起失地农民和城市下层的不满，也引起了知识分子和左翼政治人士的强烈愤恨。这进一步导致一轮又一轮的恶性武装冲突。第一次发生在20世纪20年代，20世纪40年代和50年代初再次发生，最近一次是1969年的新人民军成立之后。朝鲜则更为落后，在金氏家族的独裁统治下，其国家高度斯大林化。1953~1973年间，莫斯科和北京曾经出资出力帮助平壤进行战后重建，使其人均国民生产总值增长了3倍。但此后，朝鲜经济就开始遇到麻烦。其问题根源在于朝鲜僵化而又低效的管理。失去外援使其更加雪上加霜：苏联解体，中国则在邓小平的领导下一心改革，对顽固的朝鲜逐渐失去了耐心。到1998年，朝鲜人均国民生产总值下降到1973年最高峰值时的一半。自此之后，朝鲜陷入了周期性的粮食危机。

这一地区大部分国家的日益繁荣都伴随着明显的政治自由化。美国可能会为这种发展而欢呼；但另一方面，美国又鼓励独裁，阻碍它的自由发展。相比目前与民主开端相伴的不确定性，某些美国人更喜欢独裁统治下的稳定与可预测性。日本自民党是美国首选的合作伙伴，它独掌政权长达近40年。1993年它终于输掉选举，虽然在后来反弹，但2009年又遭遇第二次失利。在韩国，从20世纪60年代初到80年代末，

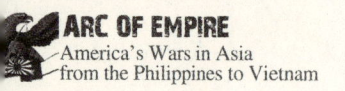

国家政权一直处于美国人训练出来的韩国军队掌控之中，直到 1992 年才选出第一位文职领导人。在台湾地区，美国的老盟友国民党一直到 20 世纪 80 年代才终于松开其铁腕统治，结束了长达几十年的紧急状态，政坛首次向反对党开放，并举行第一次民主选举。这一地区的政治自由化趋势也扩展到了中国内地和越南。在这两个国家，锐意改革的年轻一代领导人放宽了政治参与范围，承认国家立法机关需要更多监督，在一党执政的体制下允许其他党派、团体存在。但菲律宾和朝鲜依然是例外，这两个国家的政治进程一如经济领域，都处于发展停滞状态。独裁者费迪南德·马科斯在华盛顿的慷慨支持下，对菲律宾实施了长达 15 年的专制统治，直到 1986 年才被推翻。此后，菲律宾的精英阶层依旧掌控着菲律宾的一切。在朝鲜，金日成一心想创建一个共产主义家族王朝。1994 年他临死时，将政权传给了他的儿子金正日。

日本经济优势超过美国

找到了自身经济政治发展路线、日益繁荣的东亚，对美国构成了双重挑战。首先，东亚经济上的成功改变了全球面貌，从而削弱了美国的影响力。到 1998 年，中、日、韩三国占了世界生产总量的 1/5。另外，表面上退出东亚的美国仍然希望这一地区能按照美国的经济政治路线发展，但东亚各国自行探索出来的发展道路却违背了美国的这一希望。效率经济的最终仲裁者是国家，而并非某只看不见的手。美国威吓在这条"狭隘"道路上发展的领头国家，说他们违反自由市场原则、违反人权。但对东亚来说，重要的是在秩序和共识范围内发挥国家权力对社会和国家利益的作用。对于美国的批评，他们充其量仅把它当做一种家长式作风置之不理；在最坏情况下，他们甚至把它看做是一种恶劣手段，意在削弱越来越成功和自信的东亚。

不断增强的地区自治倾向和能力逐渐限制了美国在该地区发挥影

响力，是东亚对美国构成的第二个挑战。这一地区的贸易和投资越来越集中，而像环境问题和另外一些跨国性的问题要求定期进行磋商和协调，东亚各国的联系日益紧密。含美国在内的亚太经合组织论坛乱作一团，但东南亚国家联盟却成为加强与庞大而充满活力的中国进行一系列联系的核心。中国经济对亚洲非正式一体化提供了强大动力，美国却被排除在外。像国际货币基金组织、世界银行这些受美国影响甚深的世界机构，成了以地区为主的经济组织的替代品，地区性经济组织使美国的援助计划黯然失色。军事力量是美国影响中唯一没有减弱的，但它只会让人想起早已不复存在的帝国计划。

美国和活力越来越充沛、一体化程度越来越深的东亚之间的差距，早在20世纪70年代和80年代已经变得非常明显。当时，日本的经济出口对正遭受经济滞胀和高通货膨胀率折磨的美国经济造成了巨大压力。竞争力强的日本优质产品，加上美国消费者的低储蓄以及对进口产品的偏好，导致美国经济出现持续的贸易逆差，曾经繁荣的美国工业区此时变成了破铜烂铁区。为了保护美元，尼克松在1971年被迫打破美元与黄金之间的固定联系，由此结束了美元在战后作为国际贸易与投资唯一参照体系的特殊地位。

这种紧张的局势影响了美日关系，两国关系在某种人看来甚至是向着20世纪30年代之前倒退。学者们惊愕而又警觉地问，日本是否已经夺走了美国世界第一的地位？当日本投资者控制了洛克菲勒中心和哥伦比亚电影公司这样的国家地标时，美国国内媒体愤怒得无法自已。政治家们用砸毁日产汽车的方式来发泄自己的愤怒；漫画家则把日本描绘成凶猛的武士或身形庞大的相扑选手，以此表达对日本压倒性经济优势的恐惧。美国的解决之道是要求日本降低贸易壁垒、减少储蓄促进消费。美国愤愤不平地要求日本改变曾带给他们繁荣的体制，日本则指责美国应该对本国困境负责。美国的经济和社会似乎是非生产型的，因此导致社会开始衰竭。在日本，一个通俗文学流派——漫

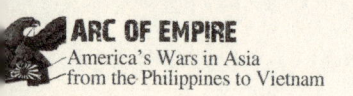

画应运而生，它敦促日本人学会拒绝苛刻而又傲慢的美国人，敦促日本人遵循自己的价值观和利益。日本的漫画家把自己描绘成一个软弱的小国，而美国却是一个高高在上而又专横跋扈的敌对者。

中国或将彻底终结美国霸权

到 20 世纪 90 年代，日本经济陷入停滞，对美国而言这似乎是消除了一个威胁。于是，美国人开始紧盯中国，把它视做新的危险。1972 年尼克松访华开启了良好的时代。美国人突然发现，中华民族是个有智慧、有风度、进步同时又实事求是的民族。邓小平实施社会主义市场经济的政策强化了这一正面看法。但即使是那时，也有些人是对中国存有敌意的。国会、媒体和智囊团中的一些人不满美国与中国结交。当卡特总统以承认台湾是中国一部分为代价与中国结交时，国会便迅速以《与台湾关系法》还击。《与台湾关系法》在 1979 年 4 月通过，它维持了与台湾事实上的外交关系，并承诺向台湾提供抵制共产党解放台湾所需要的一切武器。另一些人则将公众注意力引向中国大陆的一些缺点上，敦促其实行更大的政治宗教自由，如干涉西藏事务，另外美国还要求北京结束严格控制人口的计划生育政策。

中国共产党的耐性令美国的批评者们既沮丧又十分愤怒，但不管他们怎么指责，该党的外交能力、国际影响力和经济上的巨大成功都使得华盛顿不能再忽视他们，也不能再忽视挑战中国的危险性。里根总统在其政治生涯中经常谈论自由进步话题，声称共产主义是邪恶的。1979 年，他公开发表了指责中国的激烈言辞。1980 年，他在总统竞选中承诺，要重建与台湾国民党政府之间的关系。但他入主白宫后立刻改变了立场，退回到尼克松标明的立场上，并竭力在对台出售武器一事上安抚北京。在 1984 年的中国之行中，里根发现，中国其实只是一个"所谓的共产主义国家"。乔治·H.W. 布什同样不满中国的某些行为，但又暗中努力保持与中国的良好关系。克林顿继续玩同样的游戏。作为总统候选人，他曾发表过攻击言论，认为美国过于纵容北京。但一旦当选，他便将促进当成第一要务，打开了中国通往世界贸易组织成员国的通道。他认为中国是一个开放的、不断增长的经济体，和一个使用手机和互联网越来越广泛的国家，它将保证"自由不会再被装回到瓶子中"。乔治·W.布什在对华政策上很像他的父亲，在反恐和朝核问题上，他甚至把中国当成了盟友。

中国经济持续快速增长，周边国家越来越感受到北京压力，美国的批评家们忧心忡忡地预言，一个新兴的地区霸权"正致力于取代美国在东亚的霸主地位"。这些批评者们固守着一厢情愿的冷战思维，认为中国必遭失败。然而，越来越自信的中国对他们不屑一顾。中国的评论员，包括越来越多的互联网网民，都发出了强烈的民族主义声音。他们呼吁政府采取曾在日本流行过的拒绝立场，用"中华民族不可辱"来回击美国的公然冒犯，比如在贝尔格莱德中国大使馆遭轰炸事件上。他们将美国蔑视为"纸老虎"。事实上，这一称谓一定程度上是正确的。美国已经严重依赖中国提供的廉价商品，并希望中国继续买下不断膨胀的美国债券。美国的大企业要保住自己在中国这个大市场里的立足之地，华盛顿政府需要在一系列问题，比如打击恐怖主义、气候变化、遏制朝鲜和伊朗等问题上得到中国的支持。在一个世纪里，中美关系发生了结构性的转变。

第24章
野心不熄
中东成最新霸权角斗场

太平洋计划的暴力升级和随之而来漫长痛苦的衰退，都为目前还与中东、阿富汗纠缠的美国提供前车之鉴。许多人也许会长期抵制将太平洋计划和中东行动这两个历史事件放在一起比较。大约2 000年前，一位政治哲学家曾批判过那些爱管闲事的学者：

> 那些用历史批判现在的人，应该连同他们的亲属一道被处死。

但是，如果没有历史，我们就犹如在广阔的海洋中无助地扑腾，海岸已被抛在身后，寻求的陆地却又远在天边。当前美国因为轻率许下承诺导致出现种种问题：整个伊斯兰世界都对美国强烈反感；这一反感又引发了宗教意识形态活动迅猛地跨国发展（宗教意识冲突与恐怖袭击）；美国要在多个国家展开军事行动；在军事行动中越来越频繁地使用秘密行动方式；不少国内外的美国人都遭到黑暗势力恐吓。由此可见，研究历史也许能给处在当下困境的美国一点启示，尤其是对美国轻率许诺导致的结果的深刻解析将更具有深刻意义。

尾声
帝国余波 | 卷入中东冲突（1948年至今）|

多米诺骨牌效应

这些东亚历史为我们提供的最重要最明显的启示，就是在对一个地区作出承诺时，不能单独去看待这一承诺，还需要考虑可能引发的看似独立、实则相互关联的一连串决定。地区野心就像滚雪球一样越滚越大，无法回头。在东亚的军事纠葛始于麦金莱夺取菲律宾的决定，这个决定的影响之大是当年的麦金莱没有预见到的。

在这一点上，那些反帝国主义者反而有先见之明。美国的东亚野心以在越南遭遇到的失败、继而退却，最后因美军疲惫不堪和士气低落而告终。帝国逻辑链将美菲战争同太平洋战争连在一起，紧接着又将太平洋战争同朝鲜战争连在一起，最后又将朝鲜战争与越南战争连在一起。如果孤立看待每一场亚洲战争，那就看不到美国决策者们视为己任的太平洋使命。美国认为自己应该帮助东亚民族进步，促使其实现民主化并使其免遭国内外敌人进攻。在这种狂妄的使命观影响之下，由商业、宗教和文化三方面的野心组合而成的帝国混合体逐渐膨胀。

广而言之，我们应该把占领伊拉克和阿富汗以及无休止的反恐斗争，视为远早于2001年"9·11"事件之前历史的一部分。美国通过一连串的军事干预和声明，逐步加大了在中东的赌注。

中东赌局始于20世纪40年代末和50年代，其最早甚至可以追溯到陷入东亚麻烦之时。1948年大力援助新建的以色列，1953年在伊朗支持附庸政权而推翻穆沙德根政权，1957年宣布动用军事力量重塑艾森豪威尔主义就是卷入中东的第一轮行动。越来越依赖中东的石油供应，无条件支持以色列发动战争，控制并颠覆苏联的盟国政权，都使美国更深地卷入中东地区。

1979年伊朗爆发伊斯兰革命，美国大使馆被占领，66名美国外交官和平民被扣留为人质。羞辱感和对立感促使美国更深地介入这一地区，包括在1980~1988年两伊战争中支持伊拉克萨达姆·侯赛因政权，

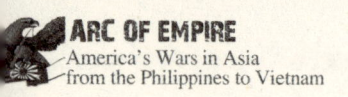

又从 1978 年起持续 10 年为伊斯兰圣战者提供大量军事援助，以反对苏联支持的阿富汗共产党政权。1991 年苏联解体，在中东的战略竞争对手终于消亡，美国得以对不顺从的政权施加更大的压力。今天美国介入中东的程度，已堪比 20 世纪 40 年代末的东亚。如今，在一群附庸政权、一个庞大军事基地网络和每年数十亿美元的经济军事援助支持之下，华盛顿宣称对中东地区拥有主导权。这一言论不可避免地导致美国四面树敌，招来该地区的无数声讨和国内的怀疑。

中东赌局

和进入东亚的帝国先行者一样，如今的美国进入中东也是被强烈的民族使命感和民族自豪感所驱动。这一点可以清楚地从乔治·W. 布什政府采取的举措及其支持者的表现看出来。他们声称，在中东这个可塑性很强、善于接受新思想的地区，美国有义务和责任，也有能力和决心去引导并创建该地区的美好未来。

在此观点的感召下，美国人急不可耐，但他们却从来没有对这一地区的"美好未来"进行过仔细推敲，行动上也从来没有经过深思熟虑，这被著名的社会学家 C. 莱特·米尔斯斥之为"疯子现实主义"。在这种思维的引导下，决策者对这一地区作了大量的误读。他们也不指望国内那些焦躁的选民，他们认为选民无知，只会毫无疑问地信任。结果，就连浑浑噩噩的媒体也不受政府的竭力控制，开始躁动起来。政府的观点和行动方法来自老布什身边那些有过多年冷战经验的人，特别是副总统迪克·切尼、国防部长唐纳德·拉姆斯菲尔德和他们的新保守主义顾问们。他们想纠正以往的错误，拒绝以尼克松的缓和政策为代表的绥靖主义，洗刷越南战争失败带来的耻辱，以及恢复总统的权威。假如美国注定要走回当初的帝国之路，那么这些想法就提供了动力和方向，这与早期驱动美国在东亚冒险的动力何其相像。

尾声
帝国余波 | 卷入中东冲突（1948 年至今）|

如同早期在亚洲一样，主导中东地区的梦想是建立在对该地区人民的优越感之上的，而该地区本身的历史和人民的意见，美国从不考虑。于是，美国干预中东的结果没比它早期干预东亚好多少。正是美国人的无知导致出现了不可预测的敌人。

伊斯兰世界强烈反抗美国强加给它的新殖民主义秩序，美国却认为这是"伊斯兰教徒极端"的表现。伊斯兰世界不断高涨的反抗情绪是一个典型的例子。面对伊斯兰世界的反抗，美国领导人愤怒、焦虑并且感到困惑。他们认为美国的出发点如此善良，它将对中东地区产生直接而正面的作用，它还全力扶助那些遇到困难的世俗政权，但这些却被伊斯兰世界彻底无视了。

由于缺乏对中东地区历史的了解，因此也难怪美国领导人对伊斯兰的政治一无所知。到 20 世纪 60 年代，埃及的赛义德·库特布和伊朗的鲁霍拉·穆萨维·霍梅尼，这两位战后伊斯兰复兴的主要代表人物开始公开批评该地区腐败的世俗政权和意识形态。他们的批评在多国产生了影响，几乎遍及与推行美国中东计划相关联的整个伊斯兰世界。美国的中东计划与支持暴政和支持以色列扩张密切相关，非常依赖秘密行动。破坏性军事行动刺激了那些决意反抗美国控制的人，因而美国成了某些极端人士的目标靶子。大多数美国人对历史知之甚少，他们只注重现实，相信自己国家的美德，却看不到长期发展的社会基本矛盾早已使这种美德变得虚幻。

最后，美国在东亚的经验还提醒领导人：迄今为止，美国的每一次海外领土扩张都举步维艰，并且最后都以失败告终。只有那些受到美国例外论欺骗又缺乏地区视野的人，才会想入非非。等到情况明朗时，一些为人所熟知的因素（比如平民），都将会阻碍甚至粉碎美国的计划。在充满重重困难的陌生环境里，美国所采取的远离本土的重大行动容易陷入困境，这样的例子在以往的帝国历史中随处可见。美国人崇尚自由，具有强烈的反帝国传统，本应对此真理十分敏感。然而，一直

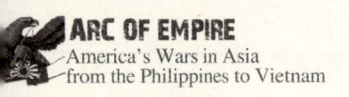

等到亚洲计划失败了，他们才肯吸取教训。现在，进入中东已引起这一地区的强烈抵抗，而这一地区也已成为美国的泥淖。这为美国提供了第二次迟来的反省机会：一个国家无论多么强大，想要长期统治其他地区，必然会遭到反抗。现在，美国进入中东已经超过60年，对比历史，难道人们没发现伊拉克和阿富汗就是当年的越南吗？在美国领导人决定放弃不可能完成的任务之前，其即将出现的其他冲突，难道不是更像朝鲜？正如在亚洲的军事行动所表明的那样，继续坚持下去必将导致战争成本增加，国内民众支持率下降。

放弃主导世界的雄心，难道真那么困难？美国是不是已经陷于进退两难的处境？一个又一个的总统只会像麦克白那样说："我的双足已经深陷血泊之中，要是不再涉血前行，那么回头的路也是同样使人厌倦的。"

在这两个平行发展、旷日持久的地区纠葛中，民族神话所起的重要作用最引人注目。神话伴随着帝国出现而产生，支撑着帝国渡过种种难关。想象中的辉煌历史预示着更为辉煌的未来，尽管途中有邪恶怪物挡道，但辉煌的未来终将到来。这样的神话既令人欢欣鼓舞，又令人感到恐惧。这样的神话能够激励政治精英并刺激公众，让他们燃起对血腥征服、专横统治的热情。即使在帝国消亡之后，这种有关"责任与使命"的故事仍然在民族文化中流连不去，不停编造出新的怪物，激发出新的冒险活动。

神话掩盖了美国每一次涉足东亚造成的混乱以及暴力行为。心急难耐的帝国建设者们撕裂了拥有悠久历史的菲律宾，把它变成了美国泛太平洋戏剧的背景幕布。这场以暴力推行并伴随着巨大生命财产损失的战争，实质上是公开的殖民行为，这遭到了国内少数人士的愤怒抵制，美菲战争变成了一场人们想尽快遗忘而不是庆祝的战争。珍珠港事件之后，神话故事在政府和公众心中再次上演。

太平洋战争成为了"最伟大的一代人"在"二战"中值得津津乐

尾声
帝国余波 | 卷入中东冲突（1948年至今）

道的光荣胜仗。战争结束后，美国占领了日本，这证明了美国的效率和先进，并成了可以复制到其他任何国家的证据。朝鲜战争由于其政治上的混乱和军事上的失败，像美菲战争一样，也被美国人丢到脑海后，不忍回想。朝鲜停战后出现了"绝不再犯俱乐部"，其成员发誓要避免在亚洲进行另一场陆地战争，但他们的誓言仅仅维持到越南战争开始之时，其后的印度支那战争则更是脱离了美国的轨道。美国人讲述的越南故事版本之多，令人咋舌。被吓坏的农民、被推倒的多米诺骨牌、来势汹汹的中国龙，美国将成为一个可怜而又无助的巨人，就是这些故事中最令人印象深刻的角色。

正在实施的中东计划证明了这些神话的持久性。假如麦金莱像童话中公主那样复活过来，那他肯定非常赞成美国推进"西方"事业。因为他将发现，这与他的"促进亚洲文明"的承诺本质上相同。他会像我们同时代的顶层决策者以及伯纳德·刘易斯、福阿德·阿贾米之类的专家那样，认为有必要改变伊斯兰文明，或者至少将伊斯兰文明限制在中东，防止它继续扩散。因为伊斯兰文明存在明显缺陷，不能与现代世界和平共处。

同理，杜鲁门和肯尼迪也能理解，为什么决策者会觉得今天的伊朗像他们那个时代的中国，都对地区和美国构成了危险。珍珠港事件之后为无辜受害者演奏过的副歌，又在"9·11"事件之后血腥狡诈敌人的愤怒中重新奏响。

日本人的狂热，又在极端分子身上重现。倒下的日本在美国支持下重新站了起来，这就像圣经故事中的拿撒路死而复活一样引人入胜，以至于得到后来伊拉克战争的策划者的狂热信奉。这些自封的现实主义精英沉溺于自己的幻想，不肯吸取历史教训。

当迪克·切尼、保罗·沃尔福威茨和老布什想象着干预伊拉克将在中东及其他地区引起的一连串令人愉快的结果时，艾森豪威尔和约翰逊会立刻发现，多米诺骨牌理论又回来了。像李承晚和吴庭艳那样

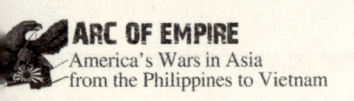

脆弱的附庸者，将会欣赏哈米德·卡尔扎伊的庇护者提出的论点，认为有必要将美国的干预隐蔽于一张当地面孔之后，训练一支听话又有力的本土部队。

反恐宝典引发新恐怖袭击

只有沉溺于神话心态的人才会怀念平叛理论盛行的帝国。领导了伊拉克和阿富汗的平乱行动的戴维·彼得雷乌斯将军，和他年轻的军官智囊团就是这一理论最积极的拥护者。因为受过现代高等教育，并决心避免重蹈越南战争覆辙，他们开始将该学说编撰成一本新的战地手册。他们从翔实的殖民地资料中吸取教训：20世纪60年代初，法国军官从印度支那和阿尔及利亚战争失利中获得的教训；以及1个世纪前，美国海军陆战队和英国人在军事行动的基础上建立起来的平叛思想。最后制定出来的公式化陈述坦诚地指出帝国建设者们所面临的挑战：如何在陌生土地上展开军事行动，如何利用优势技术和火力镇压顽固的反抗者，如何寻找合适的当地代理人，以减轻统治负担。

这种平叛理论的风行引发了很大争议，特别是它利用的资料、它声称成功促进伊拉克社会发展、它所谓"所有行动都是为了阿富汗人利益"的宣言。一位具有专业军事知识的评论员称其为从"狭隘的历史和理论中"选择并构建起来的"新教条主义"。也有言辞更严厉的评论认为该战地手册"完全基于幻想，用模棱两可的语言来搪塞，用道德主张、类推法和政治理论来装饰，因此，它可以说一点实际作用都没有"。

平叛理论伴随着默认的殖民心态。这种心态在彼得雷乌斯的助手身上表现得淋漓尽致。新的战地手册下发之后，约翰·纳格少校有机会在伊拉克的一个逊尼派地区将平叛理论应用于实践。

在2003年12月的一次采访中，他表示他已经将一代代为帝国建

尾 声
帝国余波 | 卷入中东冲突（1948年至今）|

设者们所熟悉的观念融入了他的工作。他坚持认为，自己受到了解放伊拉克人民的冲动的引导。"我们想带给他们做自己和过自己生活的权力"，但"这些小丑们"（纳格用来指代当地人的温和术语）还没有作好准备,他们需要帮助才能摒弃那些扭曲了他们思想的政治记忆。但是，在进步之前他们必须先服从。纳格利用自己最喜欢的一条殖民者的至理名言来强调武力的重要性——武力是当地人最听得懂的语言。敢于向他开火的人必须明白，他们将面临被报复的风险，他们的仓促行动会危及整个家庭。

纳格向下属传授抓人的经验教训："你们必须交出坏家伙。"因此，攻心策略就变成了毁灭威胁。正如纳格所说，在"行为修正阶段，我想让他们的头脑正常起来"。平叛者的爱心在随后对学校和诊所的慷慨建设上才会表现出来。纳格承认，现场很少有讲阿拉伯语的美国人，因此他无法明白当地人的情绪和心理。他似乎也不担心其手下部队对当地居民进行集体惩罚、羞辱性搜捕和破坏建筑物等行为造成的后果。正如他和其他平叛者在一定程度上所理解的，殖民事业最终与愚昧臣民的愿望无关，而是关乎自称开明的外国人强行实施其意愿的事情。

这些与帝国神话相关的故事，产生了深远而有害的影响。一个按美国偏见构建起来的世界，不会为被征服民族的喜好留下任何空间。由于文化上的盲目和对历史的无知，美国的计划没有考虑当地人，它不能容忍不符合美国人利益的未来愿景；它取决于合作者的妥协和让步，而不管地区势力的影响。因此,尽管美国人否认其计划的帝国性质，但是各种政治运动和地区势力却鼓动起来形成了阻碍。

在国内，这些神话故事用望梅止渴的帝国承诺来怂恿美国，诱使其脱离基本的国家价值观。 在美菲战争开始和越南战争结束之时，批评者对帝国政策的抨击最为强烈。在这些时间节点上，批评者们特别雄辩。他们把焦点放在为控制他国领土而发动远方战争，从而造成的巨大伤害之上。在频繁出现国家紧急状态的时候，他们担心总统权力

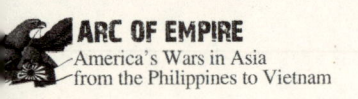

过大及随之而来的滥用权力，担心国外殖民活动引发国内政治的持续性分裂和民众觉醒，担心反复侵害公民权，担心持续侵蚀宪法条款和共和价值观。实际上，他们是对的。

从根本上讲，帝国对美国的民主体制提出了国家缔造者们非常关注的权力问题。国家缔造者们相信，他们正在进行一项伟大的实验，但历史告诉他们，实验的基础很薄弱。出于担心当权者滥用权力，他们制定了宪法，目的就在于阻止这种恶性情况发生。否则，傲慢的当权者就会占据上风。

直言不讳的约翰·亚当斯尖锐地表达了他们那一代人的恐惧："当权者总是认为他拥有弱者难以理解的伟大的灵魂和宏观的视野。他们认为他们违反上帝的法律之时，实质上是在为上帝服务。"

如果将帝国作为一种历史现象来严肃对待，就能将帝国扩张的苗头掐死，那么与其让一个精神病患者一次又一次地做同样一件事却期待能产生不同的结果，不如承认建立美利坚帝国对美国来说犹如指望天上掉馅饼，这也许是走向理智的第一步。

这样至少能提供一次学习机会。一些吸取教训的人也许会痛下决心，不再做帝国美梦；另一些追求帝国梦想并认为帝国终有一天能建立的人，也许会了解如何以一种可持续的方式继续其帝国进程并面对真实的代价和风险。不管你是哪一类人，一个更开阔、更具有历史观的视野，总会让你收获丰硕而又实用的回报。

中资海派策划

为精英阅读而努力

美国政府禁忌题材
解密躁动帝国的百年兴衰浮沉

★ 两次世界大战中，美国军火商都为纳粹德国提供武器弹药

★ 原子弹轰炸广岛和长崎意在威慑苏联而非促使日本投降

★ "二战"中击败德国的是苏联，而非美英法等国

★ 冷战中，真正想称霸世界的是美国，而非苏联

★ 为什么美国在世界各地拥有上千个军事基地

〔美〕奥利弗·斯通
　　　彼得·库茨尼克　著
潘丽君　张　波　王祖宁　译

重庆出版社
两册定价：98.00元

　　保守派力倡"美国是全世界的救世主"，作者却无情地指出"美国是恶魔"。他们集中揭示了从"一战"至今，美国在外交政策上许多不为人知的真相，惊人地披露了美国在谋求世界霸主地位的过程中所犯下的种种恶行。本书包括还原布什—切尼政策鲜为人知的背景，揭露奥巴马政府在开拓新道路的过程中困难重重的原因。

　　美国到底是个怎样的国家？躁动百年的帝国又将何去何从？本书将给出最真实的答案。

**军火是他们的股票，政府是他们的客户，
　　最终的消费者既有敌人，也有同胞。**

"iHappy 书友会"会员申请表

姓　名（以身份证为准）：_____；性　别：_____；

年　龄：_____；职　业：_____；

手机号码：_____；E-mail：_____；

邮寄地址：_____；邮政编码：_____；

微信账号：_____（选填）

请严格按上述格式将相关信息发邮件至中资海派"iHappy 书友会"会员服务部。

　　邮　箱：zzhpHYFW@126.com

　　微信联系方式：请扫描二维码或查找 zzhpszpublishing 关注"中资海派图书"

	订阅人		部　门		单位名称	
优惠订购	地　址					
	电　话				传　真	
	电子邮箱		公司网址		邮　编	
	订购书目					
	付款方式	邮局汇款	中资海派商务管理（深圳）有限公司 中国深圳银湖路中国脑库 A 栋四楼　　　邮编：518029			
		银行电汇或转账	户　名：中资海派商务管理(深圳)有限公司 开户行：招行深圳科苑支行 账　号：815781425710001 交行太平洋卡户名：桂林　　卡号：60142836311047708			
	附注	1. 请将订阅单连同汇款单影印件传真或邮寄，以凭办理。 2. 订阅单请用正楷填写清楚，以便以最快方式送达。 3. 咨询热线：0755-25970306转158、168　　传　真：0755-25970309 E-mail: szmiss@126.com				

→利用本订购单订购一律享受九折特价优惠。

→团购 30 本以上八五折优惠。